南开大学马克思主义研究文库（第一辑）

季陶达文集

季陶达　著

南開大學出版社

天　津

图书在版编目(CIP)数据

季陶达文集 / 季陶达著. —天津：南开大学出版
社，2019.7
（南开大学马克思主义研究文库. 第一辑）
ISBN 978-7-310-05853-2

Ⅰ.①季… Ⅱ.①季… Ⅲ.①马克思主义政治经济学
－文集 Ⅳ.①F0－0

中国版本图书馆 CIP 数据核字(2019)第 160313 号

南开大学出版社出版发行

出版人：刘运峰
地址：天津市南开区卫津路 94 号　　邮政编码：300071
营销部电话：(022)23508339　23500755
营销部传真：(022)23508542　　邮购部电话：(022)23502200
*
天津丰富彩艺印刷有限公司印刷
全国各地新华书店经销
*
2019 年 7 月第 1 版　　2019 年 7 月第 1 次印刷
240×170 毫米　16 开本　19.75 印张　4 插页　332 千字
定价：78.00 元

如遇图书印装质量问题,请与本社营销部联系调换,电话：(022)23507125

出版说明

今年正值新中国成立七十周年，南开大学建校一百周年，在新的历史起点，为进一步加强和巩固马克思主义在哲学社会科学中的指导地位，推动加快构建中国特色哲学社会科学的理论体系和话语体系，我们将陆续出版"南开大学马克思主义研究文库"，集中展示南开大学哲学社会科学领域的有关专家学者，长期以来在马克思主义理论应用、发展和创新方面所做的贡献。文库将以专著、文选等多种形式，彰显马克思主义理论的强大活力和生命力。

此次结集出版的为第一辑，共 10 种，分别为：《季陶达文集》（季陶达）、《魏埙文集》（魏埙）、《"返本开新"的哲学之路》（陈晏清）、《新世纪的文化思考》（方克立）、《高峰文集》（高峰）、《毛泽东哲学思想的当代价值》（杨瑞森）、《马克思主义与中国现代化历程》（刘景泉）、《人性的探索》（王元明）、《党史党建研究文集》（邵云瑞等）、《马克思主义社会学理论研究》（张向东）。需要说明的是，这些著述或收录于书中的一些文章，有不少之前在别的出版社出版或在报刊上发表过。由于时代和认识的局限，书中有些观点今天看来难免有所偏颇或值得商榷；语言文字、标点符号、计量单位、体例格式等方面，也有不符合现行规范之处。但为保持这些著述的原始风格，我们在编辑出版时除对一些明显的错误做了更正，对个别不合时宜的内容做了适当删改外，其他均遵从原著，未予改动。恳请广大读者在阅读这些著述时，能有所鉴别。

南开大学马克思主义学院

南开大学出版社

2019 年 8 月

目 录

马克思主义经济学论文

《工资、价格和利润》介绍[*]

一

19世纪五六十年代是西欧资本主义经济空前发展的时期。这一时期，英国无论在工业生产方面还是在世界贸易方面，依然是一个最强大的资本主义国家，并已成为"一个掠夺全世界的民族"[①]。法国的产业革命也正是在这时期内完成的。法国在第二帝国统治下，"资产阶级社会免除了各种政治牵挂，得到了它梦想不到的高度发展，工商业扩展到极大的规模"[②]。所以，马克思说，"这个时期就工业的发展和贸易的增长来说"都"是史无前例的"[③]。

资本主义经济的迅速发展，大量地增加着资产阶级的财富，但无产阶级却越来越贫穷了。在法国，工人的工资名义上虽然增加了大约8%—10%，但食品价格和房租却上涨了50%，实际工资大大下降了，因而，在19世纪60年代中叶普遍发生要求增加工资而罢工的浪潮。在西欧大陆其他国家也有类似情况。在英国虽然由于"掠夺了全世界"，资本家可以用一丁点残羹剩饭来收买上层工人，使之成为资产阶级化的无产阶级即贵族工人。但对大多数工人来说，他们的生活不但没有改善，反而日益下降了。在伦敦，甚至"饿死几乎已经成为一种常规"（第10页）。

国际工人运动就是在这种情形下于19世纪60年代初开始再次高涨起来

---

　　* 本文选自《南开大学学报》1965年第2期。

　　① 《恩格斯1858年10月7日致马克思的信》，《马克思恩格斯通信集》第二卷，生活·读书·新知三联书店1957年版，第399页。

　　② 《马、恩、列、斯论巴黎公社》，人民出版社1961年版，第57页。

　　③ 《马克思恩格斯全集》第十六卷，人民出版社1964年版，第5页。后文中，凡是这卷的引文，不再注明出处，仅于引文后注明页次。

的。加以其他政治事件，例如，北美反奴隶制的内战和波兰起义的发生，1864年9月28日，在伦敦朗-爱克街圣马丁堂成立了第一国际。

同时，为资本主义剥削制度辩护、宣扬阶级利益调和、掩盖资本家阶级对工人阶级进行残酷剥削的资产阶级庸俗经济学又早于19世纪30年代取代古典派在经济学界占据了统治地位。在19世纪60年代，依然广泛流行的资产阶级庸俗经济学的"理论"，主要有如下几种。

1. 从让·巴·萨伊（1767—1832）开其端而由弗·巴斯夏（1801—1850）完成的所谓阶级利益调和论。这种"理论"认为：随着资本主义生产的发展，资本家和工人的收入，绝对地说，虽然都增加了，但相对地说，资本家的收入是逐渐下降，而工人的收入则不断增加。所以，他们的利益是一致的，即资本家和工人都以资本主义生产的发展为目的。

2. 所谓"工资基金论"。这种"理论"在詹姆斯·穆勒（1773—1836）的著作中已可看出其端倪，而由其子约翰·穆勒（1806—1873）完成。这种"理论"在19世纪60年代是很流行的。例如，剑桥大学经济学教授享利·福塞特在1865年就曾这样说："一国的流动资本就是它的劳动基金。所以要计算出每个劳动者所得的平均货币工资，我们不过要用劳动人口的总数去除这个资本。"①

3. 庸俗的供求论和价值由收入决定或调节的"理论"。前者认为商品的价格是由对商品的供求关系决定的。这是在资产阶级经济学界极流行的一种庸俗观点。后者则创自亚当·斯密（1723—1790）。虽然在理论上已被大卫·李嘉图（1772—1823）所粉碎，但却一直为斯密的后继者——庸俗经济学家们利用来作为替资本主义制度辩护的工具。从这种观点来看，商品价值是由工资、利润和地租构成的。但归根到底，"这样决定价格不过意味着价格由工资决定罢了"（第133页）。

4. 所谓让渡利润论。这种"理论"创始于重商主义者，但在19世纪60年代依然有其一定影响。其主要内容是：资本家之所以能够获得利润，是因为他们先用低价购进商品，然后再把这种商品高价卖出去。贱买贵卖的价格差额就形成了他们所获得的利润。

上述几种"理论"②，都是替资本主义制度辩护的：第一种是掩盖资本主

---

① 《资本论》第一卷，人民出版社1963年版，第671页。

② 当然，在19世纪60年代流行的庸俗经济理论绝不止这几种，但同马克思的这部著作有关的，主要是这几种。

义本身所固有的内在矛盾尤其是阶级矛盾的；第二种是用来否认资本家对雇佣工人的剥削关系的；第三种是企图否定劳动价值论的；第四种则想"证明"利润既然不是在生产过程产生而是在流通过程让渡的，那么，它就不是剥削工人的结果。

资产阶级的这些庸俗经济观点既然在经济学界（其实不限于经济学界）泛滥着，国际工人运动队伍中有人受它的影响是很容易理解的。1865 年 5 月 2 日和 23 日，韦斯顿先后两次在第一国际总委员会会议上就工资问题进行发言，实质上，就是资产阶级庸俗经济观点在国际工人运动中的一种反映。马克思在同年 6 月 20 日和 27 日在总委员会会议上用英语发表的这部著作就是针对韦斯顿的发言而作的。

二

马克思针对韦斯顿在发言中提出的问题所作的这个报告《工资、价格和利润》共十四节，可以分为二大部分：前五节为第一部分，是"答复韦斯顿的无聊的东西"；从第六节起为第二部分，"是一种理论的解释"，其中"含有许多新的东西"，"是从我的书中预先取出来的"①。

约翰·韦斯顿是一个木匠，后来成为工厂主。他是欧文主义者，英国工人运动的活动家，曾参加 1864 年 9 月 28 日圣马丁堂会议，是国际委员会的一名委员。1865 年 5 月间，他在国际总委员会会议上关于工资问题的发言中提出下面一些主要论点。

第一，一国国民产品总量是一个不变的常数，工人从国民产品总量中所获得的份额即实际工资总额也是一个不变的常数。这就是说，工人不能用各种斗争的办法来提高他们的实际工资总额。显然，这是资产阶级庸俗经济学的工资基金论的翻版。韦斯顿所说的总额不变的工资，实质上就是庸俗经济学家所讲的工资基金。

第二，他认为即使工人阶级用各种斗争的办法逼使资本家支付较高的货币工资，但实际工资总额依然不能增加。因为资本家被迫增加货币工资以后，

---

① 《马克思 1865 年 6 月 24 日致恩格斯的信》，《马克思恩格斯通信集》第三卷，生活·读书·新知三联书店 1958 年版，第 313 页。这里，"我的书"是指业已完成但尚有待于出版的《资本论》。

会提高工人所消费的生活资料的价格以资补偿。这样，货币工资虽然增加了，但工人用它所买到的生活资料总额则依然同以前一样多。这显然是用庸俗的供求论来"论证"实际工资不能增加的既错误而又反动的观点。

第三，要增加货币工资，就必须用更多的货币来支付。但是，他认为货币总数是固定不变的，如何能够用这种数量不变的货币去支付增加了的货币工资呢？倘若要从这总数不变的货币中取出更多的一部分来支付增加了的工资，那就必然会引起货币的缩减，因而又会使资本减少。结果是，国民产品总量以及实际工资总额都要大受影响。归根到底，这对工人依然是不利的。所以，在他看来，不但实际工资，连货币工资也不能提高。这种观点的根源还是在于工资基金论和庸俗的供求论，不过"韦斯顿……给自己的旧论断套上了新的形式"（第 125 页）而已。以前，他假定商品总量和实际工资总额都不变，现在他又假定，货币总数也不变，从而"论证"货币工资增加也会发生困难。

第四，商品价格是由工资、利润和地租构成的。马克思曾经根据韦斯顿的观点极明确地指出，利润和地租都是以工资为基础所加的一定份额。所以，这种观点可以归结为"商品价格是由工资来决定或调节的"（132 页）。依据这种观点来看，工资增加必然会引起商品价格的提高。所以，增加工资对工人并没有什么好处。

这些就是韦斯顿在两次发言中提出而马克思要予以答复的"无聊的东西"。韦斯顿根据这些观点得出这样的结论：实际工资不能提高，增加货币工资对工人也没有好处。所以，为争取提高工资而斗争是有害的。这样，韦斯顿的观点，实质上，就陷进庸俗经济学家用来欺骗工人的"阶级利益调和"的泥坑中了。这种观点在理论上的错误是极明显的。如果它被总委员会所接受，那么，总委员会就要反对西欧大陆特别是法国工人为提高工资而进行的罢工斗争，因而势必"闹出大笑话"①，所以，在实践上也是很危险的。因此，马克思不得不用"措辞激烈"的报告来答复韦斯顿。

---

① 《马克思恩格斯通信集》第三卷，第 310 页。

三

马克思在第一部分中首先驳斥了韦斯顿关于国民总产品和实际工资总额都是不变的常数这种论断。

首先，马克思指出，一国国民总产品会由于实际参加生产的工人人数不同，工作日的长短和劳动的熟练程度、强度不同，以及资本积累和劳动生产力的不断变化而发生变化。因此，认为国民产品总量和总值是不变的常数这种说法是根本错误的。而且，资本主义生产的特征之一是扩大再生产，"产品的价值和数量在逐年增加，国民劳动的生产力在逐年扩大"（第114页）。无论在工资提高之前还是在其提高之后，国民产品的总量和总值都是变数而不是常数。

姑且假定国民总产品是一个常数，那也不能得出实际工资也必然是一个常数的结论。因为实际工资不过是国民总产品中的一部分，它可以在总量不变的情形下由于其他部分（例如利润）的减少而增加的。即使如韦斯顿所假定，工资是一个常数，是不能增加的，那么，它当然也不能减少。可是资本家却经常企图减少工资。在这种情形下，工人也应该联合起来为反对减少工资，从而也就是为增加工资而斗争。

其次，马克思进而批驳韦斯顿关于即使提高货币工资，但因此引起生活资料涨价致使实际工资依然不能增加的论断。

马克思在批判时提出了决定工资界限的经济规律问题。这是一个为韦斯顿所不曾而且不能阐明和论证的，马克思自己在这部著作的第二部分予以解释的新问题。接着，他考察了货币工资普遍提高会产生怎样后果的问题。

假设工人用增加了的货币工资均衡地购买一切消费品，那么，从工人方面说，对消费品的需求固然是扩大了。但在资本家方面，则由于利润的减少，对这种消费品的需求也必因而减少。而且，工人方面需求的增加数同资本家方面的减少数刚好互相抵销。所以，在这种情形下，"对商品需求的总量不会增加，而可能有所变更的是这种需求的各个构成部分"（第120页）。

如果工人把增加了的工资只用来购买日用必需品。那么，生产这种商品的资本家虽然可以利用因需求增加而提高价格的办法来求得补偿。但是不生产日用必需品而生产别的商品例如生产奢侈品的资本家却不能采用这种办法了，因为对奢侈品的需求并没有增加。而且，这类资本家还会因日用必需品的涨价而增加开支，从而减少对于奢侈品的需求，奢侈品的价格也会因而下降。这类制造业的利润率也必然会因而降低。

利润率的不一致必然会引起资本和劳动从利润率低的部门转移到高的部门。结果是：一些部门的产品增加到同已扩大了的需求相适应，其价格也会下降到原来的水平；另一些部门的产品则会减少到同已缩减了的需求相适应，其价格也将回升到原来的水平；利润率则在较低的水平上再趋于平衡。所以，马克思说：在这二种情形下，"工资水平的普遍提高，除了引起利润率的普遍下降之外，终归不会引起任何别的后果"（第120页）。

这样，韦斯顿的关于货币工资的提高只会引起价格上涨，实际工资依然不能增加的论断，就被彻底粉碎了。

再次，马克思还批判了韦斯顿的关于货币总数是固定不变的，增加货币工资必然会产生各种困难，对工人并没有什么好处的谬论。

大家知道，在此之前，马克思已经在《政治经济学批判》这部经典著作中阐述并论证了决定货币流通量的经济规律了。现在，他就用这一理论来说明当前的问题。他指出：支付工资所需要的货币量并不是只由工资的绝对量来决定，它还决定于货币的流通速度。根据当时的具体情况，他估计，在英国用来支付工资的货币大致每周流通一次，即每年流通52次。而在西欧大陆，每年却只能流通大约8次。所以"大陆上的货币工资比英国的低得多；然而在德国、意大利、瑞士和法国，为了支付这些工资却需要大得多的货币额"（第126页），可见，工资增加，不一定用相应的更多的货币来支付。

马克思还进一步指出：即使假定货币工资固定不变，同货币流通有关的各种因素——例如，流通中的商品数量和价值、货币交易的数额、钞票和其他信用票据（期票、支票）的发行和使用的数量、金属货币的流通和储备、黄金的输出和输入等等，都是每天在变化的。所以，韦斯顿的"关于货币总额仿佛是固定不变的教条，是一种和日常生活矛盾的荒谬绝伦的错误"（第129页）。

这样，韦斯顿的这个论断以及它所依据的前提都被驳倒了。所谓工资提高会引起货币紧缩，从而会减少资本这种说法的谬误，也就昭然若揭了，如果还要再来详细研究它，那"就完全是多余的了"（第130页）。

由于韦斯顿的各种说法都是旨在反对提高工资或反对因工资提高而产生的高工资。因此，马克思提出一个根本问题：什么叫做高工资？工资的高低究竟是以什么为标准来测定的？韦斯顿不能说明这个问题，供求论也不能解释它。这个问题只有在说明了劳动力的价值是如何决定的以后才能彻底解决——这是马克思在这部著作的第二部分中加以说明的新理论之一，因而我们将在下文中作介绍。不过这里应当首先指出：马克思从这部著作的第4节起，凡是所说的"劳动的供求关系""劳动的市场价格""劳动的价值"……中的"劳动"，都是指"劳动力"而言的。

马克思为什么不用"劳动力"这个名词，而仍然要用"劳动"这个流行名词呢？这是因为："劳动力"这个名词是他长时期地研究资本主义经济运动规律，为如实地反映资本家和雇佣工人之间的生产关系——阶级关系而首创的一个经济范畴；关于它的内容及同它有关的种种理论，虽然都已经完成，但尚未公开发表；为了听众容易理解，他采用了普通流行的名词"劳动的价值"来表示"劳动力的价值"（第150、157页）。马克思还曾经极明确地说，"作为劳动的价值的东西……实际上是不存在的"（第144页），实际上存在的只是"劳动力的价值"。

最后，马克思还批判了韦斯顿的关于"商品的价格是由工资来决定或调节"的论断，指出这种论调是没有出路的循环论。因为照流行的说法，工资不过是劳动的价格，而价格又只是价值的货币表现。因此，依据韦斯顿的观点，商品的价格是由劳动的价格来决定的，或者说，"商品的价值由劳动的价值来决定"（第134页）。那么，劳动的价值又是由什么决定的呢？因为韦斯顿认为工资提高，商品价格也一定会跟着提高，这实质上就是认为工资是由用它所购买的那些商品的价格来测定的。这样，劳动的价值又是由商品的价值来决定的了，这就无异于说，价值是由价值决定，而事实上却什么也没有说明。

四

从第六节《价值和劳动》起，都是马克思就当时所辩论的问题，正面阐述他自己的观点。其中，关于价值问题的论述是在以前所发表的著作特别是在《政治经济学批判》中曾经有过系统论证的，其余绝大部分是从当时尚未刊行的《资本论》中预先取出来的。

第六节论证价值，可以说是根据《政治经济学批判》第一章的理论，也可以说是从《资本论》第一卷第一章中取来的。马克思在这一节里说明了：价值的社会实体是社会劳动的结晶；一个商品的价值量决定于生产它所耗费的社会必要劳动量，后者则是指"……在一定的社会状态中，在一定的社会平均生产条件下，在所用劳动强度和技巧的一定社会平均水平下，生产这个商品所必需的劳动量"（第 139 页）；商品价值同生产这些商品的劳动的生产力成反比例的关系；价格只是价值的货币表现，因而，市场价格不过是表现在平均的生产条件下为供给市场以一定量商品所必需的社会平均劳动量。

说明了一般商品的价值问题以后，马克思接着就于第七节中讨论将引起听众"惊讶"的劳动力这一特殊商品的价值了。这是从《资本论》第一卷第四章第 III 节中预先取出来的。

马克思在这里首先指出所谓"劳动的价值"是同义反复、毫无意义的，它在实际上是不存在的。工人所出卖、资本家所购买的不是劳动而是劳动力，从而第一次①区别了劳动和劳动力。

指出劳动力所以会变成商品的原因及其历史条件（资本的原始积累——这是从《资本论》第一卷第二十四章中取出来的）以后，马克思论证了"劳动力的价值是由生产、发展、维持和延续劳动力所必需的生活资料的价值来决定的"（第 146 页），也即由生产这些生活资料的社会必要劳动来决定的。他还指出，各种劳动力的生产费用是各不相同的，所以，各部门所使用的劳动力的价值也必有差别，从而批判了平等工资的要求，认为那是"一种错误"，"是一种永远不能实现的妄想"（第 146 页）。

在第八节中，马克思探讨了真正困难的关键问题——剩余价值生产问题。这是从《资本论》第一卷第三篇中取出来的。

马克思在这里首次发表了他自己所创造的经济范畴：剩余劳动、剩余产品、剩余价值和剩余价值率。

他指出：决定劳动力价值的劳动量是有一定限度的，一天或一周劳动力价值决定于一天或一周工人再生产其劳动力所消费的生活资料所包含的劳动量，例如，一天劳动力价值为六小时劳动，这就是必要劳动。但是必要劳动并不构成劳动力一天所能完成的劳动量的界限。因为工人既然把一天的劳动力出卖给资本家，那么它在一天内就完全为资本家所支配和使用。资本家就利用这个权力要工人一天劳动六小时以上，比方说十二小时。这样，超过必

---

① 指截至当时已发表的马克思的著作说的。以后均仿此。

要劳动的其余六小时就成了剩余劳动，其产品即为剩余产品，这些产品的价值就是剩余价值。所以，劳动报酬（六小时）和劳动数量（十二小时）是完全不同的。而剩余劳动同必要劳动之比，即 $\dfrac{剩余劳动}{必要劳动}$ 决定了剩余价值率。

这样，资本家是按照劳动力的价值购买的，但工人却每时每刻都不断地给资本家生产剩余价值。所以，资本和劳动的交换"必然经常使工人作为工人再生产出来，使资本家作为资本家再生产出来"（第148页）。

工人的劳动只一部分是有报酬的，另一部分则无偿地被资本家所剥削。但在资本主义社会里，由于劳动力是根据合同买卖的，而且工资是在劳动了以后才支付，因而，劳动力的价值或价格就在外观上采取劳动本身的价值或价格的形态了。就是说，在外观上，不仅必要劳动，就连剩余劳动好像也是有报酬的。这正是雇佣劳动区别于奴隶劳动和农奴劳动的特征所在。农奴劳动的有偿部分和无偿部分无论在时间上和空间上都是显然地分开的。奴隶的全部劳动好像都是无偿的，雇佣劳动则相反，在外表上看，好像全部劳动都是有偿的。这样，资本和劳动交换的实质就完全被掩盖起来了——这第九节的内容是取自《资本论》第一卷第六篇第十七章的。

在第六节里，马克思已指出过利润不是贱买贵卖的结果。那么，它究竟是怎样产生的呢？这是马克思取自《资本论》第一卷第三篇的新理论而在本书第十节要加以说明的问题。

如前所述，资本家仅对工人劳动的一部分支付报酬，而工人的无偿劳动则白白地被资本家所剥削。有偿劳动是资本家在商品上费去的，而无偿劳动却是在商品上实在费去的构成部分。这样，商品实在费去的大于资本家在商品上费去的，其差额即剩余价值就是利润的真正源泉。所以，"利润是按照商品价值出卖商品时获得的"（第150页）。不过，我们要注意，马克思在这里所说的利润其实就是剩余价值。

论证了剩余价值生产以后，马克思进一步说明剩余价值在企业资本家、地主和放债资本家之间被瓜分，它的不同部分以产业利润、地租和利息的形态分别为他们所占有。这是《资本论》第三卷中的新理论，在本书第十一节中扼要地来阐述了。

阅读这一节时，我们应特别注意这几点：

1. 马克思指出，企业资本家和雇佣工人之间的关系是最主要的，它们之间的矛盾是资本主义社会的主要矛盾。因为整个雇佣劳动制度，整个资本主义的生产制度正是建立在这种关系上面的。

2. 在资本主义社会里，收入只是由工人在生产过程所创造的新价值构成的。必要劳动所创造的价值成为工资的源泉，剩余劳动所创造的剩余价值则成为企业资本家、地主和放债者所瓜分的全部基金，也即他们所瓜分的价值的限度。从而批判了那种认为价值由收入构成以及把一定量价值分解为三部分同这一定量价值由三个独立部分相加构成这二种说法混淆起来的错误观点。

3. 马克思在这一节里指出表示利润率的两种方式：

剩余价值对全部预付资本的比率。这是一般习用的表示利润率的方式。这种方式非常便于掩饰资本家对工人无偿劳动的剥削程度。

剩余价值对支付在工资上的资本的比率。这其实就是前面提到过的剩余价值率。它能够如实地反映出资本家对工人的剥削程度。

顺便指出：马克思在这部著作中使用利润率这个名词时，除个别情形外，都是指剩余价值率而说的。

第十二节是前面所阐述的理论的总结，也可以说是这部著作的理论方面的概括。

第一，商品价值中有一部分是补偿在其生产过程所耗费的各项生产资料的价值的，其余部分则是由工人在最后生产过程所加的劳动量。这些劳动所创造的价值就是工人和资本家从中各取得一份的唯一基金，即工资和利润的唯一源泉。

第二，工资和利润无论怎样变化，都绝对不会影响由劳动所创造的价值，只会使它们之间彼此发生相反的变化。

第三，劳动时间不变，由它所创造的总价值也绝不会变，不管这总劳动时间是按怎样的比例划分为必要时间和剩余时间。但是，单位商品的价值，以及它的价格是同劳动生产力的变化成反比例的。因此，在劳动生产力高的情况下，会发生"支付得高的劳动可能生产出低廉的商品"，而在劳动生产力低的情形下，则会发生"支付得低的劳动可能生产出昂贵的商品"（第156页）。

这样，认为提高工资就会引起商品价格上涨的错误论调就在理论上被彻底粉碎了。

五

马克思在这部著作中所论证的中心问题是工资问题。

工资问题不仅是一个极重要而复杂的理论问题，而且还是一个更重要的国际工人运动的实践问题。万一韦斯顿的反对工人为提高工资而斗争的谬论为国际总委员会所接受，那么，国际工人协会就必然会跟着变质：它会从团结国际工人革命运动的中心机关变为分裂国际工人的阴谋组织（因为当时西欧大陆上各国工人正在为提高工资而积极进行斗争）;它会从指导和协调国际工人运动的机关变成资产阶级用来破坏国际工人运动的工具。其后果不仅只是闹出大笑话而已。实质上，马克思反对韦斯顿的这场斗争是要不要工人运动，要不要国际协会的斗争，是工人阶级积极展开各项斗争运动并以彻底解放为最终目标的革命路线同工人阶级心甘情愿地受资本家奴役的投降路线之间的斗争。因为这场斗争同国际协会本身的命运，同国际工人运动的前途都有极密切的关系，所以，马克思在理论上彻底粉碎了韦斯顿的各种谬论之后，还详尽地指出工人阶级在哪些最重要的场合应当在工资问题上进行斗争。

第一，在劳动生产力发生变化的场合下，工人阶级应当为提高工资或反对降低工资而斗争。

如果劳动生产力降低了，那么就要耗费更多的社会必要劳动来生产生活资料以维持或再生产劳动力，因而劳动力的价值增加了。在这种场合下，工人阶级提高工资的斗争，不过是要求把他的劳动力增加了的价值付给他。

假使劳动生产力提高了，那就是说可以用比较少的社会必要劳动生产出维持劳动力所必需的生活资料，因而劳动力的价值下降了。在这种场合下，工人阶级就要为反对减少工资而斗争。因为即使工资仅仅下降到同劳动力的价值相一致，工人虽然还能保持原来的生活水平，但是资本家所获得的利润却大大增加了，从而同资本家相比，工人的相对地位却因而大大下降了。所以，工人阶级必须反对减少工资以保持其原来的相对地位。

第二，工人出卖劳动力所取得的是货币形态的工资。在资本主义发展过程中，货币的价值，一般来说，总是趋于下降的。在货币价值下降时，普通商品的价格都提高了。工人所取得的货币数量虽然没有变化，但用它所购买的生活资料却减少了。这种情况下，工人阶级就要为力求增加货币工资使自己能保持原来的生活水平而斗争。也就是说，为力求随着货币价值的下降而相应地或成反比例地增加货币工资而斗争。

第三，在资本家延长工作日或者提高劳动强度的场合，工人阶级要为增加工资而斗争。

延长工作日的结果，一方面，会使剩余劳动时间相应地延长，从而生产出更多的剩余价值，资本家可以因此获得更多的利润。如果工资不相应地提高，那就必然会降低工人的相对地位。另一方面，劳动力的消耗必然会因工作日延长而增加。为维持工人的工作能力就非消费更多的生活资料不可。无论从哪方面看，在延长工作日的场合，工人阶级都要为相应地增加工资而斗争。

在资本主义生产发展过程中，资本家除用延长工作日的办法以外，更典型的是用提高劳动强度的办法来更多地剥削工人的无偿劳动以增加相对剩余价值的生产。提高劳动强度势必使工人在一定的时间内耗费更多的劳动力，因而工人阶级必须要求相应地增加工资。只有这样才能维持或再生产劳动力。正如马克思所说:"工人通过争取把工资提高到相当于劳动强度提高的程度来制止资本的这种倾向，不过是反对使自己的劳动跌价和自己的种族退化罢了。"(第162页)

第四，在资本主义生产周期的不同阶段，工人阶级要为提高工资或反对降低工资而斗争。

资本主义生产的一个显著特点是：由于它本身的基本矛盾，即生产社会性同生产资料和产品的资本主义私有制之间的矛盾，生产必然通过危机、停滞、复苏和繁荣诸阶段而周期地进行。在周期的不同阶段，商品的市场价格会发生波动：在危机时下降而在繁荣时上升；虽然在整个周期内，商品的市场价格平均说来是由它的价值调节的。劳动力也是一种商品。因此，工资在不同阶段也必然会有所涨跌。但唯利是图的资本家，在繁荣时期总是力图阻挠工资的上升，而在危机时期则要过份地压低工资。所以，在危机阶段，工人阶级必须在工资究竟应当下降多少这个问题上同资本家展开斗争。而在繁荣阶段，则要力求提高工资以弥补在危机阶段所发生的损失。

这样，马克思在这个报告中，于理论上阐明了工人阶级必须为提高工资或反对降低工资而进行斗争之后，还进一步具体地指出，工人阶级应当在哪些最重要场合来展开这种斗争。

工人阶级为增加工资而斗争是极其必要的。但是，马克思并没有过高地评价这种斗争的作用。他认为这种斗争不过是"游击式的博斗"，工人阶级"在这种日常斗争中只是在反对结果，而不是在反对产生这种结果的原因；只是在阻挠这种下降（指工资下降——引者）的趋势，而不是改变这一趋势的方向；只是在用止痛药，而不是在除病根"。所以，"工人阶级……不应夸大这一日常斗争的最终结果"。为了反对产生这种结果的原因，为了改变这一趋势的方向，为了除病根，工人阶级必须"要在自己的旗帜上写上革命的口号：'消灭雇佣劳动制度！'"（第169页）。就是说，工人阶级要推翻资本主义剥削制度以实现彻底的解放。

六

今天我们学习马克思的这部经典著作，是有重大的现实意义的。

第一，19世纪60年代在马克思主义发展史上处于特别重要的地位。一方面，马克思主义的理论体系是在这个时期全部完成的；另一方面，马克思主义的建立者也是在这个时期内在国际工人运动中同一切非马克思主义的流派进行坚决的斗争，为后来马克思主义在国际工人运动中取得统治地位而奠定了牢固的基础。

马克思驳斥韦斯顿的这个报告，预示着无产阶级政治经济学业已完成，仅有待于最后加工和出版罢了；同时，这个报告又是马克思主义的创建人同在国际工人运动中反映资产阶级思想意识的谬论进行斗争的典范。这表明马克思主义从它产生和完成的时期起，就是在不断地斗争中前进的。在这个时期以后，先是马克思和恩格斯自己，后来由列宁和斯大林在同各种机会主义和无产阶级的叛徒们作多次坚决的不调和的斗争中发扬和光大了马克思列宁主义。目前，在社会主义阵营和国际共产主义运动内部出现了为美帝国主义效劳的现代修正主义者所掀起的乌云。以毛主席为首的中国共产党和其他各国的真正革命的马克思列宁主义政党，正在进行反对现代修正主义的坚决斗争。根据马克思列宁主义发展史的经验，可以预料，这场斗争必然会使马克思列宁主义发展到一个新的更高的阶段。

第二，工资问题是同工人阶级的切身利益最有直接关系的问题。随着资本主义经济的发展，工人阶级日益相对地和绝对地贫穷了，因而，这个问题也就更加成为严重问题。正是由于这个原因，资产阶级经济学家们枉费心机地杜撰出为资本主义制度辩解的各种工资"理论"。什么"工资基金论"，什么增加工资就会引起通货膨胀等等。这种谬论，一直到今天依然改头换面地成为资本家向工人生活水平进攻的工具。因此，马克思在这部著作中批判韦斯顿的谬论时所提出的以及他自己正面阐述的有关工资、价格和利润之间相互关系的论证，即使在今天仍然不仅具有理论上的意义，而且在工人阶级要求提高工资或反对降低工资而斗争时，它还是很有力的武器，从而具有重要的实践意义。

第三，马克思在这部著作中突出地抓住了资本主义社会的主要矛盾——企业资本家和雇佣工人之间的矛盾。他说明了企业资本家、地主和放债资本家瓜分工人阶级的无偿劳动所创造的剩余价值以后指出："直接向工人榨取这剩余价值的正是企业资本家，……所以，整个雇佣劳动制度，整个现代生产制度，正是建立在企业资本家和雇佣工人的这种关系上面。"（第 152 页）

马克思虽然强调了工人阶级为提高工资或反对降低工资而进行日常斗争的必要性，但他又指出了，资本主义生产愈发展，资本积累愈增进，资本有机构成也就愈提高，资本主义生产发展的本身也就越来越有利于资本家而有害于工人，因此，"资本主义生产的总趋势不是使平均工资水平提高，而是使它降低"（第 168 页）。这就是说，不改变资本主义生产制度是不能从根本上解决问题的。所以，马克思在这部著作中最后提出：工人阶级要把"消灭雇佣劳动制度"这个革命的口号写到自己的旗帜上去。

"消灭雇佣劳动制度！"

这个革命的口号多么响亮呵！如果说，在整整一百年以前，马克思刚提出时，它还是一声震醒人们的春雷，那么现在，在资本主义总危机已发展到一个新的阶段；在资本帝国主义"日薄西山""行将就木"，而社会主义则如旭日东升，欣欣向荣，在这"四海翻腾云水怒，五洲震荡风雷激"，一切害人虫都将被彻底扫除的时候，这个口号就具有更伟大的现实意义和无比的威力了。

总之，马克思作这个报告的时候到现在虽然已一百年了，但无论从理论方面还是从实践方面来看，在现在，它依然具有重大意义和伟大的生命力。

马克思主义的共同创造者*

——纪念恩格斯诞辰 160 周年

马克思主义当然是由马克思创建的。但是如果没有恩格斯的协助和合作，很难想象马克思单独个人能够建立这样极其伟大的业绩。

恩格斯的家庭出身和青少年时期的经历与马克思是很不同的。马克思出身于犹太的知识分子家庭，他的父亲是一个律师。马克思中学毕业后，先后在波恩大学和柏林大学攻读法律，同时还研究历史和哲学，并取得博士学位。恩格斯则出身于资本家的家庭。他的父亲是一个纺织工厂的厂主。当恩格斯还未满十七岁时，只要再读一年，就可以中学毕业了，但由于父亲的坚持，不得不放弃学业，去从事经济活动：在他父亲的营业所里工作一年之后，被送到不来梅的一个大贸易公司工作。

1841 年秋，恩格斯到柏林去服兵役。他所以选择柏林为服役地点，是因为在那里有一个知识分子的大本营——柏林大学。他能以旁听生的资格去听课，借以充实自己的学识。

恩格斯在柏林大学，主要是听哲学课。他的独立思考精神，特别值得我们学习。在那里，他一面听课，一面写批判文章。他曾以菲·奥斯渥特为笔名在《德意志电讯》上发表论文《谢林论黑格尔》；并发表了两本没有署名的小册子：《谢林和启示》与《谢林——基督的哲学家，或变人间的智慧为神的智慧》。当时许多人都以为这些文章是出自某个哲学博士之手，例如《德意志年鉴》的编者阿尔诺德·卢格就称《谢林和启示》的作者是一位博士。恩格斯在给卢格的回信中，除答复了他所提出的问题外，特意声明："我决不是博士，而且永远也不可能成为博士；我只是一个商人和普鲁士王国的一个炮兵；

---

* 本文选自《南开学报》1980 年第 6 期。

因此请您不要对我用这样的头衔。"①

1842 年 9 月底，恩格斯服兵役时期届满。他的父亲为了提高儿子的经商本领，更为了使恩格斯远离气氛日益紧张的德国，就要恩格斯到英国曼彻斯特的"欧门—恩格斯"公司设在那里的纺织工厂去实习。在去曼彻斯特途中，恩格斯乘便访问了《莱茵报》。在那里他第一次会见了马克思，因时间短促，未及深淡。

恩格斯到达英国后，一面积极深入工人群众，了解他们的疾苦及其斗争情况，一面注视和关心宪章运动，并同欧文派的社会主义者接触，同时积极为《莱茵报》《瑞士共和主义者》杂志撰稿发表文章，以介绍英国的各方面情况。

在这期间，恩格斯还积极阅读昂立·圣西门、沙利·傅立叶、罗伯特·欧文等的空想社会主义的文献和比埃尔·约瑟夫·蒲鲁东的著作；深入研究亚当·斯密、大卫·李嘉图、让·巴·萨伊、约·雷·麦克库洛赫、詹·穆勒和其他资产阶级经济学家的著作。在研究的基础上，他写出第一篇有关经济理论的天才著作《政治经济学批判大纲》。恩格斯把这篇著作同《英国状况——评托马斯·卡莱尔的〈过去和现在〉》（这两篇著作表明恩格斯已成为唯物主义者和共产主义者）一同寄往巴黎，在马克思和卢格合办的《德法年鉴》上发表。从《政治经济学批判大纲》在《德法年鉴》上发表，马克思和恩格斯这两位伟大导师之间开始了通信。可惜，他们所写的最早信件，我们无缘拜读。现在我们能够阅读的都是 1844 年 8 月底 9 月初，他们在巴黎具有伟大历史意义的会见之后的信件。

1844 年八九月间，恩格斯在从英国回国途中，特意绕道巴黎，去同马克思会见。在这次十天的长谈中，他们发现彼此在各方面的意见完全一致，从而决定了以后几十年为之奋斗的共同活动。四十多年以后，恩格斯自己曾经回忆："我在曼彻斯特时异常清晰地观察到，迄今为止在历史著作中根本不起作用或者只起极小作用的经济事实，至少在现代世界中是一个决定性的历史力量；这些经济事实形成了现代阶级对立所由产生的基础；这些阶级对立，在它们因大工业而得到充分发展的国家里，因而特别是在英国，又是政党形成的基础，党派斗争的基础，因而也是全部政治历史的基础。马克思不仅得出同样的看法，并且在《德法年鉴》（1844 年）里已经把这些看法概括成如

---

① 《马克思恩格斯全集》第 27 卷，第 428 页。

下的意思：决不是国家制约和决定市民社会，而是市民社会制约和决定国家，因而应该从经济关系及其发展中来解释政治及其历史，而不是相反。"恩格斯接着又说："当我 1844 年夏天在巴黎拜访马克思时，我们在一切理论领域中都显出意见完全一致，从此就开始了我们的共同的工作。"①

这二位青年知交，从此就要著书立说，宣传共产主义原理，为无产阶级的解放事业而献身了。但恩格斯在当时还不可能脱离家庭关系，去从事革命活动。"由于我妹夫的劝说和我父母的愁眉苦脸，我曾不得不决定再一次去试试做生意。"接着，他在给马克思的信中又说："……做生意太讨厌，巴门太讨厌，浪费时间也太讨厌，而特别讨厌的是不仅要做资产者，而且还要做工厂主，即积极反对无产阶级的资产者。……身为共产主义者如果不从事写作，或许还可以在外表地位上作一个资产者和一个做生意的牲口，但是，如果既要广泛地从事共产主义宣传，同时又要从事买卖和工业，那就不行了。"②

虽然如此，但恩格斯仍在努力从事《英国工人阶级状况》的写作，参加集会和宣传共产主义，因而与家庭的矛盾日益尖锐。为了摆脱这种处境，恩格斯决心离开老家。

1845 年春天，恩格斯不得不离开巴门去布鲁塞尔，不久前马克思因被法国驱逐，也由巴黎迁到这里。恩格斯后来回忆道："当我们 1845 年春天在布鲁塞尔再次会见时，马克思已经……大致完成了发挥他的唯物主义历史理论的工作，于是我们就着手在各个极为不同的方面详细制定这些新观点了。"③

从此，恩格斯同马克思一起既要为详细制定他们的新观点而从事艰巨的理论工作，又要参加各项革命的实际活动，还为自己提出了组织无产阶级政党的任务。他们奔波于西欧各国（和本国）组织群众革命团体，如工人联合会和科伦民主协会等。1848 年 4 月间回国后，就在科伦展开各项活动，并创办《新莱茵报》，以资宣传。马克思是这份革命报纸的领导者和编辑，但在上面发表文章最多的却是恩格斯。这是由于恩格斯写文章既快又好，文章写得通俗，为工人大众所容易接受，所以他是该报的重要人物之一。

但是在这热火朝天的革命活动过程中，在恩格斯面前逐渐形成一个极不易解决的问题——这就是马克思一家的生活问题。那时候，他们都没有固定的收入。恩格斯只是一个人，靠卖文糊口一人勉强还可以过得去，但想帮助

① 《马克思恩格斯全集》第 21 卷，第 247 页。
② 《马克思恩格斯全集》第 27 卷，第 21 页。
③ 《马克思恩格斯全集》第 21 卷，第 247-248 页。

马克思一家过上像样的生活，就不容易了。他的父亲虽然很有钱，但如恩格斯自己所说："从我的老头（按指他的父亲——引者）那里根本什么也弄不到。在他看来，《科伦日报》已经是叛逆的顶峰了，所以他宁愿叫我们吃一千颗子弹，也不会送给我们一千塔勒。"①这也就是说，此路不通！那么究竟怎样办好呢？经过郑重的反复考虑，恩格斯下决心牺牲自己，回到设在曼彻斯特的欧门—恩格斯公司的纺织厂工作，以便借有固定的收入，来帮助马克思克服生活上的困难。1850 年 11 月，恩格斯回到曼彻斯特欧门—恩格斯公司的纺织厂工作。马克思夫人在这年 12 月 2 日给恩格斯的信中曾这样说："我们因我在忧患时期养育的可怜孩子小宝宝的夭折，受了一次重大的打击，您对这种命运表示友谊的同情，使我得到很多安慰。我的丈夫和我们大家因不能和您长在一起，都时常怀念您。"②从这封信里，我们可以看出，马克思一家的生活已相当困难。在这封信里，马克思夫人很明白地指出，这个孩子是她在忧患时期养育的。什么"忧患"？我想，大概是生活困难的忧患：由于生活困难，致使马克思夫人饮食的营养失调，因而引起这个不幸孩子的先天的疾病。马克思在同年 11 月 19 日给恩格斯的信中指出，这个孩子在几分钟以前还在笑，还在游戏的，突然发生一种常发病——痉挛症而死亡的。这个孩子的突然死去，恐怕同马克思一家的生活困难是多少有些关系的。

马克思一家自从 1849 年八九月间定居伦敦以后，生活是很困难的：有时连寄信的邮票都没有钱购买，有时则无钱买写作所用的稿纸，有时由于衣服上当铺了，不得出门！有时由于面包铺、肉店、房东等等债主的包围要钱，不得安宁写作，有时为了还各种债务去奔跑设法而浪费了很多的宝贵时间，凡此种种不一而足。现举二例以资说明其困难到何等地步。

例一：马克思夫人于 1853 年 4 月 27 日写信给恩格斯说："……为着钱的事必须写信给您，实在非常不愉快。您帮助我们已经太多了。但这一次真不知道有什么救援，有什么出路。……您能寄一点钱给我们吗？制面包的人已经通告供给面包至星期五为止。"③

例二：马克思在 1858 年 1 月 28 日给恩格斯的信中说："这里严寒已经降临，我们家里一点煤都没有，这逼着我又来压榨你，虽然对我来说这是世界上最苦恼的事。我决定这样做，只是由于强大的'外来压力'。我的妻子……

---

① 《马克思恩格斯全集》第 27 卷，第 142 页。
② 《马克思恩格斯通信集》第 1 卷，第 140 页。
③ 《马克思恩格斯通信集》第 1 卷，第 532 页。

已把自己的披肩等等拿去典当，但还是一筹莫展。总而言之，我不得不写信给你，而且也在这样做。的确，如果这样的情况继续下去，我宁愿被埋葬在百丈深渊之下，也不愿这样苟延残喘。"①

恩格斯对马克思的帮助不止是一次、二次，也不止是一年、二年，而是长期的啊！可是，恩格斯从来没有认为这是他的沉重包袱，而是总想设法给马克思多寄一点钱。不过他自己的薪水也并不很多，写文章稿费的收入也极有限，那究竟应当怎样办呢？他决心自行节约，搬到比较便宜的住宅去住，以节省房租，改用较清淡的饮料以节省日常开支。但是这样做也有一个问题，那就是如果他的父亲去检查时，看到这种情况，仍旧会追问恩格斯那些钱是怎么花的！所以恩格斯写信告诉马克思："当我的老头（按指他的父亲一引者）快要来的时候，我们就搬到漂亮的住宅去，买一些上等雪茄和酒等等，以壮观瞻。"②

平时，马克思和恩格斯彼此互相关心，也是无微不至的。所以，列宁说："古老的传说中有许多非常动人的友谊的故事。欧洲无产阶级可以说，它的科学是由两位学者兼战士创造的，这两个人的关系超过了一切古老的传说中最动人的友谊的故事。"③

恩格斯不仅在物质上帮助马克思，在时间上的帮助也是不少的。比方说，当马克思还不能很熟练地用英文写作时，恩格斯就替马克思把用德文写的论文翻译成英文以便在英文刊物上发表。为了使马克思有更多的时间从事经济理论的研究和著作，替马克思收集写作所需要的材料。大家知道，在《马克思恩格斯全集》第八卷上登载的《德国的革命和反革命》总标题下的 19 篇文章，就是恩格斯应马克思的要求，在一年多的时间内，陆续用英文写成、经过马克思过目，用马克思的名义在当时美国进步报纸《纽约每日论坛报》上发表的。

马克思研究和写作最伟大的巨著《资本论》的过程，恩格斯也花了不少心血，作出各种贡献：收集实际资料，讨论重要问题。每当马克思向恩格斯提出某项问题，恩格斯作答稍缓，马克思就很不安；当恩格斯提出肯定意见时，就更信心倍增。因他是非常重视恩格斯的意见的。正因为如此，当《资本论》第一卷出版时，马克思写信对恩格斯说："……序言也已校完并于昨日

①《马克思恩格斯全集》第 29 卷，第 256 页。
②《马克思恩格斯全集》第 28 卷，第 220 页。
③《列宁全集》第 2 卷，第 10 页。

寄回。这样，这一卷就完成了。其所以能够如此，我只有感谢你！没有你为我作的牺牲，我是决不可能完成这三卷书的巨大工作的。我满怀感激的心情拥抱你！"①

当然，恩格斯的一项不朽的贡献是在马克思不幸逝世后，执行马克思的遗嘱，编辑和出版《资本论》第二卷和第三卷。这项工作的艰巨和恩格斯在工作过程中的刻苦、认真、细致、一丝不苟的精神，凡是学习过这两卷书的《编者序》的人，都会极为感动的。所以，奥国社会民主党人阿德勒曾经指出："恩格斯把《资本论》第 2 卷和第 3 卷出版，是替他的天才的朋友建立了一座庄严宏伟的纪念碑，在这座纪念碑上，他无意中也把自己的名字永远铭刻上去了。这两卷《资本论》确实是马克思和恩格斯两人的著作。"②

在马克思生前，恩格斯从物质、时间、著作等多方面帮助马克思；当这位伟人不幸去世时，又放弃他自己的写作计划，拼着老命从事整理、编写和出版老友的遗稿。这种友情是多么伟大啊！这种伟大的友谊绝不是光对马克思个人的崇敬，而是有更深厚的根源的。那就是这两位伟大的导师都是要为实现无产阶级的彻底解放，实现共产主义社会而奋斗终身的。在当时的具体情况下，德国（其实不仅德国的）的无产阶级尚处在自在阶级的阶段。为了使他们能够自己解放自己，必须做许多极其艰巨工作，使之成为自为阶级。同时，还要同形形色色的反动阶级进行不断的斗争。马克思正是这种伟大事业的旗手和领袖。《资本论》则是斗争的最有力、最锋利的武器。恩格斯就是为了维护这个旗手和领袖，为了完成这种武器的铸成而献身的。

事实上，这两位无产阶级的革命导师，当他们还年轻（都不过二十几岁）的时候，通过各自不同的历程成为共产主义者和唯物主义者，并于 1844 年在巴黎马克思家作十日长谈时，就决定共同著作《神圣家族》，1845 年在布鲁塞尔再次会面时又共同写作《德意志意识形态》。而且在 1848—1849 年又一起积极参加革命斗争。《共产党宣言》这部极其重要的经典著作，就是他们共同起草的。虽然有些著作，如《哲学的贫困》和《哥达纲领批判》是马克思个人的著作，但其中也包含着恩格斯的不少心血啊！所以，我们可以说，恩格斯实实在在是整个马克思主义的共同创建者。

我们从《马克思恩格斯通信集》中可以看出，这两位知心朋友之间，绝

---

① 《马克思恩格斯全集》第 31 卷，第 328-329 页。
② 《列宁全集》第 2 卷，第 10 页。

不是只有唯唯诺诺、一团和气。他们对各项问题都是经过慎重考虑、互相讨论才求得一致的。有时还相互批评和自我批评，而且也具有各自不同的特性。保尔·拉法格就曾极明白地说过："马克思对恩格斯的意见比对其他任何人的意见都更加重视。"又说："马克思不断称赞恩格斯的博学、称赞他思想灵敏，能毫不费力地从一个题目转到另一个题目；而恩格斯则称赞马克思的分析和综合能力。"①

既然恩格斯参加了马克思主义的全部创建过程，那么，为什么不把它叫做马克思—恩格斯主义呢？这个问题，不是今天才产生的，八十五年以前，当恩格斯还健在的时候，就已有人不止一次地提出来了，因而使得恩格斯自己不得不做如下的澄清：

> ……近来人们不止一次地提到我参加了制定这个理论的工作，因此，我在这里不得不说几句话，把这个问题澄清。我不能否认，我和马克思共同工作四十年，在这以前和这个期间，我在一定程度上独立地参加了这一理论的创立，特别是对这一理论的阐发。但是，绝大部分基本指导思想（特别是在经济和历史领域内），尤其是对这些指导思想的最后的明确的表述，都是属于马克思的。我所提供的，至多除几个专门的领域外，马克思没有我也能很容易地做到。至于马克思所做到的，我却做不到。马克思比我们一切人都站得高些，看得远些，观察得多些和快些。马克思是天才，我们至多是能手。没有马克思，我们的理论远不会是现在这个样子。所以，这个理论用他的名字命名是公正的。②

恩格斯在半个世纪长的时期内，参加无产阶级革命学说的制定，最后还是实事求是地说，这个学说以马克思的名字命名是公正的。这是什么精神？是地地道道的共产主义精神！在全国上下都一心要为祖国的"四化"而贡献自己的一份力量的时候，这种精神正是为全国各族人民所应精诚学习而积极使之实现的呵！

---

① 《回忆马克思恩格斯》，人民出版社 1962 年版，第 83、91 页。

② 《马克思恩格斯全集》第 21 卷，第 335-336 页注。

崇高的自我牺牲精神*

今年 11 月 28 日，是无产阶级革命导师恩格斯诞辰 160 周年。列宁曾经说："古老的传说中有许多非常动人的友谊的故事。欧洲无产阶级可以说，它的科学是由两位学者兼战士创造的，这两个人的关系超过了一切古老的传说中最动人的友谊的故事。"1844 年秋，恩格斯在从英国回国途中，去巴黎和马克思作十日长谈时，已初步拟定了他们要一生为之奋斗的宏伟计划——努力著作，对工人进行宣传，使无产者从自在阶级变为自为阶级，从而进行自我解放：建立没有阶级、没有人剥削人的共产主义社会。从此，恩格斯同马克思建立了为粉碎旧世界、建设新世界而共同努力的战斗友谊。

恩格斯虽然自己也有许多社会工作要做，有许多问题要研究。但是，只要马克思提出要求，他必暂放下自己的工作，去努力完成马克思所提出来的任务。如替马克思撰写的有关德国革命和反革命的十几篇论文，就是用英文写成以马克思的名义在《纽约每日论坛报》上发表的；为马克思写文章收集资料；对于《资本论》研究和著作过程，恩格斯也花了不少心血。所以，《资本论》第一卷出版时，马克思曾对他表示谢意："序言也已校完并于昨日寄回。这样，这一卷就完成了。其所以能够如此，我只有感谢你！没有你为我作的牺牲，我是决不可能完成这三卷书的巨大工作的……"（《马克思恩格斯全集》第 31 卷第 328—329 页）

可惜！《资本论》第一卷出版以后，在十几年的时间内，马克思断断续续地积极写作这部巨著，但并没有最后完成就与世长辞了。马克思曾留下遗言，希望恩格斯把它整理出来，并指出，这项工作，除恩格斯外，别的任何人都是不能胜任的。

这时候，恩格斯已经快 63 岁了。他的视力也在衰退之中。他自己的著作

---

* 本文选自《天津日报》1980 年 11 月 25 日。

尚未完稿，例如《爱尔兰史》还没有全部写出来。更重要的是从 19 世纪 70 年代开始一直到 1883 年他的挚友去世时，虽已对《自然辩证法》做了大量研究工作，也写出了不少研究的成果，但全书远未完成，仍需进行研究、写作。

马克思逝世后，恩格斯毫不犹豫地放弃了自己的研究、著述工作，以全部精力投入整理和编写《资本论》第二卷和第三卷的工作。整理、编写这两卷《资本论》的艰苦程度以及恩格斯工作的细致和忠诚，凡是学习过这两卷书的《编者序》的人，都会深深为之感动。从 1883 到 1895 年这十几年内，恩格斯除指导国际工人运动（这原来是由马克思主要负责的），如建立第二国际等等，为他自己和马克思以前已经出版而再版的各种书籍作序言外，几乎全部精力和时间都用在《资本论》第二卷特别是第三卷的整理和编写上了。

总之，恩格斯既要不惜一切在物质上帮助马克思，又要牺牲自己的本来就不充裕的时间为马克思写论文，提供资料。最后连自己已经费了很多时间和精力的研究和著作也放弃了！凡此种种究竟为什么呢？为利，当然不是；那么是为名吗？事实上，恩格斯自始至终参加了马克思主义的创建工作，在他生前，已有人提出应当以他们两位导师的名字来命名，恩格斯实事求是地、谦虚诚恳地说过，他自己只是起了佐助的作用，以马克思的名字来命名是很公正的。可见，他并不是为名。那么，究竟为了什么呢？为了帮助马克思！对！从直接的目的来说是为了帮助马克思。但我想，他不是为帮助而帮助，他的这种帮助说到底只是达到目的的手段，却并不是目的本身。真正的目的是为了无产阶级的解放，打烂旧世界，建立没有阶级、没有人剥削人的新世界。正是由于马克思是从事这项伟大事业的领袖，《资本论》是为这项事业而斗争的锐利武器，所以，恩格斯才能坦然地忍受个人的一切牺牲，来促进这项伟大事业的加速实现。

正当我们万众一心，为实现祖国四化而努力的时候，这种艰苦奋斗、自觉的牺牲精神，不是大家都应当认真学习并在实际工作中加以贯彻的么！

修正马克思、恩格斯著作中的翻译错误*

——从《资本论》第四卷中的翻译失误谈起

《马克思恩格斯全集》的遗稿已经出版到第五十卷了，这是很可庆贺的一件大事。但是跟着也就产生了一项需要我们努力合作进行的极其艰苦的工作：指出并校正遗稿中的翻译错误。

马克思和恩格斯的著作，可以分为三种情况，这可以《资本论》为代表，加以说明。

第一种情况是由马克思亲自出版发表，《资本论》第一卷就是最显著的例子。

第二种情况是由恩格斯整理出版的，例如《资本论》第二卷和第三卷。

第三情况，是由考茨基整理编辑于 1904 年出版的《剩余价值学说史》（该书在苏联科学院专家们整理编辑《马克思恩格斯全集》时全部被否定，另行整理出版《资本论》第四卷，即分为 I、II、III 三分册的《马克思恩格斯全集》第二十六卷，即所谓《剩余价值理论》，其实如果加上"批判史"三个字，改名为《剩余价值理论批判史》，则名、实会更相符合些）。

即使情况最好的《资本论》第一卷，也难免有翻译失误，《资本论》第一卷和第二卷也是这样。关于前三卷《资本论》一些计算上的失误，已有上海复旦大学经济系张薰华同志公开发表过论文，恕不赘言。下面仅就《资本论》第四卷，即《马克思恩格斯全集》第二十六卷（中文版）中的一些翻译失误举例说明。

先看第二十六卷 I：

第 88 页，第 6—7 行，有这样一句话，"……利润等于剩余价值和总预付资本之比……"，这里"利润"显然是"利润率"之翻译失误。

---

* 本文选自《南开经济研究》，1987 年第 1 期。

第 345 页，脚注（1）引证蒲鲁东的话时，前面说总资本为 280 亿，利息为 16 亿，此外还加上国债利息 4 亿，"总计：10 亿资本的年息为 16 亿"，"因而是 160%"。此处引文当然是错误的。按全文的内容来计算，应当是 280 亿资本有年利息 16 亿，因而年利率应当是 16/280=5.7%强。同一脚注第 5 行"息"应改为"率"。前面所说的按 4%、5%、6%、8%、12%，甚至 15%都是指的年利率。利息和利率这二个术语是有严格区别的，前者指利息的绝对量，而后者则是指利息和本金的比率。用数学的语言来说，那就是利率=利息/本金。这里所说的这两种错误，都是蒲鲁东搞错的，并非马克思的失误，马克思不过没有指明这种错误而已。

再来看看第二十六卷 II：

第 70 页从第二行起，有这样一段话："……每个商品的平均价格等于 C（预付资本）$+\dfrac{P}{C}$（平均利润率）。如果 $C+\dfrac{P}{C}$ 等于这个商品的价值……"这一段话以及紧接着的下一段话中所说的四次"$C+\dfrac{P}{C}$"都是错误的。大家都知道：预付资本 C 是绝对量，而 $\dfrac{P}{C}$ 则是一种比率，二者无论从形式上或实质上看都是性质绝对不同的概念，相加之后等于什么呢？这句话应当改为：每个商品的平均价格等于 C（预付资本）$+P$（平均利润），或者改为 $C+\dfrac{P}{C}$（平均利润率）$\times C$。在这页上出现的五次"$C+\dfrac{P}{C}$"，应当全都改为"$C+P$"。

第 295 页最后两行，有这样一句话："……劳动能力的价值减少，那末劳动生产率就会使剩余价值增大。"这句话不能说是错误的，但很令人费解。如果添上"提高"二个字，改为"劳动能力的价值减少，那末劳动生产率的'提高'就会使剩余价值增大"，这样一改就好理解得多了。

第 357 页，第 4—6 行，有这样一句话："……但是两笔资本或总资本——农业资本和工业资本加在一起——的平均利润提高了 50%，从 10 提高到 15。"这里的问题是比什么提高了呢？我觉得应该添上"比工业资本的利润"这几个字，而改为："……的平均利润比、工业资本的利润'提高了 50%……"

第 379 页倒数第 6 行，有这样一句话，"对资本来说，能得到产品的费用价格也就满足了"，这里似应添上一个"家"字，而改为"对资本家来说……"

比较妥切。

第 444 页第一行所说的"利润是 16%"和第 492 页倒数第 7—6 行所说的"……普通利润就是 15%",这两处都要添上一个"率"字,把"利润"改为"利润率"。

至于第二十六卷 III 分册,仅第二十章(7)节,就有这样几个问题:

第一,在 209 页上,马克思在转述约·斯·穆勒的意见时,在第 5—7 行上,有这样的话:"利润率(……)等于产品的价格对花费在产品上的生产资料(包括劳动在内)的价格之比。"这句话很难理解。这两种价格之比能说明利润率么?绝对不能!因为这里并未指明什么是利润,因而也就不能说明利润率了。这是约翰·穆勒的错误,马克思在复述时不曾指出而已。

这句话应改为:"利润率(……)等于产品的价格减去花费在产品上的生产资料(包括劳动在内)的价格之差额(这差额就是利润)对后者(即 C)之比。"

第二,在 223 页倒数第 10 行,有这样一句话:"……$\frac{1}{18}$,即 $11\frac{1}{9}$%。"这是计算的失误,应当改为"$\frac{1}{18}$,即 $5\frac{5}{9}$%"。

第三,第 251 页,第 15 行,说"剩余价值……",这里应当添上一个"量"字,而说"剩余价值量……"。

在同页第二段一开始就说:"剩余价值率等于剩余劳动在一个工作日中所占的比例。"这句话没有错,但很令人费解。如果改为,"剩余价值率等于在一个工作日中,剩余劳动和必要劳动的比例",就较易使人理解了。

上述种种例证所说的应当改正之处,究竟是谁弄错的?我没有完全解决这个问题,但可能有些翻译错误是由我们中国人造成的,现举一例:众所周知的马克思的一句名言"理论一经掌握群众,也会变成物质力量"(中译本《马克思恩格斯全集》第一卷第 460 页),就是中国人翻译错的。"理论"是一个抽象的概念,而"群众"则是具体的人们。"理论"用什么去掌握群众?这完全是一种主观唯心论的说法,也可以说是一种唯意志论的表现。

我查阅了《马克思恩格斯全集》德文版第一卷,1957 年柏林版第 385 页上,这句话是这样说的:

"Die Theorie Wird Zur Materiellen Gewalt Sobald Sie,Die Massen Ergreift"这句德语可以直译为:"理论马上会成为物质力量,当群众掌握了它时。"当

然也可以译为："当群众一旦掌握理论时，它（当然是指理论）马上会变成物质力量。"

我又查了《马克思恩格斯全集》俄文版第一卷，1955 年莫斯科版第 422 页是这样说的："Теория становится мате риальной силой, как только она овладевает массами."

这句俄语，可译为："理论会变成物质力量，只要它被群众所掌握。"；或译为："只要理论已被群众所掌握了，它就会成为物质力量。"

由此可见，德文原文和俄文译文都是唯物主义的一句话。在中文译本中却变成了唯心主义的谬论了。我想，发生翻译错误的原因之一，恐怕是由于中文版是从俄文版翻译的，而译者把最后两个俄文字"овладевает массами"当作第一格翻译了，而原文却是第五格。

这事实，说明这样一个问题：不仅《资本论》，也不仅是最近几年陆陆续续出版的最后十来卷，而是马克思和恩格斯的全部遗著，即从《马克思恩格斯全集》第一卷起，一直到最后一卷，都必须认真仔细地学习和研究。一旦发现问题——不管问题的大小，小至计算的失误，或遗漏一个字，印错一个字；大至理论上的翻译错误，统统提出来，并加以改正，使将来再版时能印出一部没有翻译错误的《马克思恩格斯全集》，使将来的人们，可以学得更方便、更有效些，这种贡献是极大极大的。

这里有二个问题，希望大家提供解决的办法：

第一个问题是：由谁来担负这项艰巨的工作？

第二个问题是：这决不是少数人所能完成的大事，但众多的人们分头进行所取得的成果，如何汇集起来交给出版社出版时应用？

经济学说史论文

马克思对英国古典政治经济学的批判继承和发展*

引　言

　　马克思主义有三个构成部分：1. 马克思主义的哲学，即辩证唯物主义和历史唯物主义，它是研究自然、社会和认识发展的一般规律的科学；2. 马克思主义的经济学说，它是研究人类社会在历史发展各阶段中支配物质资料的生产和交换的规律的科学；3. 科学社会主义，它是研究无产阶级革命和社会主义、共产主义建设的一般规律的科学。

　　马克思的经济学说，是马克思主义的重要构成部分，"……是马克思理论最深刻、最全面、最详细的证明和运用"①。它论证了社会经济发展的一般规律，阐明了资本主义生产方式和资本主义生产关系之发生、发展过程及其灭亡和转化为新的更高级的生产方式——社会主义生产方式之必然趋势，指出了无产阶级之极其伟大的历史任务；推翻旧的资本主义剥削制度和建立新的没有剥削关系的社会主义社会。所以，马克思的经济学说是无产阶级的、唯一科学的政治经济学。

　　在马克思以前虽然曾经有过各种各样的经济思想和经济学说，但始终没有出现过能够表达社会经济发展一般规律的真正科学的政治经济学。这是因为在阶级社会里，剥削阶级只在很短促的时间内具有有限的进步性，他们总是力图证明剥削制度是永恒制度，以便自己长期统治下去。奴隶主阶级想证明奴隶社会是最好的社会，封建地主则妄想封建社会可以万古长存，而资产

---

　　* 本文选自季陶达著《英国古典政治经济学》，生活·读书·新知三联书店 1960 年版，由该书"前言"和"结论"构成，标题是本书编者加的。

　　① 《列宁全集》第 21 卷，人民出版社 1959 年版，第 41 页。

阶级又认为资本主义制度是最理想的，合乎自然秩序的。因此，他们谁也不能创立真正科学的政治经济学。

马克思的经济学说是无产阶级的政治经济学，那么以前的被压迫、被剥削的阶级为什么也不能创立科学的政治经济学呢？我们知道，科学的政治经济学不是无条件地在任何历史时代都能产生的，它是历史发展的产物。在奴隶社会和封建社会都还没有具备科学政治经济学产生的条件。只有在资本主义社会，随着资本主义的发展，生产力的迅速提高和生产规模的不断扩大，"……人数不绝膨大的，为资本主义生产过程自身的机构所训练，所统一，所组织的工人阶级"[①]，从"自在的阶级"变成"自为的阶级"，对资本主义的剥削制度进行有组织有计划的反抗时，科学的政治经济学才有可能产生。

19 世纪 30 年代初，法国里昂的无产阶级单独向资产阶级发动武装进攻，揭开了无产阶级作为一个自为阶级在历史政治舞台上进行阶级斗争的序幕。从这时候起，英、法、德和西欧其他各国，工人的革命运动就蓬蓬勃勃地发展起来，而于 1848—1849 年达到高潮。19 世纪 40 年代中叶及以后，马克思不仅参加了工人革命运动，而且与恩格斯共同成为各国工人阶级革命运动的领导者。马克思在 19 世纪 40 年代中叶到 60 年代创制和完成了无产阶级政治经济学，并不是偶然的。这不但同那时代的工人革命运动有密切关系，而且同马克思自己的革命活动也是分不开的。正由于马克思是伟大的无产阶级革命家，全世界无产者的领袖和导师，他才能在政治经济学中完成革命。

然而，马克思在政治经济学中所完成的革命，是和虚无主义者绝不相同的。虚无主义者狂妄地否定人类过去的一切，而马克思则是人类进步文化的继承者。列宁曾说："马克思是十九世纪人类三个最先进国家中三种主要思潮的继承人和天才的完成者。这三种主要思潮就是：德国古典哲学，英国古典政治经济学，同法国一般革命学说相连的法国社会主义。"[②]可见，在政治经济学方面，马克思是继承了英国古典政治经济学的科学成分的。

英国古典政治经济学发生于 17 世纪后半期英国资产阶级革命时期，而完成于英国产业革命以后的 19 世纪初叶。在这一百几十年内，正是英国资本主义向上发展的时期；在这个时期中，英国资产阶级为了使资本主义的发展有更广阔的道路而进行着反对封建贵族地主的斗争。所以，英国资产阶级在

---

① 马克思：《资本论》第 1 卷，人民出版社 1957 年版，第 964 页。

② 《列宁全集》第 21 卷，人民出版社 1959 年版，第 32 页。

这期间有一定的进步性。由此，代表资产阶级利益的英国古典政治经济学也有一定程度的进步性和科学成分。

英国的古典政治经济学从威廉·配第开始，到大卫·李嘉图结束①，而以亚当·斯密和李嘉图为最有代表性的人物。他们的主要贡献是：奠定了劳动价值论的始基；不自觉地发现了剩余价值，就是说，他们发现了剩余价值，但为原有的经济范畴所限制而不知其为剩余价值，而把它叫做地租（配第）或利润（李嘉图）；正确地指出资本主义社会的三个阶级（亚当·斯密）即地主、资本家和工人阶级，而且论证了这三个阶级之间相互的矛盾（李嘉图）。

英国的古典政治经济学是反映资产阶级的利益的，因此，它的进步性和科学成分也就必然为资产阶级的阶级性所局限。当英国社会的主要矛盾是资产阶级与封建地主之间的矛盾，英国的阶级斗争主要是资产阶级反对封建地主的斗争时，资产阶级以及代表其利益的英国古典政治经济学才具有一定进步性。可是，随着资本主义生产方式的发展，无产阶级与资产阶级的矛盾上升为英国社会的主要矛盾，无产阶级反对资产阶级的阶级斗争成为英国主要阶级斗争的时期，资产阶级就从曾经有过进步作用的阶级变成了反动的阶级，代表资产阶级利益的政治经济学的科学性也就丧失了，英国古典政治经济学的危机也因而发生了。"法英二国的资产阶级，都已经夺得了政权。从此以往，无论从实际方面说，还是从理论方面说，阶级斗争都愈益采取公开的威胁的形态。科学的资产阶级的经济学之丧钟，敲起来了。"②从这时候起，为资产阶级利益辩护的庸俗政治经济学就发生、发展起来了。

英国古典政治经济学虽有一些科学的成分，但同时又有不少庸俗的成分。马克思所继承的当然只是它的科学成分。然而，马克思也不是单纯地承袭，而是从无产阶级革命的利益出发，运用他自己和恩格斯共同制定的哲学——辩证唯物主义和历史唯物主义这一锋利的理论武器，对资本主义生产方式和资本主义的剥削关系作全面的细致的深刻的分析，从而发现了它的发展规律及其在历史上的过渡性。在这过程中，马克思批判地吸收了英国古典政治经济学中的科学成分，完成了在政治经济学中的伟大革命，使政治经济学从资产阶级的科学成了无产阶级的科学。

英国古典政治经济学是马克思主义的来源之一。

---

① 马克思：《政治经济学批判》，人民出版社 1959 年版，第 24 页。

② 马克思：《资本论》第 1 卷（第 2 版跋），人民出版社 1957 年版，第 11 页。

一、英国古典政治经济学是随着英国资本主义生产方式之产生及其向上发展而产生和发展起来的

英国在十五六世纪，正处在资本的原始积累时期。原始积累为资本主义生产方式准备了必要的条件：积累货币资本，圈占耕地使农民破产并且成了劳动力出卖者。在这时期内，商业资本在英国的国民经济中占统治地位，而且它又是在流通过程发挥机能的，因此，对于资本主义经济的最初的理论考察必然是从流通过程出发的重商主义。

但是，当英国的资本主义发展到第二阶段即工场手工业时期时，流通和生产之间的关系开始改变了——流通从对生产的独立化变成为再生产过程的一个要素。在这种情形之下，那种认为流通是财富的泉源、对外贸易是唯一能够增加国民财富的经济部门的重商主义学说，必须重新加以审查而予以批判。研究的出发点也就开始逐渐从流通过程转移到生产过程。只有从生产过程出发，才能研究资产阶级生产关系的内部联系。这就是英国所以在 17 世纪中叶从威廉·配第开始产生古典政治经济学的原因。

马克思所以对威廉·配第的经济学说评价很高，认为他是英国古典政治经济学的发端者，是由于他第一个提出劳动价值论的初步基础和不自觉地发现了剩余价值。尽管威廉·配第的价值论有很多缺点和错误，尽管他实际上认为地租是剩余价值的唯一转化形态是错误的，但是他提出了价值由劳动决定，而且不自觉地发现了剩余价值存在的事实。这在政治经济学的发展上是具有很大意义的。

英国资本主义生产的不断发展，为工场手工业的狭隘性所局限。从经济意义上说，实有冲破这种局限性、进行产业革命的必要；从生产技术上看，工场手工业内部分工又为产业革命造就了可能性。到 18 世纪中叶，英国的产业革命已面临"万事俱备"的阶段了。而在 18 世纪后半期，英国古典政治经济的真正大殿，终于由亚当·斯密建成了。亚当·斯密发展了由威廉·配第开始的劳动价值论：配第认为只有生产金银的劳动才能直接生产价值，生产其他商品例如小麦的劳动则不能直接生产价值，只有在这种商品和金银交换的时候，它们才能生产价值；斯密克服了这种片面性和局限性，认为不但生产金银的劳动，就是生产其他商品的劳动也都能直接生产价值。斯密还论证了作为独立经济范畴的利润，认识到剩余价值的真正起源。这一切（当然还有其他许多方面）都表明，从威廉·配第到亚当·斯密这将近 100 年间，英

国古典政治经济学已经得到显著的发展。当然，这是英国资本主义经济在这时期内发展的结果和反映。

亚当·斯密的时代，英国正处在产业革命的前夜。资本主义经济正在迅速发展，社会阶级的分化逐渐趋于明显，资本主义本身的矛盾虽然已在逐渐成长，但还没有表面化和尖锐化。这一切不能不影响到斯密的经济理论，致使他的理论体系充满着矛盾。

从亚当·斯密的"国富论"出版到李嘉图的"政治经济学及赋税之原理"问世，虽然只相隔 40 年，但在这短短时期内，英国经历了产业革命。大家知道，产业革命是从英国开端的。正如恩格斯在《英国工人阶级状况》这部经典著作中所指出的，"产业革命对英国的意义，就像政治革命对于法国，哲学革命对于德国一样"①，其意义是极重大的。一方面，产业革命开始以后，英国的资本主义生产空前迅速地发展着。资本主义制度与封建主义制度相比的优越性和进步性，也就很明显地表现出来。但是资本主义经济的继续发展还必须扫清在其前进道路上的障碍物。因此，在资产阶级和封建地主贵族之间就展开了斗争。李嘉图作为产业资本的发言人，当然就积极投入这场斗争中。他参加反对"谷物条例"的斗争，就是明显的例证。他的地租和工资、利润之间的矛盾及地主阶级同社会上其他阶层之间利益矛盾的论证，可以说，就是资产阶级反对封建地主阶级的理论武器。同时，正如恩格斯所指出的，"……产业革命的最重要的产物是英国无产阶级"②。英国的真正无产阶级随着产业革命的发生和发展而产生和壮大起来。在李嘉图生前，英国的无产阶级虽然还没有作为独立的政治力量出现于历史舞台，但其同资产阶级之间的矛盾却是已经存在了。这在李嘉图的经济理论中也有所反映。由于李嘉图的学说比较实际地暴露了无产阶级和资产阶级的矛盾，就使资本主义的辩护人如美国的凯雷（1793—1879）之流发出这样的叫嚣："李嘉图的体系是倾轧的体系，……它是要创造阶级的敌视，……他的著作，是巧言惑众者的向导，这些人是企图以分割土地、战争和掠夺的方法来获得权力的。"③

正是因为 19 世纪最初 20 年是英国资本主义迅速向上发展时期，是无产阶级正在成长起来但还没有表现出独立的政治力量，从而与资产阶级的矛盾和斗争仍然还是潜伏着的时期，李嘉图才能把英国资产阶级古典政治经济学

---

① 《马克思恩格斯全集》第 2 卷，人民出版社 1957 年版，第 296 页。
② 《马克思恩格斯全集》第 2 卷，人民出版社 1957 年版，第 296 页。
③ 恩格斯：《反杜林传》，人民出版社 1956 年版，第 264 页。

发展到顶点，并在资产阶级政治经济学这个限度内作出了科学的贡献。

二、英国古典政治经济学的科学贡献及其局限性

恩格斯在"反杜林论"中曾引用马克思的一句话："价值论，乃'经济学体系是否坚实的试金石'。"[①]英国古典政治经济学的贡献首先就在于它奠定了劳动价值论的基础。威廉·配第的价值论只是初步的试探；亚当·斯密的价值论又包含了很多的内在矛盾；在这方面，李嘉图把英国古典政治经济学发展到顶峰。他在劳动价值论上的主要贡献是：

1. 始终坚持商品价值由劳动时间决定这个原理，并且以此原理作为分析其他经济范畴和批判有关政治经济学的著作之准绳；

2. 他认识到商品的价值，只是由活劳动即李嘉图自己所说的直接劳动生产出来的，过去劳动即李嘉图所说的积累劳动或间接劳动，只是生产价值的条件，它本身不能生产价值，它不过把自己原有的价值转移到商品里去；

3. 他根据他自己的劳动价值论论证了劳动与资本之间的矛盾：只要劳动时间不变，则由劳动所生产出来的商品价值也不会因为工资的变化而变化；工资增加只会引起利润的相应地减少，工资减少只会引起利润的相应地增加；

4. 他根据他自己的劳动价值论以及在这个理论的基础上展开的分配论，阐明了地租同工资和利润之间都是有矛盾的：他认为社会发展、人口增多、土地耕种的面积从优良到较劣瘠的扩大，因而使得地租不断增加，而利润则不断趋于下降；在这过程中，名义工资即货币工资虽会增加，但实际工资则难免要减少。他的论证的理由虽然是错误的，但却正确地反映出在资本主义社会中这三个主要阶级之间的矛盾。

但是，李嘉图的这些贡献并不是完美无缺陷的，恰好相反，即使从他的这些贡献来看，也都是具有很大的局限性和缺陷的：从他的第一点贡献来看，他坚持价值由劳动时间决定这个原理，这固然是他的优点；但他却没有告诉我们形成价值、从而决定价值量的究竟是什么劳动？从第二点来看，认为对象化于生产资料内的劳动只是生产新价值的条件，其本身是不能创造新价值的，这的确是他的伟大贡献；但他却不能解决新价值的创造和旧价值的转移为什么能够在同一劳动过程进行这个问题。从第三点来看，认为在劳动时间不变的条件下，工资的增减不会引起价值的变化，这虽然是他对于劳动价值

---

① 恩格斯：《反杜林传》，人民出版社 1956 年版，第 264 页。

论的贯彻；但是由于他混同了价值和生产价格，因而又认为由资本有机构成不同或资本周转速度不等，诸企业所生产出来的商品价值的相对量，会因工资变化而变化，就是说，他要对自己的劳动价值论进行所谓"修正"。从第四点看，他的理论虽然正确地反映出地主、资本家和工人这三个阶级之间的矛盾，但是如前所述，他的论证却是错误的，这主要是由于他不明白利润率下降的真正原因。

李嘉图在价值论方面，虽然有过在资产阶级政治经济学这个限度内的科学贡献，但是，他的缺点和错误也还是不少的。其中主要的是：

1. 他研究的对象是可以再生产的商品，或如李嘉图自己所说的，是只要投下劳动，其量就能无限制地增加的劳动产品。但是，他没有告诉我们，劳动产品为什么采取商品形态？

2. 李嘉图曾说："在人类所欲得的货品（这其实就是商品——引者）中，最大的部分，是由劳动而生。"[1]但是生产商品的劳动为什么采取价值形态呢？他不但没有说明，而且也没有提出这个问题。

3. 没有研究价值形态问题。这个缺点是要特别加以注意的。马克思曾说："古典派经济学的根本缺点之一，是它不曾由商品的分析，尤其是商品价值的分析，发现那使价值成为交换价值的价值形态。亚当·斯密和李嘉图，古典派经济学的最好的代表，也把价值形态看做是毫无关系的事，或把它看得和商品性质没有关系。"[2]

4. 如我们上面不止一次地说过的，李嘉图混同了价值和生产价格。

可见，从价值论方面来看，英国古典政治经济学家尤其是李嘉图，虽然有一些贡献，但是他们的贡献是具有很大的局限性的。

发现剩余价值存在的事实，从而为科学的剩余价值论准备了条件，这也是英国古典政治经济学的贡献。

威廉·配第天才地但不自觉地发现了剩余价值，但他把剩余价值和地租混同起来，根据他的学说来看，地租是剩余价值的唯一的转化形态，这当然是错误的。正如马克思所说，亚当·斯密是认识到剩余价值的真正起源的，但是在他的理论体系中，科学的成分和庸俗的成分交错在一起，因而他的科学贡献，为他自己的庸俗成分所掩盖了。李嘉图虽然没有像亚当·斯密那样，

---

① 李嘉图：《政治经济学及赋税之原理》，郭大力、王亚南合译，中华书局1949年版，第2页。

② 马克思：《资本论》第1卷，人民出版社1957年版，第64-65页，注32。

认为剩余价值的根源是剩余劳动。但是，从他坚持劳动价值论的原则，从他关于工资和利润之间存在着矛盾的学说看来，也可以得出剩余价值是起源于剩余劳动这个结论。李嘉图在这方面的贡献是：根据他的理论来看，地租是由农业工人所生产的剩余价值在平均利润以上的余额之转化形态。

但是，英国古典政治经济学家在这方面贡献的局限性更大了，他们的缺点和错误更多了。其中最主要的是：

1. 不明白货币转化为资本的过程和原因。

2. 混同了劳动与劳动力。

3. 混同了资本和资本的一种物质形态——生产资料。

4. 混同了剩余价值及其转化形态：在威廉·配第，混同了剩余价值与地租；在李嘉图则混同了剩余价值和利润。

5. 李嘉图时而把剩余价值和利润、剩余价值率和利润率混为一谈，因而把剩余价值规律扩及于利润规律，把剩余价值率规律扩及于利润率规律；时而又把它们机械地分离开来。

6. 李嘉图不理解价值、剩余价值、利润、平均利润及生产价格之间的历史发展过程和逻辑关系过程，而是简单地把剩余价值、利润和平均利润这三个相互间虽有密切的联系，但无论在质上或量上都有严格区别的经济范畴等同起来，因而发生了混同价值和生产价格的极其错误的见解。

英国古典政治经济学家们所作的科学贡献之所以具有很大的局限性。其根本原因就在于他们都是代表资产阶级利益的经济学家。他们的理论为资产阶级的阶级性所局限。

从 17 世纪中叶到 19 世纪 20 年代这段时期内，正是英国资本主义经济步步向上发展的时期。因此，在资产阶级看来，资本主义制度是最好的、最合乎人性、合乎自然秩序的制度了。这种资产阶级的观点决定了亚当·斯密和李嘉图对于资本主义生产方式的看法。他们，尤其是李嘉图把资本主义生产关系绝对化、永恒化的根本原因就在这里。李嘉图既然形而上学地看待资本主义的生产关系，认为这种关系"自古已然"，以后也不会起变化，当然也就不能从产生、发展以及相互联系各方面去考察体现资本主义关系的各种经济范畴了。在他看来，商品、价值、货币、资本、利润、工资和地租等等都是很自然的，他并没有研究它们的质的方面、它们所体现的生产关系，而只是着重地研究它们的量是如何规定的。因此，他就没有去研究劳动产品为什么转化为商品、生产商品的劳动为什么采取价值形态、价值为什么采取交换价值的表现形态、货币为什么转化为资本、生产资本为什么采取生产资料（其实还有劳动力）这个物质形态、剩余价值为什么转化为利润、利润为什么成为平均利润、价值为什么转化为生产价格等等，而只是简单地一一把它们等同起来。

总而言之，英国古典政治经济学家之所以有一定的科学贡献，是由于在我们所考察的这个时期内，他们所代表的资产阶级与封建地主贵族相比还是一个具有进步性的阶级，资本主义经济正在向上发展而表现出进步的作用，资产阶级和无产阶级之间的矛盾和斗争可能还潜伏着或者也不过是个别地表现出来。而其局限性则是为他们所代表的资产阶级的阶级性所决定的。随着资本主义的继续发展，资本主义本身的脓疮暴发出来了，资产阶级变为反动阶级了，无产阶级逐渐成长壮大终于作为独立的政治力量出现在历史舞台了，这一切再加上古典政治经济学本身的缺点、错误和矛盾，它终于不免日渐庸俗化和崩溃。

三、英国古典政治经济学崩溃和庸俗政治经济学的产生

英国古典政治经济学是在 1820 年至 1830 年间由于李嘉图学说的庸俗化而开始崩溃的。但是，庸俗政治经济学在 19 世纪最初 20 年间就已经产生了。

在亚当·斯密的体系内，既有科学的成分也有庸俗的成分。它的科学成分由李嘉图继承和发展，使"资产阶级的经济科学就达到了它的不能跨过的限界了"①。而其庸俗成分则由资本主义制度的辩护士割离开来，构成庸俗政治经济学。资本主义制度的这种辩护士和庸俗政治经济学建立者就是法国的萨伊和英国的马尔萨斯。马克思曾说：英国资产阶级古典"政治经济学达到一定的发展程度——那就是，在亚当·斯密之后——并取得稳固的形态时，它里面的庸俗要素（那只是现象的再生产，当作现象的表象），就当作经济学的特殊表现，和经济学切离开来了。在萨伊的场合，那贯穿在亚当·斯密著作内的庸俗观念的切离，就已经当作一种特别的结晶，继续进行着"②。第一个把亚当·斯密学说中的庸俗成分切离开来并且"当作一种特别的结晶"即建立成庸俗政治经济学的是萨伊。

让·巴蒂斯特·萨伊（1767—1832）始终认为自己是亚当·斯密学说的

---

① 马克思：《资本论》第 1 卷（第二版跋），人民出版社 1957 年版，第 10 页。
② 马克思：《剩余价值学说史》第 3 卷，生活·读书·新知三联书店 1957 年版，第 566 页。

注释者和传播者，其实，他是在利用斯密学说中的庸俗成分来建立他自己的"政治经济学"，即资产阶级庸俗政治经济学。他的最重要著作是于1803年发表的巨著《政治经济学概论》及以后编写出版的《政治经济学问答》（1817）和六卷本的《政治经济学教程》（1828—1830）。

萨伊认为斯密的"国富论"杂乱无章，把理论问题和历史上的实际材料混杂在一起。他为了把斯密学说系统化而第一次提出了政治经济学的三分法，即把它分为生产、分配和消费三部分。上述他的第一部著作的副标题就是这样写的："关于财富的生产、分配和消费的研究。"从萨伊开始的这种三分法或稍后的四分法（即加上流通或交换部分），由于很便于为资本主义制度辩护，所以一直为资产阶级庸俗经济学家所沿用。

亚当·斯密没有区别资本主义生产和其他社会经济条件下的生产，因而时常陷于矛盾。萨伊则使生产脱离任何社会经济条件，而且从生产关系的其他方面割离开来。这样一来，生产就成为毫无具体内容的抽象的生产了。依照这种观点来看，生产既然是一般的抽象的生产，它同任何社会经济条件，同任何社会经济制度都是没有关系的，它同任何社会里的生产都是相同的，那么，资本主义生产同其他社会里的生产并没有任何区别，而资本主义生产也就可以永恒地存在下去了。请看，这种观点替资本主义制度辩护多么方便呵！

事实上，一般的抽象的生产是没有的。生产总有具体的内容，而其内容则又为社会经济形态所决定。例如，奴隶社会的生产、封建社会的生产和资本主义制度下的生产都各有不同的具体内容。而且生产虽然具有决定性的作用，但是它同分配、交换和消费又有极密切的相互制约和互为条件的辩证关系。

既然生产是一般的抽象的，那么生产的要素也就同社会经济制度没有关系了。亚当·斯密的价值由工资、利润和地租这三种收入构成的理论，当然是庸俗的。但是，他还是认为工资是雇佣劳动的报酬，利润是由资本带来的，而地租则是土地私有权的结果。萨伊则以一般劳动代替雇佣劳动、以生产资料代替资本、以土地或自然代替土地所有权作为生产的三个要素。因此，资本主义的剥削关系完全被掩盖起来了。这在萨伊的价值论和分配论中极明显地表现出来。

他认为：生产不创造物质，而创造效用；价值不取决于劳动而取决于效用。因此，英国古典政治经济学的劳动价值论就为庸俗的效用论所代替了。

效用也不单纯是劳动所创造，而是由土地或是自然、资本即生产资料和劳动共同创造出来的。工资是劳动服务的结果，利息是资本即生产资料服务的结果，地租是土地或自然服务的结果，而利润则是企业主"劳动"的结果。这样，为亚当·斯密所认识的剩余价值及其根源，在萨伊的"理论"中，就连影子也不见了！

李嘉图是否认一般生产过剩的经济危机之可能性的。尽管在价值论和其他方面，李嘉图同萨伊是有过激烈争论的，但在这个问题上，李嘉图却是萨伊的庸俗理论的支持者。萨伊在这个问题上表现得更彻底，他认为每个卖者同时就是买者，而每个买者同时又是卖者；某些商品的生产过剩是由于其他商品的生产不足；所以，普遍的生产过剩是不可能的。这种使历史的车轮倒转，把资本主义的商品生产和商品流通还原为物物直接交换的生产的所谓"理论"是完全错误的。

萨伊的政治经济学分部法、生产三要素论、效用论和分配论，一直到今天依然在各色各样的变形之下，为资产阶级经济学家所遵从。

托马斯·罗伯特·马尔萨斯（1766—1834）是代表资产阶级化了的地主贵族利益的经济学家。大家知道，他是以1798年匿名发表仇视人类的"人口论"而出名的。他在经济学方面的主要著作是1820年出版的《政治经济学原理》。他的经济理论的特点是，继承而且更加庸俗化了亚当·斯密的劳动价值论中之庸俗的成分和证明所谓"第三种人"即牧师和官吏等人对于资本主义生产方式是必要的。

亚当·斯密把耗费劳动和购得劳动混为一谈，有时认为价值尺度是耗费劳动，有时又认为是购得劳动。前者是比较科学的成分已由李嘉图继承而且发展了。后者是庸俗的成分则为马尔萨斯所继承。

马尔萨斯区别了耗费劳动和购得劳动，而且认为商品价值是由借此商品所购得的劳动决定的。他说："一个商品所能支配的劳动，是它的价值的尺度。"①那么，一个商品与它所能支配的即用它购得的劳动之交换比例是如何决定的呢？马尔萨斯认为这是由生产费用决定的：一个商品的生产费用大，它所能支配的劳动量就多；反之就少。可见，他是一个庸俗的生产费用论者。以生产费用来说明价值，是不能解决问题的。因为生产费用本身就包含一定的价值量，所以，用生产费用来说明价值，事实上无异于用价值来说明价值，

---

① 马克思：《剩余价值学说史》第3卷，生活·读书·新知三联书店1957年版，第7页。

是一种没有出路的循环论。

在这个问题上，马尔萨斯的特点是，把利润包含在生产费用内。他还毫不知羞耻地认为这是他的"贡献"呢！他说："我没有在任何一处（在他自己的著作《价值尺度》出版以前——马克思注）发现曾经有人主张，一个商品普通能够支配的劳动量，必须代表并且计量它生产上使用掉的劳动量加利润。"①

这样，他就似乎解决了利润来源的问题了。依据他的"理论"来说，利润从哪里来的？它包括在生产费用内，因此它是从生产费用来的。他的这种说法，是以利润存在为前提来说明利润的起源的。所以，事实上他并不是解决了而是躲避了利润来源问题。这种说法只有一个目的，那就是替资本家辩护，"证明"工人并没有被剥削。

好吧！我们姑且不追究利润来源的问题，暂时同意马尔萨斯的意见：利润已经包括在生产费用里面了。但是，要问：那么，这种利润究竟由谁来实现呢？

这是一个关键问题。马尔萨斯自己也提出来了。但是，他提出这个问题并不是要使政治经济学向科学方面发展，而是要论证所谓"第三种人"的重要性。

依据马尔萨斯的理论来看，这种利润是不能在资本家之间相互买卖商品来实现的。因为每个资本家在出卖时所实现的利润，又会在他购买时失掉。从表面上看来，这种利润似乎可以通过把商品高价出卖给工人而实现，因为工人只向资本家购买商品（生活必需品），却没有可以高价出卖的商品。但是，工人的购买为他所得的工资额所限制，因而这种利润还是不能实现。这样，马尔萨斯就指出了资本主义生产方式的内在矛盾了。如果没有第三种人来发挥他们的作用，必然会由于利润的不能实现而发生生产过剩的危机。马尔萨斯认为，在只购买不出卖的第三种人（即僧侣和官僚等人）存在的条件下，生产过剩的危机，才能被克服。因为资本家把商品出卖给"第三种人"时，利润实现了，但并不向第三种人购买什么（因为第三种人是没有什么可出卖的），也就不会把已实现了的利润丧失掉了。在马尔萨斯看来，第三种人的作用真是重大呵！所以，马克思说："马尔萨斯决无意要隐瞒（在郭大力的译本上是暴露，想系笔误或排错，故改译为隐瞒或掩盖——引者）资产阶级生产

---

① 马克思：《剩余价值学说史》第3卷，生活·读书·新知三联书店1957年版，第7页。

的矛盾；反之，他要特别强调它们，不过一方面为要证明劳动阶级的贫困是必要的（对于这个生产方式是必要的），一方面为要向资本家证明，如要有充分的需要，一定额的牧师和官吏是不可少的。"①

其实，马尔萨斯关于"第三种人"重要性的"证明"也并不高明。我们只要提出下面的问题，西洋镜就可以戳穿了。这个问题是："第三种人"的购买工具是从哪里来的？归根到底，他们的收入总是来自地租和税收。而这些又是由资本家支付的。第三种人把在不出卖任何商品情形下所获得的收入用来向资本家购买商品。这对资本家来说，在出卖商品时所实现的利润，原来就是他们在交纳地租和赋税时所支付出去的货币。如果有待于实现的利润超过地租和赋税总额，那么超过部分依然不能实现；如果这二者在量上恰好相等，那就无异说，资本家在事实上并没有获得利润（因为全部用来支付地租和赋税了），资本主义积累也就根本不可能。可见，即使有"第三种人"存在，资本主义生产的矛盾依然得不到解决。

19 世纪初叶，庸俗政治经济学的产生和古典政治经济学在李嘉图著作中的发展，是同时并进的。这固然是，如上面所说，由于亚当·斯密的体系既有科学的成分，也有庸俗的成分；它们好像一根树杆上的两条树枝向不同的方向生长。但是，此外，还有一个更重要的原因：在法国大革命发展过程中1793—1794 年的雅各宾派的革命专政，不但吓倒了法国的资产阶级，也吓倒了英国的资产阶级尤其是资产阶级化的地主贵族。因此，代表它们利益的经济学家的任务，就不再是研究资本主义生产关系的内部联系，而要为资本主义制度辩护了。马克思说：庸俗经济学家"只在外观上的联系上面打转转，……为了资产阶级日常的需要，象反刍一样，不绝咀嚼科学经济学许久以前已经供给的材料，……又只把资产阶级生产当事人关于他们自己的最善世界所抱的平凡而自大的见解组织一下，墨守着，并称其为永恒的真理"②。

李嘉图学说的破产标志着古典政治经济学的彻底崩溃。而李嘉图学说是在 19 世纪 20 年代就开始庸俗化和破产的。恩格斯说过："1830 年前后，李嘉图学派在剩余价值问题面前破产了。这个学派解决不了问题，其后继者即庸俗经济学当然也不能解决。"③恩格斯接着就指出，引起李嘉图学派破产的二点是：第一，价值规律同劳动和资本相交换之间的矛盾问题；第二，价值

① 马克思：《剩余价值学说史》第 3 卷，生活·读书·新知三联书店 1957 年版，第 57 页。
② 马克思：《资本论》第 1 卷，人民出版社 1957 年版，第 65 页。
③ 马克思：《资本论》第 2 卷 "编者序"，人民出版社 1957 年版，第 23 页。

由劳动时间决定这个原理同等量资本获得等量利润这个原理之间的矛盾问题。

马克思曾经指出，李嘉图学派的解体过程由詹姆士·穆勒开始，因为是他在这两个问题上开始庸俗化了李嘉图的经济理论。

詹姆士·穆勒（1773—1836）是历史学家，同时又是经济学家。他的主要经济著作是于1821年出版的《政治经济学要义》。

19世纪20年代，在李嘉图学派及其反对者之间展开了激烈的辩论。詹姆士·穆勒在辩论时积极拥护李嘉图的理论。这次辩论的主要是上面所说的二个问题。

关于第一个问题，李嘉图理论的反对者提出这样的指责：既然劳动是价值尺度，那么在资本和劳动相交换时，也应当是等量劳动交换了；可是，事实上，却是以比较少量的过去劳动（即体现在资本里的劳动）和比较多量的活劳动相交换。也就是说，在资本和劳动相交换时，价值规律破产了。在这个问题上，穆勒是这样为李嘉图的理论辩护的。他说："人们发现了，在生产物完成，其价值实现以前，就在垫支的形态上，把劳动者应得的部分，支付给劳动者，对于劳动者，是更便利的。劳动者取得其应得部分的便利的形态，就是工资形态。生产物中应在工资形态上归于劳动者的部分，一经完全由劳动者取得，生产物便全数归资本家了，因为他已经在事实上**把劳动者应得的部分购买了**（黑体字是引者标出的），并已经在垫支形态上为这个部分而支付给他了。"①

穆勒把资本和劳动相交换的关系，即劳动（其实是劳动力）的卖买关系归结为商品出卖者和商品购买者之间的关系，资本家向劳动者购买的劳动归结为劳动者应得的但还没有制造完成的那部分生产物。把雇佣关系归结为普通商品的卖买关系，这是他庸俗化李嘉图理论的第一步。李嘉图自己虽然没有注意到，资本和劳动相交换同价值规律的矛盾问题，但是他的工资论、利润论都是以雇佣关系为前提的。这种关系在穆勒的辩解中连一点影子也没有了。而且根据穆勒的说法也并没有解决问题，而只是躲避了问题。因为，问题之所以发生，是由于劳动和资本的交换，并不是由于普通商品的卖买。

同时，依照穆勒的说法，尚未生产完成其价值也没有实现的生产物，是资本家和劳动者共同所有的：其中一部分归资本家，还有一部分则应归劳动

---

① 马克思：《剩余价值学说史》，第100页。

者；资本家所购买的就是应归劳动者的那部分生产物。我们要问：应归劳动者所有的为什么不是全部而只是其中的一部分呢？这部分又是如何决定的？他对于这个问题是这样提出的："生产物是依照什么比例，分配在工资劳动者和资本家之间呢？是什么比例，规定工资率呢？"然后他自己答道："工资劳动者和资本家的应得部分的确定，是他们间的商业的问题，是他们间的市场的问题。一切自由的贸易，都是由竞争规定，其条件会跟着变动的供求关系变动的。"①

穆勒在这里进一步庸俗化了李嘉图的理论。李嘉图虽然也认为供求关系的变动会引起工资的涨落，但是他认为，工资基本上是由劳动的自然价格决定的。在这个问题上，李嘉图的理论固然也有错误，但其同李嘉图自己的研究出发点是一致的。就是说，他在这里也贯彻了价值由劳动时间决定的原理。可是根据穆勒的说法，工资率是完全由供求关系决定的。这样，就连劳动价值论的影子也不见了！

由此可见，詹姆士·穆勒本来是打算替李嘉图的理论辩护的，而结果却是否定了劳动价值论。这是他庸俗化了李嘉图理论的必然结果，同时又是李嘉图学派破产的标志。

当时热烈地展开讨论并使李嘉图学派破产的第二个问题是：价值由劳动决定，同资本有机构成不同或资本周转速度不等的诸企业等量资本获得等量利润之间的矛盾问题，也即价值和生产价格的不一致问题。

李嘉图自己已经注意到这个问题了。但是，他不能解决这个问题，而只是认为，价值和生产价格的不一致是一种偶然现象。可是，他的反对者很容易地指出了，它们的不一致并不是偶然的，它们的一致倒是偶然的现象。

在当时讨论过程中以陈酒为例来进行争论。李嘉图学派的反对者指出：制造陈酒和新酒所消耗的劳动是差不多的，但陈酒却比新酒贵得多，可见劳动价值论是不正确的。

穆勒在这个问题上，又把李嘉图的学说庸俗化了。他认为：在制造陈酒和新酒时所消耗的直接劳动虽然差不多，但所用的资本却不同；制造陈酒要用更多的资本，而资本则是积累的劳动；不但直接劳动能创造价值，积累劳动也能创造价值；因此，陈酒就要比新酒贵得多。

穆勒的这种见解，不仅仅是庸俗化而且已经背弃了李嘉图的劳动价值论

---

① 马克思：《剩余价值学说史》，第106页。

了。我们已经知道，李嘉图的一个重大贡献是，他认为积累劳动即生产资料只不过是生产新价值的条件，其本身是不能生产新价值的。现在穆勒居然以为积累劳动也能生产价值了！实质上，在关于这个问题的争论过程中，穆勒是披着替李嘉图的劳动价值论作辩护的外衣而贩卖庸俗经济学家萨伊的生产三要素论。穆勒的这种观点，实质上同萨伊的价值决定于效用，而生产效用的不仅是劳动并且还有资本即生产资料的论断有什么区别？

无论是李嘉图学说的反对者还是拥护者都不能解决上述两个与剩余价值有关的问题。真正能够科学地解决这两个问题的第一人就是马克思。

马克思以 1830 年为古典政治经济学和庸俗政治经济学在时间上的分水岭。他说："1830 年，决定性的危机就发生了。""英法二国的资产阶级，都已经夺得了政权。从此以往，无论从实际方面说，还是从理论方面说，阶级斗争都愈益采取公开的威胁的形态。科学的资产阶级的经济学之丧钟，敲起来了。从此以往，成为问题的，已经不是这个理论还是那个理论合于真理的问题，只是它于资本有益还是有害，便利还是不便利，违背警章还是不违背警章的问题。超利害关系的研究没有了，代替的东西是领津贴的论难攻击；无拘束的科学研究没有了，代替的东西是辩护论者的歪曲的良心和邪恶的意图。"[1]

由于英法两国资产阶级先后夺得了政权，无产阶级和资产阶级的矛盾和斗争上升为社会的主要矛盾和斗争，也由于为资产阶级的阶级性所局限的英国古典政治经济学本身的缺点、错误和矛盾；在 1830 年前后，英国古典政治经济学就破产了，代之而起的是替资本主义制度辩护的形形色色的庸俗政治经济学。

四、马克思完成了政治经济学中的伟大革命

我们已经在前面扼要地叙述、分析和批判了从威廉·配第到大卫·李嘉图的英国古典政治经济学的产生、发展和破产的必然性。英国资产阶级古典政治经济学的发展过程也就是劳动价值论的奠基过程。而劳动价值论则是由马克思最后完成的。在这种意义上，我们可以说，马克思是英国古典政治经济学家事业的继承者。但是，马克思并不是简单地继承了古典政治经济学，而是通过细致而精密的科学分析，把政治经济学改造成为无产阶级的科学、

① 马克思：《资本论》第 1 卷（第 2 版跋），人民出版社 1957 年版，第 11 页。

使之成为无产阶级革命的理论武器，从而完成了在政治经济学中的伟大革命。关于这个问题，可以从下述几方面来说明。

1. 马克思从物与物间的关系中揭发出人与人间的关系

古典经济学家所着重研究的只是物与物之间的关系。他们把商品只是当作一种物，把商品交换只是当作具有某种使用价值的一定量的物同具有另一种使用价值的一定量其他的物之间的关系，货币则不过是使商品便于交换的工具，资本是一种生产资料，而工资、利润和地租则是劳动生产品价值的分解部分或其构成部分，就是说，都是从物与物之间的关系方面去说明各种经济范畴的。

马克思则不以研究物与物之间的关系为限，而是要透过物与物之间的关系揭发出为这种关系所掩盖而又由它完成的人与人之间的关系。他告诉我们，商品不是简简单单的物，而是人与人之间关系的体现者；商品交换则表示通过市场来实现的商品生产者彼此之间的联系。货币是一般等价物，它表示着更加发展、更加复杂的各个商品生产者的经济生活联结成一个不可分割的整体。生产资料本身并不是资本，资本系一种剥削工具，它体现出资本家对工人的剥削关系，工资、利润和地租则表示资本主义社会中的三个主要阶级，即无产阶级、资本家阶级和地主阶级之间的关系：工资，一方面表示由生产资料被剥夺从而不能不出卖劳动力以勉强维持其生活的无产者出卖其劳动力所得的代价，另一方面又表示无产者得以再生产其劳动力从而可以供资本家继续剥削的前提条件；利润，则表示资本家剥削工人的结果；地租，一方面表示剥削阶级对无产阶级的剥削关系，另一方面又表示资本家阶级和地主阶级瓜分剩余价值的结果。

由于马克思从物与物之间关系中揭发出人与人之间的关系，因此，就有可能"……彻底弄清楚了资本和劳动间的关系，换句话说，揭露了在现代社会内，在现存资本主义生产方式下资本家对工人的剥削是怎样发生的"①。

2. 马克思揭示出体现人与人之间关系的各种经济范畴之历史性

资产阶级古典政治经济学家不但从物与物之间关系方面去研究各种经济范畴及其相互间的关系，而且把它们看作万古长存的超历史的东西。亚当・斯密和李嘉图都认为在原始社会就已经有商品生产了，李嘉图则更进一步以为在那种社会中已经有资本、工资和利润了。因此，他们不但混同了简单商品

---

① 恩格斯：《卡尔・马克思》；《回忆马克思恩格斯》，人民出版社 1957 年版，第 11 页。

经济和资本主义经济，而且把自然经济、商品经济和资本主义经济都混为一谈。也就是把资本主义的生产关系绝对化了。

马克思把他自己同恩格斯所发现和制定的辩证唯物主义，尤其是历史唯物主义应用于政治经济学，科学地论证了资本主义生产关系以及体现这种生产关系的许多经济范畴，都不是什么超历史的东西，而是有其发生和发展过程且必然会趋于灭亡的。

资产阶级古典政治经济学家们由于把商品经济绝对化了，认为原始社会就已经有商品生产，从而把商品和劳动生产品混同起来。马克思则告诉我们，劳动生产品本身并不是商品，只有在社会已发展到一定阶段，一方面社会分工已有相当程度的发展，另一方面生产资料的私有制也已开始发生和发展的社会，劳动生产品才采取商品形态。资产阶级古典政治经济学家们认为价值和创造价值的劳动都是超历史的经济范畴。马克思则科学地论证了，劳动生产品从本身来说是没有价值的，只有当它转化为商品时，价值才是为商品所具有的一种属性；因此，并不是任何生产者的劳动都能生产价值，只有商品生产者的劳动才能生产价值。所以，价值和生产价值的劳动也不是什么超历史的东西，它们都是随着商品生产的发生、发展而发生、发展的。一旦商品生产消亡了，价值也必然会跟着消失，劳动虽然依旧存在，但它不再生产商品和价值而只是生产为人们所需要的各种物质资料了。

亚当·斯密和李嘉图都把资本以及由资本所体现的资本主义剥削关系绝对化和永久化了。马克思则教导我们：第一，生产资料本身并不是资本，只有当它转化为剥削的工具时才成了资本的一种形态；第二，资本的存在是以劳动力的买卖为前提的。由于生产资料和生活资料都被资本家所占有，直接生产者的生产资料被剥夺了，他们除掉劳动力以外一无所有，因此，就不能不出卖劳动力以勉强维持其生活。由于劳动力的买卖，为资本家所占有的生产资料也就成了资本家对雇佣劳动者实行剥削的工具。就是说，在这种情形下，生产资料也就转化为资本了。所以，马克思告诉我们："资本只能在那种地方成立，在那里，生产资料和生活资料的所有者，在市场上，与当作劳动力售卖者的自由劳动者相遇。"①

小商品生产者，当他们还占有生产资料并且由自己劳动来生产商品时，他们是独立的生产者。他们既不是出售自己的劳动力，因而他们的劳动力并

---

① 马克思：《资本论》第 1 卷，人民出版社 1957 年版，第 180 页。

没有成为买卖的对象；他们也没有雇佣别人来劳动，所以，他们的生产资料也不是资本。只有在他们的生产资料被剥夺了以后，才不能不出卖其劳动力。劳动力变成商品了，为资本家所占有的生产资料也就变成了资本。所以，资本以及由它所体现的资本主义剥削关系，并不是什么超历史的东西，而是在商品生产和商品流通发展到一定程度以后才发生的。所以，资本主义生产方式也不是永恒的生产方式，而只是在人类社会发展到一定阶段才发生而且还必然会趋于灭亡的、历史上一种过渡的生产方式。

资本主义性质的工资、利润和地租都是体现资本主义生产关系——剥削关系的经济范畴，它们同资本一样，都是随着资本主义生产方式的发生而发生，也必然会跟着资本主义生产方式的灭亡而消失。

3. 马克思完成了英国古典政治经济学家们所奠基的劳动价值论

劳动价值论起始于威廉·配第。但配第把社会上一切劳动分为二类：生产金银的劳动和生产所有其他商品的劳动。他认为只有生产金银的劳动才直接生产了价值；至于其他劳动是不能直接生产价值的，它们的产品在同金银相交换时才有价值。亚当·斯密克服了这种偏见，认为一切财富从而一切财富的价值都是由劳动生产出来的，就是说凡是从事生产的劳动，都能生产财富和价值。但亚当·斯密有时认为商品价值决定于在生产它们时所耗费的劳动，有时又认为决定于利用它们所购得的劳动。他把耗费劳动和购得劳动混为一谈。并且在他以资本主义经济为研究对象时，或者如他自己所说的，在资本业已发生、土地已成为私有财产时，商品价值不再由劳动决定，而是由工资、利润和地租这三种收入决定；就是说，在这种情形下，他放弃了劳动价值论而主张庸俗的收入决定论了。李嘉图的功绩在于他始终坚持劳动价值论，认为即使在资本主义社会，价值依然是由劳动决定的。他并且批判了亚当·斯密的价值决定于购得劳动的说法，而始终一贯地认为商品价值决定于在它生产时所耗费的劳动，他同时还更进一步地指出：不仅在商品生产时直接耗费的劳动，而且还有间接耗费的劳动，即耗费在为生产某种商品所必需的生产资料上的劳动，也都是该种商品价值的决定者。但是，李嘉图既不了解生产价值的劳动之历史性，也没有深入研究创造价值的劳动究竟是怎样的劳动。而且，由于他混同了价值和生产价格，因此就发生了为他自己所不能克服的矛盾，即价值规律同等量资本取得等量利润的规律之间的矛盾。

马克思继承了英国资产阶级古典政治经济学家关于商品价值由劳动生产而且决定于在其生产时所耗费的劳动时间这个基本论点。在这一点上说，马克思的确是英国古典政治经济学的继承者。但是，马克思并不以简单地继承了英国古典政治经济学劳动价值论这个基本论点为限，更重要的，是他在分析批判英国古典政治经济学的同时，创造了他自己的劳动价值论，从而把政治经济学改造成为无产阶级的科学。

马克思教导我们说：商品二重性之间的矛盾即使用价值和价值之间的矛盾是资本主义一切矛盾之胚胎。而商品二重性则决定于生产商品的劳动二重性：具体劳动和抽象劳动。

关于包含在商品中的劳动二重性的学说是理解政治经济学的关键，而这一学说则是由马克思所首创的。

马克思告诉我们：并不是任何劳动都能生产价值，只是生产商品的劳动才能创造价值。各种商品都有各种不同的一定的使用价值，例如米、面有充饥的使用价值，而衣服则有保护体温的使用价值。各种使用价值不同的商品是由各种有用的具体劳动生产出来，例如，米面由农民劳动生产，而衣服则由缝工劳动生产。但是米面和衣服作为商品，除掉它们各有自己的不同使用价值以外，还有共同的性质，这就是说它们都有价值。而商品的价值则是由人类一般的抽象劳动生产的。因此，劳动二重性即具体劳动和抽象劳动就决定了商品二重性，即决定了商品的使用价值和价值。马克思在论证了劳动二重性以后，曾经作出这样的结论："一切劳动，从一方面看，都是人类劳动力生理学意味上的支出。当作同一的或抽象的人类劳动，它形成商品的价值。一切劳动，从别方面看，都是人类劳动力在特殊的合目的的形态上的支出。当作具体的有用的劳动，它生产使用价值。"①

李嘉图的贡献之一，就是他认为，间接劳动虽然也是利用它生产出来的商品价值的一个决定因素，但它本身决不能生产新价值。可是李嘉图没有而且也不能告诉我们，在商品生产时，一方面有新价值的创造，一方面又有原来价值的转移，这二方面如何能够在同一劳动过程进行？根据马克思的劳动二重性学说，这个问题就迎刃而解了。具体劳动和抽象劳动并不是两种彼此独立的劳动，而是在生产商品时所耗费的劳动之不同的方面。生产商品的劳动，当作具体劳动，它生产了使用价值，同时把生产资料的价值转移到新生产的商品里去，例如农民的劳动把种子、农具等等的价值转移到农产品里去，缝工的劳动则把布、线、针和缝机等的价值转移到衣服上去。而抽象劳动则

① 马克思：《资本论》第1卷，人民出版社1957年版，第20页。

生产新价值。

劳动二重性学说不但能够解决李嘉图所不能解决的问题，而且还是马克思所首创的关于不变资本和可变资本分类的学说之理论根据。

具体劳动和抽象劳动不仅统一于劳动过程，而且彼此间还是有矛盾的。它们的矛盾决定了商品二重性之间的矛盾并且由后者表现出来。商品生产者不是单纯地为了自己消费的使用价值，而是为了用以与其他商品交换或者出卖的商品价值才经营生产事业的。只是由于价值不能独立存在，必须以一定的使用价值为其物质担负者，他们才生产使用价值。由于在商品资本主义社会里，生产无政府状态的规律发生作用，某种商品生产过多了，因而卖不出去时，商品二重性之间的矛盾就暴露出来了。商品二重性矛盾在资本主义生产过剩的经济危机时最突出地表现出来。例如，在发生资本主义周期性的经济危机时期，许多商品都卖不出去，它们的价值不能实现，它们的使用价值也因而不能实现。从这里可以看出，商品二重性的矛盾乃是资本主义一切矛盾的萌芽。

英国古典政治经济学家都是不懂价值形态的，因而他们也就不能说明货币的起源。马克思于论证了劳动二重性以后，进而阐明价值形态的发展和货币的起源。这样，马克思在政治经济学上开始了革命的变革，完成了英国古典政治经济学所奠基的劳动价值论。

4. 马克思制定了剩余价值学说从而完成了政治经济学中的伟大革命

英国古典政治经济学家曾指出剩余生产物和剩余价值存在的事实，但为资产阶级的阶级性以及既有的经济范畴所限，他们都不知道自己所发现的究竟是什么。威廉·配第所着重研究的地租，其实就是剩余价值，可是他却把这种剩余价值叫做地租；亚当·斯密研究的利润和地租，也都是剩余价值，可是斯密自己并不知道这一点；李嘉图曾经不止一次地说过，如果生产某种商品所耗费的劳动时间不变，这种商品的价值就不会由于工资的变化而变化，在他看来，工资的变化只会引起利润之相反的变化。很明显，李嘉图在这里所说的利润，其实也就是剩余价值，可是李嘉图自己也不知道这一点。只有马克思才真正发现了剩余价值，指明了英国古典政治经济学家所说的利润、地租和利息都不过是剩余价值的转化形态，并不是剩余价值本身。他制定了剩余价值学说，在政治经济学上完成了伟大的革命。这种情形，正如普利斯提勒（1733—1804）已发现了氧气，但他自己并不知道是氧气而叫做无燃素气体；希勒（1742—1786）也发现了氧气，可是他自己也不知道而把它叫做火气体，只有拉瓦节（1743—1794）才真正发现了氧气，因而引起了在化学上的革命是一样的。当然，马克思在政治经济学上革命的重大意义，远远不是拉瓦节在化学上的革命所能比拟的。

英国古典政治经济学家也承认剩余价值是由工人生产而资本家不支付任何代价地所占有的。亚当·斯密很明确地说过，资本家所取得的利润和地主所获得的地租都是由工人劳动所生产的生产物或生产物价值的一部分。李嘉图更是明白地指出，利润是工人劳动所生产的价值之一部分。但他们的贡献也就到此为止，没有更进一步告诉我们，剩余价值究竟是如何并且为何由工人劳动所生产而被剥削阶级所占有的。只有马克思才科学地论证了这些问题，发现了剩余价值规律——资本主义的基本经济规律，从而指出了资本主义生产方式只是历史上一种过渡的生产方式及其必然会灭亡的趋势。

大卫·李嘉图是英国古典政治经济学的最后完成者，他虽然有过一些科学上的贡献，但由于他没有而且也不可能有真正发现剩余价值和正确的剩余价值理论，这个学派也就不能不最后破产了。

马在思真正发现了剩余价值，首创了剩余价值理论，因而科学地解决了促使李嘉图学派破产而为任何资产阶级政治经济学家所不能解决的矛盾。

马克思指出，资本主义生产方式是以资本家阶级和无产阶级存在为前提的。资本家阶级占有生产资料和生活资料，而无产阶级则除掉劳动力以外一无所有，因此他们不能不出卖自己的劳动力以维持其生活。所以无产阶级出卖给资本家的、即与资本相交换的不是劳动，而是劳动力。劳动虽能创造价值，但劳动本身却没有价值。恩格斯曾说："劳动当作创造价值的活动，不能有什么特殊的价值，正和重不能有什么特殊的重量，热不能有什么特殊的温度，电不能有什么特殊的电流强度一样。"①商品的价值，是由商品生产时从而也是商品再生产时所耗费的社会必要劳动量决定的。当作商品买卖的劳动力的价值，也是由劳动力再生产时所耗费的社会必要劳动量决定的。假设维持工人一天生活所必要的生活资料是由六小时社会必要劳动生产出来的，这六小时就是为再生产一天劳动力的社会必要劳动时间，也就由它决定了一天劳动力的价值。再假定，一小时劳动合一毛钱，则一天劳动力的价值为六毛。资本家雇用工人时，每人每天六毛工资，就是说资本与劳动力是等价交换的。工人每劳动一小时，就创造出一毛钱的价值。他只要劳动六小时，就把一天

---

① 马克思：《资本论》，第 2 卷 "编者序"，人民出版社 1957 年版，第 23 页。

劳动力的价值生产出来了。如果工人只做六小时工，那么资本家就得不到什么了。可是，资本家却要说，他向工人购买的劳动力不是八小时，而是一整天。所以，他不让工人每天只劳动六小时，而要强迫工人每天为他工作八小时、十小时、十二小时或更多的时间。所以工人在第七小时及其以后各小时所生产的价值，都毫无代价地为资本家所占有。这样，工人在一天的工作中不仅生产出从资本家方面取得报酬的与其劳动力价值相等的价值，而且为资本家生产了剩余价值。

马克思告诉我们，劳动力这种商品有一种与其他任何商品都不相同的特点，即劳动力在生产过程中并不是把其价值转移到新产品里去，而是由于劳动力的消耗即劳动，在生产时创造了新价值，而且它所生产的价值大于它自身的价值。因此，资本与劳动力交换时依然是等价的，可是通过劳动过程，工人却毫无代价地替资本家生产了剩余价值。由此，资本与劳动的关系，资本家对无产者的剥削关系就彻底弄清楚了。这是马克思的伟大发现之一。上面说过的促使李嘉图学派破产的第一个矛盾，也因此得到了科学的解决。

剩余价值是包含在商品中价值的一部分。它是劳动力在生产过程中发挥它的特殊能力的结果。所以马克思把投在劳动力上的资本，或者可以说，采取劳动力形态的资本，叫做可变资本；而把投在生产资料上的资本，或者说，采取生产资料形态的资本，叫做不变资本。剩余价值虽然只是由可变资本增殖的，但资本家出卖商品、实现了剩余价值时，却把它同全部资本作比较，而名之谓利润。所以，利润是剩余价值的转化形态。

剩余价值与可变资本之比叫做剩余价值率或剥削率，而剩余价值与全部资本之比则叫做利润率。

假定在各资本主义企业中由工人所生产的剩余价值全部为各企业的资本家所占有，在这种情形下，各个资本家所获得利润叫做个别利润，这种利润同他的全部资本之比叫做个别利润率。如果各个资本家以相同的比例把他们的资本划分为不变资本和可变资本，就是说，他们的资本的有机构成相同，而剥削率又相同，则他们的个别利润率也必相等。这时候，价值规律同等量资本获得等量利润规律是一致的。但是各资本主义企业的资本有机构成决不会相同。一般来说，机器制造业的资本有机构成一定比较高，而纺织工业的资本有机构成就比较低。现在假定有甲、乙、丙三个企业代表着三种不同的产业部门。它们的总资本都为 100；它们的资本的有机构成分别为：9:1, 8:2, 7:3。这样，它们的资本划分为：

　　甲　90C+10V

　　乙　80C+20V

　　丙　70C+30V

　　在这里，C 表示不变资本，而 V 则代表可变资本。再假定这三个企业的剩余价值率都为 100%，则甲企业中工人所生产的剩余价值为 10，乙企业为 20，丙企业为 30。如果它们所用的生产资料的价值全部都被转移到新生产的商品里，则其商品的价值分别为：

　　甲　90C+10V+10m=110

　　乙　80C+20V+20m=120

　　丙　70C+30V+30m=130

　　在这里，m 代表剩余价值。假设这三个企业，都能按照价值出卖其商品，则甲获得利润为 10，乙为 20，丙为 30。这样，它们的个别利润率就分别为 10%、20%、30%。就是说，个别利润率不等，即等量资本得不到等量利润。

　　可是，资本家都是唯利是图的，他们都在追求尽可能高的利润。因此，由于自由竞争规律发生作用，他们的资本必然会从利润率比较低的部门退出而投入利润率比较高的部门。结果，就使所有资本主义企业中工人所生产出来的剩余价值在各资本家之间发生再分配；全部资本主义企业好像一个大公司，而每个企业，都根据它的资本量在这个大公司中占一定的比重，这个大公司的全部剩余价值，也就按照资本量的多少而平均分配给各个企业。因此，个别利润就转化为平均利润了。以上例来说，甲、乙、丙三个企业共同生产出的剩余价值为 60（10+20+30），因为它们的资本量各为 100，因此，它们所得的利润也都为 20。

　　这样，这三个企业所生产的商品就不再按照它们的价值（分别为 110、120、130）出售，而是按照它们的生产费（均为 100）加平均利润（20），即按照生产价格（120）来出卖了。在这里，甲商品的生产价格（120）比其价值（110）多 10，乙商品的生产价格和价值都为 120，而丙商品的产生价格（120）则比其价值（130）少 10。这三个企业中工人所生产的剩余价值总额同这三个资本家所获得的利润总额是相等的，乙企业中工人所生产的剩余价值同乙资本家所获得的利润也是相等的。甲资本家所获得的利润比他的企业中工人所生产的剩余价值多 10，而丙资本家则刚好相反，他所获得的利润比在其企业中工人所生产的剩余价值少 10。

　　这样，由于李嘉图混同了价值和生产价格而发生的、促使李嘉图学派破产的第二个矛盾，即价值规律与等量资本获得等量利润规律之间的矛盾彻底解决了。马克思不仅解决了这个矛盾，而且指明了，在资本主义生产方式之下，价值规律必然会转形为生产价格规律而发生作用。在这里，更重要的是，马克思科学地论证了，工人不仅被雇用他的资本家所剥削，而且是整个工人阶级被整个资本家阶级所剥削。

马克思发现了剩余价值生产的两种方法：绝对剩余价值的生产和相对剩余价值的生产。他在科学上论证了，工人所创造的资本怎样变成了剥削工人自己的工具，使小商品生产者破产，形成产业预备军。随着资本主义的发展，大生产不断成长和发展起来，使劳动和生产更加社会化，社会劳动生产力空前提高了。由此，日益提高的社会生产力与资本主义生产关系之间的矛盾也越来越尖锐化。列宁曾经教导说："资本主义在全世界上获得了胜利，但这一胜利不过是劳动对资本胜利的前阶。"①

5. 马克思论证了资本主义生产方式的灭亡和社会主义生产方式产生的必然性

亚当·斯密的伟大贡献之一，就是由他首先根据生产资料及土地之占有的情形和收入的特点把社会分为三个阶级：占有生产资料和取得利润的资产阶级；没有生产资料和以工资为生的无产阶级；占有土地并且获得地租的地主阶级。李嘉图则更进一步论证了这三个阶级在劳动产品分配上是有矛盾的。但是，他们都没有说明这三个阶级是怎样产生的，当然更没有指明它们的前途究竟是怎样的。他们都为资产阶级视野所局限，认为资本主义生产方式是自然的生产方式，从而认为这三个阶级的存在也是自然的现象。并且由于他们把资本主义生产方式绝对化、永恒化，因此，他们的经济理论虽然是以生产资料和土地的私有制为前提，但他们从来没有区别过这种私有者究竟是劳动者或不是劳动者，结果遂把小商品生产者和资本家混同，把小商品生产经济和资本主义经济混同起来了。

马克思继承了古典政治经济学家关于社会阶级划分的论点。可是，他进一步于科学上论证了，私有者是劳动者和不是劳动者，其间有本质的区别：如果私有者同时是劳动者，即小商品生产者，他们对于生产资料和劳动产品的占有即个人私有制是以他们自己的劳动为基础的；如果私有者不是劳动者，即资本家，他们对于生产资料和劳动产品的占有即资本主义的私有制则是以

① 《列宁全集》，第19卷，人民出版社1957年版，第7页。

剥削别人——工人的劳动为基础的；小商品生产是以各种生产资料分散为前提，而资本主义生产则以生产资料的积聚为前提。

生产资料的资本主义私有制是从个人私有制发展起来的。马克思在总结原始积累时曾经说过：小商品生产者的生产方式"……达到一定程度时，它亲自造成了使自己破坏的物质手段。从这时起，在社会内部就有各种力量和热情开始发动出来，它们感觉到自己受着这种生产方式的束缚。它不得不被破坏而且它已被破坏了。它的被破坏，便是个人的分散的生产资料转化为社会上积聚的生产资料，从而是多数人零碎的所有权转化为少数人大规模的所有权，也就是人民大众的土地、生活资料和劳动工具的被掠夺。人民大众所受的这种可怕的残酷的剥夺，就是资本的前史"①。

人民大众的土地、生活资料和劳动工具都被剥夺了，他们除开劳动力以外一无所有了，因而，也就变成了出卖自己劳动力的雇佣劳动者。而占有大量生产资料的少数人则变成了资本家。资本主义社会的地主阶级也是在这个过程中形成的。

资本主义生产方式以资本家和无产者这二个阶级的存在为前提。在资本主义生产方式之下，雇佣工人不但在生产过程中生产出与其劳动力价值相等的价值；而且还替资本家生产了剩余价值。这种剩余价值不仅使资本家得以过奢侈的生活，而且还有一大部分积累起来、转化为资本，成了对无产者进行扩大和加强剥削的工具。

随着资本主义的发展，生产技术和劳动工具不断改进，劳动生产率不断提高，生产规模不断扩大，劳动更加社会化，从而使资本有机构成也不断提高。结果是：社会财富迅速增加了，但都被资本家所占有；无产者则日益贫穷化，而小生产者则日趋破产。到最后，由于自由竞争和资本集中的作用，"大鱼吃小鱼""狼吃羊"，连有些资本家也被剥夺了。马克思说："……私有者的进一步的剥夺，就要采取一个新的形态。……被剥夺的，不是自己经营的劳动者，而是剥削多数劳动者的资本家了。""这种剥夺，是由资本主义生产自身的内在法则的作用，由资本的集中来完成的。"②

资本愈集中，生产规模越扩大，劳动更加社会化，从而为资本主义制度的灭亡和新社会——社会主义社会的产生创造了物质条件。在这个过程中，

---

① 马克思：《资本论》第 1 卷，人民出版社 1957 年版，第 963 页（这里引文，曾对照俄文译本校改，所以与郭大力、王亚南译本稍有出入）。

② 马克思：《资本论》第 1 卷，人民出版社 1957 年版，第 964 页。

无产阶级队伍不断壮大了，他们的阶级觉悟、组织性和战斗力都不断提高，由此，资本主义发展本身就为它自己准备着掘墓人。马克思曾说："生产资料的集中和劳动的社会化，达到了与它们的资本主义外壳不能相容之点。这种外壳会被破裂。资本主义私有制的丧钟响起来了。剥夺者被剥夺。"①

马克思又指出，生产资料的个人私有制转化为资本主义私有制是一个少数人剥夺人民大众的过程，而从生产资料的资本主义私有制转化为社会的公有制则是一个人民大众剥夺少数人的过程。因此，前一过程比后一过程是更为长久、更为残酷的。"剥夺者被剥夺"的过程一旦完成，资本主义生产方式就完全灭亡，而社会主义社会就会迅速成长起来。从此以后，生产资料的私有制一去不复返了，成为个人所有的只是生活资料而已。马克思在提起一个"自由人的公社"②时曾说："公社的总生产物，是一个社会的生产物。这生产物的一部分，会再用作生产资料。它依然是社会的。另一部分，就当作生活资料为公社各分子所消费，所以是必须分配在他们之间的。"③

马克思在科学上论证的关于资本主义制度必然灭亡和社会主义必然胜利这条真理，已经为苏联、中国和欧亚其他许多正在建设社会主义的国家之革命实践所证实。将来还会为更多的国家乃至全世界所有国家的革命实践所证实。

---

① 马克思：《资本论》第 1 卷，人民出版社 1957 年版，第 964 页。
② 这里所说的"自由人公社"就是社会主义社会。
③ 马克思：《资本论》第 1 卷，人民出版社 1957 年版，第 62 页。

魁奈对于社会再生产和流通的分析*

——《经济表》

　　弗朗斯瓦·魁奈（1694—1774）是法国重农主义经济理论体系的创立者，"纯产品"论是魁奈全部经济理论的基础，而《经济表》是他的全部经济理论体系的完成。魁奈在他所著的《经济表》中分析了社会再生产和流通。经济表一方面以"纯产品"论为基础；另一方面，魁奈关于生产劳动、社会阶级的划分、生产资本及其分类等理论又都包含在这个经济表内，成为魁奈分析社会再生产和流通的前提和构成部分。他在《经济表》中指出：财富只是在农业内生产出来，工业劳动者只是把他们所消费的生活资料的价值附加在他们所予以变形的由农业提供的物材上去，因而工业是不生产的；农业资本分为年垫支和原垫支而且以不同的方法得到更新；每年生产出来的财富如何经过流通在三个阶级之间进行分配。

　　马克思对魁奈的《经济表》评价很高，认为这是天才的创作。他说："这个表，是在十八世纪初叶，在政治经济学的幼稚时期出现的。一直到现在，政治经济学还无疑要感谢这个最天才的创作。"[①]

　　魁奈的《经济表》虽然是一部天才的创作，但却很难为人们所理解。所以马克思说："《经济表》中留给我们一个谜，对于这个继，以前的政治经济学批评家和历史家，总是无效地苦思焦虑着。这个表，本来应该是一目了然地说明重农学派对于一国全部财富的生产和流通的观念，可是这个表还始终是后代经济学者所十分不了解的黑漆一团。"[②]

　　这个黑漆一团的"谜"，经过一百年以后，才由马克思在《资本论》第二

---

　　* 本文选自季陶达著《重农主义》第二章第五节，商务印书馆1963年版。
　　① 马克思：《剩余价值学说史》第1卷，生活·读书·新知三联书店1957年版，第94页。
　　② 恩格斯：《反杜林论》，人民出版社1956年版，第253页。此书第二篇第十章《〈批判史〉论述》是马克思写的。

卷、《剩余价值学说史》第一卷、《反杜林论》第二篇第十章《〈批判史〉论述》以及他同恩格斯的通信中先后予以揭穿。现在让我们根据马克思的指示来说明魁奈关于社会再生产和流通的学说吧。

《经济表》的前提 魁奈在《经济表》中分析社会再生产和流通时假定了三个前提。

第一，简单再生产。

魁奈假定每年在农业中生产出来的"纯产品"即剩余价值，全部以地租的形态归土地所有者占有，并由他们消费，因而就不可能进行资本积累而扩大再生产。这样，每年只能在原来的规模上再生产，即实行简单再生产。

从理论上来看，魁奈的这个假定是对的，甚至可以说也是一种天才的创见。因为如果简单再生产能够证明，在这个基础上研究扩大再生产就不困难了。只要"纯产品"不全部被消费，而把其中的一部分转化为资本投入农业，就可以扩大农业的生产规模而进行扩大再生产。所以，马克思说："主要的困难……不是发生在积累的考察上，而是发生在简单再生产的考察上。所以，……魁奈（《经济表》）讨论到社会年生产物的运动及其以流通为媒介的再生产时，总是从简单再生产出发。"①

第二，价格不变。

魁奈不知道科学的劳动价值论，他把价值归结为使用价值，又把使用价值还原为物材，因此，他就不知道货币的本质。他只是把货币当作流通手段，甚至把商品流通简化为物物交换。这些固然是他的理论的缺点，但是他始终坚持等价交换的原则，因而在分析社会再生产和流通时就假定价格不变。这一假定，当然也是对的。因为价格的上涨或下跌，只会引起一国财富的再分配，绝不会引起财富的增减。而且价格的涨落虽然会使问题复杂化，但绝不会改变它的本质。

第三，不考虑对外贸易。

在魁奈的《经济表》中，一国每年的全部社会产品都是在国内各阶级之间实现的。他既没有考虑本国商品的输出，也没有考虑外国商品的进口。从理论上来看，这个假定也是必要的，因为对外贸易对于分析社会再生产和流通是没有什么意义的。魁奈还可以利用这一点来向重商主义者表明：即使没有对外贸易，国内生产出来的产品依然可以在各阶级之间实现，社会再生产

① 马克思：《资本论》第2卷，第452页。

也依然可以不断地进行。

魁奈《经济表》的基础 社会再生产与流通问题同时也是资本的形态变化问题，即资本循环问题。大家都知道，资本循环有三种形态，即：

1. 货币资本的循环，即从货币资本开始的循环，其公式为：

$G \cdots G'$，或

$$G - W < {A \atop Pm} \cdots P \cdots W'(W + w) - G'(G + g)$$

2. 生产资本的循环，即从生产资本开始的循环，其公式为：

$P \cdots P' \bullet \bullet$

$$P \cdots W' - G' - W' < {A \atop Pm} \cdots P'$$

3. 商品资本的循环，即从商品资本开始的循环，其公式为：

$W' \cdots W'$，或

$$W' - G' - W < {A \atop Pm} \cdots P \cdots W'$$

在这些公式中，G 表示货币资本，W' 表示商品资本，$W < {A \atop Pm}$ 表示生产资本，其中 A 代表劳动力，Pm 代表生产资料，P 表示生产过程。

关于资本循环及其三种形态的学说，是马克思的伟大科学贡献之一。魁奈虽然不知道这一科学理论，但是当他研究社会再生产和流通时，是从商品资本开始的。所以，马克思在《资本论》第二卷第九十九页上说："$W' \cdots W'$ 是魁奈《经济表》的基础。他选定这个形态，而不用 $P \cdots P'$ 形态，来和 $G \cdots G'$（重商主义所坚持的孤立的公式）相反对。这就表示了他的伟大的和正确的识见了。"

魁奈在《经济表》中以秋收完毕作为循环的起点。

这时候，生产者阶级有五十亿里弗（当时法国的本位货币）农产品。这些农产品的价值是这样构成的：1. 魁奈假定农业的原垫支为一百亿里弗，可用十年，每年有十分之一即十亿里弗加入农产品的价值；2. 年垫支二十亿里弗，全部于一年内加入农产品的价值。3. "纯产品"二十亿里弗。这些农产品的物质构成是：其中四十亿里弗为粮食，十亿里弗为原料。

不生产者阶级有二十亿里弗工业品，这是他们在刚过去的一个年度内制成的。

土地所有者阶级有二十亿里弗货币，这是过去生产年度开始时由生产者阶级作为地租缴纳给他们的。

这些生产品就是秋收完成以后在这三个阶级之间实现的。

社会产品的流通 魁奈在《经济表》中还假定，所有的农业都是资本主义的大农业。就是说，他并不考虑不付地租的自己占有一小块耕地的自耕农。每个阶级内部的商品流通，他也是弃置不顾的。因此，他把无数的流通行为总括成为五条大渠道，借以说明这些年产品如何通过流通而分配于这三个阶级之间。

同时，在他的《经济表》内又假定商品都是用现金购买的。就是说，每批商品流通都有价值相等的货币同时和它对流。即当商品由卖者流向买者时，同时又有价值相等的货币由买者流向卖者。

为了容易说明问题起见，可以下列两个图来表明商品和货币如何在这三个阶级之间流通。

如下列两个图所表示，全部社会产品是通过五条流通的大渠道完成的。

商品流通图

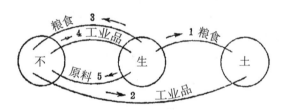

货币流通图

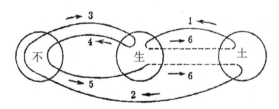

在这二个图中：

生——表示生产者阶级；

不——表示不生产者阶级或不结果实的阶级；

土——表示土地所有者阶级。在这个阶级内，不仅地主，连僧侣、王族、官僚等直接间接依靠"纯产品"为生的也包括在内；

——→表示商品或货币流通的方向，其中附着实线（←或→）的表示商品和货币同时对流，而附着虚线（┈→）的则仅表示货币的流通，即生产者阶级把货币作为地租交给土地所有者阶级以租用耕地；

1、2、3……——表示社会产品，或货币流通的顺序，每次流通都代表十亿里弗；

粮食、原料和工业品——表明流通的究竟是什么产品。

第一次大流通是：土地所有者阶级用从生产者阶级方面得到的货币地租的半数即十亿里弗，向生产者阶级购买价值十亿里弗的粮食。由此，土地所有者阶级有了十亿里弗的粮食可供一年的食用，此外还剩有十亿里弗货币。而生产者阶级则有十亿里弗货币，此外还有十亿里弗原料和三十亿里弗粮食。

第二次大流通是：土地所有者阶级向不生产者阶级购买十亿里弗工业品。这样，土地所有者阶级没有货币了，他们现在有十亿里弗工业品和十亿里弗粮食。不生产者阶级则有十亿里弗货币和剩下的十亿里弗工业品。

第三次大流通是：不生产者阶级用出卖工业品所得的十亿里弗货币向生产者阶级购买价值相等的粮食。这次流通的结果是：不生产者阶级又没有货币了，他们现在有十亿里弗粮食和十亿里弗工业品。而生产者阶级则有二十亿里弗货币、二十亿里弗粮食和十亿里弗原料。

第四次大流通是：生产者阶级用出卖粮食给不生产者阶级所得的十亿里弗货币向后者购买价值相等的工业品。结果是：不生产者阶级现在又有十亿里弗货币和十亿里弗粮食；而生产者阶级则剩下十亿里弗货币、十亿里弗工业品，此外还有二十亿里弗粮食和十亿里弗原料。

第五次即最后一次大流通是：不生产者阶级用出卖工业品给生产者阶级所得到的十亿里弗货币向后者购买原料。最后这次流通的结果是：不生产者阶级有十亿里弗原料和十亿里弗粮食；生产者阶级则有二十亿里弗货币、二十亿里弗粮食和十亿里弗工业品。

这样一来，社会产品全部得到实现。而且生产者阶级又可以用这二十亿里弗货币作为货币地租向土地所有者阶级租用耕地来进行下年度的生产。他们现在拥有的十亿工业品作为原垫支的已被消耗部分的补偿。这个阶级留着的二十亿里弗粮食则作为下一生产年度的年垫支。

不生产者阶级拥有十亿里弗原料和十亿里弗粮食，他们也可以因此经营下年度的事业了。

土地所有者阶级有了十亿里弗粮食和十亿里弗工业品，满可以过一年的生活了。

结果是：生产按原来的规模进行；待下年度秋收完毕以后，新的流通又重新开始。

可见，魁奈在《经济表》中分析社会再生产和流通时，把他的关于"纯产品"、社会阶级和资本的理论都包括进去，形成了一个比较完整的体系。

重农学派及其主要人物*

重农主义的经济理论体系是由魁奈建立起来的。起先，魁奈是一个人单独研究经济问题，在他的著作发表以后，很快就吸引了许多追随者，从而形成了一个特殊的学派——重农学派。

重农学派可以从广义和狭义二方面来理解，从广义方面说，凡是信奉、解释、宣传和发展魁奈经济理论的人，都可以包括在这个学派内；从狭义方面来说，则只是那些不仅信奉魁奈的理论而且还参加这个学派的组织活动的人，才算是这个学派的成员。比如杜阁，如果按广义来说，他也可以算做是重农学派的成员，因为他继承而且发展了魁奈的经济理论。但他自己却从来没有承认过他是重农学派的成员，而且他也从来没有参加过重农学派的组织活动，所以从狭义上说，他又不是了。

我们在这里要讲的是狭义的重农学派。

重农学派的形成　据说，魁奈同老米拉波的会见，在重农学派形成的历史上有重要的作用，甚至重农学派的成员也认为这次会见是这个学派形成的开始。

老米拉波原来是受重商主义经济思想的影响的。他写过不少著作，在1757年发表《人群之友或人口论》一书而成为一个著名的作家。到这一年，魁奈也已发表了几篇文章。

他们这次会见时讨论的是人口繁殖和财富增殖之间的关系问题。他们的观点是针锋相对的：老米拉波对这个问题抱着重商主义的观点。重商主义者认为人口增多是一国的国力所在，人口增加了就能使财富日益增加。魁奈则持相反的意见。他认为只有财富增加了才能使人口繁殖。据说讨论的结果，魁奈胜利了，老米拉波放弃了他原来的重商主义观点，而接受了魁奈的意见，

---

* 本文选自季陶达著《重农主义》第三章，商务印书馆 1963 年版。

并且从此成为魁奈学说的信奉者和热心宣传者。

老米拉波成为魁奈的门徒以后，就为宣传重农主义的经济理论而忙碌。组织重农学派，募集会员，并且以他家里的客厅作为会员们讨论的场所。重农学派的会议有二种：公开的，非会员也可以参加；不公开的，则只限于会员参加。他们不但在理论上设法广为宣传魁奈的学说，而且力图在实践上根据重农主义的原理而改变国家的经济政策。所以，从实质上来看，可以把重农学派当作一种政党的组织。正是因为这个原因，有些经济学说史的著作，把它看成一个党，而称重农学派的成员为"党徒"。但是重农学派的成员却并不以"党徒"自居，他们自称为"经济学家"。

老米拉波同魁奈的这次会见和讨论，可能是老米拉波经济观点转变的一个关键；这次会见也可能对重农学派的形成起了重大的作用。但是，认为只是关于人口繁殖和财富增加之间的关系这一个问题的讨论，就能使老米拉波完全摆脱重商主义的影响而成为一个全心全意为重农主义忙碌的经济学家，这却很难使人信服。要知道，人口繁殖会使财富增加这一观点，虽然是重商主义的一个特点，但这并不是重商主义的唯一特点，甚至于可以说，这还不是重商主义的主要特点。我们知道，法国柯尔柏所实行的重商主义的主要特点是：1. 重视货币；2. 认为发展顺差的对外贸易就可以使外国的金属货币流入法国；3. 发展制造出口品的工业；4. 轻视农业；5. 为了达到增加法国金属货币的目的，还必须由国家来干预经济活动——实行重商主义的经济政策。魁奈的重农主义经济观点则刚刚相反，其特点是：1. 不重视货币而重视物质财富；2. 认为能增加一国财富的不在流通领域而是生产领域；3. 特别重视农业，认为只有农业才能增加一国的财富，因为只有农业才能生产"纯产品"；4. 认为工商业是不结果实的；5. 主张经济活动的自由而反对国家的干预。由此可见，认为老米拉波在人口和财富之间的关系问题上接受魁奈的意见，就完全改变自己的经济观点而成为一个重农主义者，这可以说是一个不可思议的"奇迹"。

同时，以老米拉波为首的重农学派的一些主要人物都是贵族。因此，又出现了这样一个问题：为什么魁奈的主要追随者都是贵族呢？

其实，无论是老米拉波的经济观点的改变，还是一些贵族信奉魁奈的经济理论而组成重农学派，都不是偶然的事情，而是具有更深厚的原因的。

法国在十八世纪已处于资产阶级民主革命大风暴的前夕，封建的专制制度眼看不能长久维持下去了。贵族在这种客观形势下，不能不千方百计地谋求出路。但是，贵族终究是贵族，他们总是要维护封建制度的。魁奈的理论正好满足了他们的要求，成为他们所要寻找的东西。我们知道，魁奈的经济学说实质上是资本主义的，但却保存着封建的外貌。以老米拉波为首的这些贵族们并不理解魁奈经济理论的资本主义本质，却很迷惑于它的封建外貌。老米拉波等人之所以信奉魁奈的经济理论，主要是由他们的阶级本性及其维持封建制度的幻想决定的。关于这个问题，马克思曾经有过明确的论述。他说："这个外观（指魁奈理论体系的封建外观——引者），欺骗了魁奈的出身贵族的信徒，例如好妄想的家长式的老米拉波。"①

下面，让我们来介绍一下重农学派的几位主要代表人物。

老米拉波　老米拉波（1715—1789）是十八世纪末法国资产阶级革命时期的政治活动家小米拉波（1749—1791）的父亲。按其出身和地位来说都是贵族集团的代表人物。

他的著作主要有：

1.《人群之友或人口论》（1757）；

2.《租税论》（1760）；

3.《农村哲学或普通经济与农业政策》（1763），这是阐明重农主义经济体系的最早的一部完整的著述；

4.《经济学》（1769）。

老米拉波不仅是魁奈学说的信徒，而且同魁奈的友谊也很深。他是重农学派的组织者。如果说魁奈是重农主义的理论家，那么，我们就可以把老米拉波当作重农学派的组织领袖。

上面我们曾经提到过，老米拉波迷惑于魁奈理论体系的外观，而不理解其资本主义的本质，因而忽左忽右，在解释魁奈的理论时，他对有些问题的看法同魁奈并不是一致的。

例如，魁奈是主张大农业制度的，认为只有大农业才能生产更多的"纯产品"。这种主张正表明了他的体系的资本主义实质。因为只有大农业才能借助于对雇佣工人的剥削而生产剩余价值。不以雇佣劳动为基础的小农场是不能生产剩余价值。而老米拉波的观点同魁奈的并不一致，甚至可以说是相反的。他是拥护小农业的。法国当时的农业正是分散的小农经济占支配地位，而且这种小农业制度实际上就是封建统治的经济基础。老米拉波拥护小农业

---

① 马克思：《剩余价值学说史》第1卷，生活·读书·新知三联书店1957年版，第43页。

制度，这既表明他不懂得魁奈理论的实质，同时也说明他希图维持封建统治下的家长式农业的幻想。

可是在另一方面，他又表现得比魁奈更为激进。例如在利息率问题上就是如此。魁奈没有反对利息的合理性，而且认为利息率较高比较低更有利。老米拉波则把利息看作是违反自然的高利贷。又如他对于"自由放任"的口号，也比魁奈叫喊得更积极。这也表明了老米拉波不明了魁奈理论的资本主义实质。他不明白攻击利息会动摇土地私有制，而土地私有制则正是魁奈所力求维护的；无限制的自由竞争则必然会使封建的生产关系加速崩溃，因为老米拉波不懂得这些，所以就表现得比魁奈更为激进了。

杜邦·德·奈木尔　杜邦·德·奈木尔（1739—1817）不但是法国重农学派的主要经济学家，而且是一个积极的政治活动家。他是波旁王朝的拥护者。

他的主要著作有：

1.《谷物的进出口》（1764）；

2.《新科学的兴起和发展》（1767）；

3.《印度公司的贸易》（1767）；

4.《重农主义或最有益于人类的自然的政府结构》（1768）。杜邦·德·奈木尔这本文集出版以后，"重农主义"这个名称就被广泛使用了。凡是信奉魁奈理论的经济学家也都被称为重农主义者。以老米拉波为首的那个组织也就叫做重农学派了。

杜邦·德·奈木尔的著作没有特殊的创见。他在经济学方面的活动主要是主编刊物、宣传重农主义的经济观点，以及出版魁奈和杜阁等的重要著作。如果说，老米拉波是重农学派的组织领袖，那么，我们也可以说，杜邦·德·奈木尔是重农学派宣传工作的主要负责人了。

1765年，杜邦·德·奈木尔任政府创办的《农业、商业和财政》杂志的主编。他在这杂志上发表了一篇宣传魁奈《经济表》的论文，因而引起了激烈的争论。根据魁奈的理论，工商业是不生产的，工商业者是属于不结果实的阶级。这就引起了代表工商业资产阶级利益的人们的猛烈反对。魁奈为了平息这些反对者的愤慨，曾经亲自写文章加以解释。他指出，说工商业不结果实，只是说明工商业不能生产"纯产品"这个事实而已，并没有丝毫轻视和侮辱工商业者的意思。魁奈的解释并没有使已掀起的风波平息下去，反而引起了更加激烈的辩论。工商业资产阶级当然明白，问题不在于"不结果实"

这几个字是否含有侮辱的意思，而在于魁奈理论的重视农业的本质。依照魁奈的理论，只有农业能增加一国的财富，工商业是不结果实的，其结论必然是：工商业在国民经济生活中处于不必重视的地位。这当然是为工商业资产阶级所不能容忍的。

由于《农业、商业和财政》是政府办的杂志，而对这场激烈争论，政府也不能不加过问。结果是，杜邦·德·奈木尔不得不于1766年底放弃该杂志主编的职位。

从1767年初起，重农学派自己办了《公民评论》①杂志，仍由杜邦·德·奈木尔任主编。可是，这个杂志刊行的时期也不很长。由于重农学派不愿接受政府加于它的种种限制，它在1772年就停刊了。

杜邦·德·奈木尔在他所主编的杂志中不仅发表了重农主义者的许多重要论文，其中包括杜阁的主要著作，而且他自己也写了许多解释重农主义的文章。此外，重农学派还企图通过掌握在他们手中的杂志，宣传根据魁奈的理论来改变政府所实行的经济政策。这样一来，重农学派就更成为工商业资产阶级反对的对象了。

重农学派为了应付这种争论，同时也为了扩大自己的思想影响，又编写了许多把魁奈的理论通俗和系统化的小册子。其中最积极从事这项工作的就是杜邦·德·奈木尔。

麦西尔·德·拉·李维尔 麦西尔（1720—1793）在政治上是拥护绝对专制制度的。他曾说："因为人必定要在社会内生活，所以他规定要在专制政治下生活。"②人要在社会内生活，这当然是对的，但决不能由此得出人"规定要在专制政治下生活"这个结论。大家都知道，在历史上，人一直在一定的社会中生活，而专制政治的封建制度却不过是历史上的一个阶段。麦西尔的那种不合逻辑的论调，无非表明他要为当时摇摇欲坠的封建制度辩护而已。

他的主要著作是于1767年发表的，题为《政治社会之根本的和自然的秩序》。这是一部宣传魁奈理论的通俗易懂而又比较系统性的著作。他认为社会的自然秩序的主要内容是：财产、安全和自由。所谓财产就是指私有财产，所谓安全是指财产和人身不受侵犯，所谓自由是指经济活动的自由，即自由竞争不受政府干预。很明显，他所指的社会自然秩序，其实就是资产阶级社

---

① 原名为《Ephémérides du citoyen》。
② 马克思：《剩余价值学说史》第1卷，生活·读书·新知三联书店1957年版，第48页。

会的秩序。

麦西尔在这部全面地宣传魁奈理论的著作中，还着重批评了重商主义。

第一，他批评了重商主义者过分地重视货币的观点。

我们已经知道，重商主义者是非常重视货币的，柯尔柏实行重商主义的经济政策，其目的就是为了通过顺差贸易来增加金属货币。

麦西尔则刚好相反，他认为货币没有值得特别重视的理由。他说："二价值中，是一个是货币呢，还是两个都是普通商品呢，那是完全没有关系的。"①

从这句话中可以看出，麦西尔是把货币和普通商品同样看待的。不仅如此，他还进一步说明，最根本的财富不是货币而是生产物，货币不过是财富的一种形态罢了。例如，他说："货币形态上的富，……只是已经转化为货币的生产物形态上的富。"②

既然最根本的财富是生产物而不是货币，货币只不过是一种交换媒介物，当出卖生产物而收取货币时它代表了出卖的东西，当购买生产物而支出货币时，它又代表购买的东西；归根到底，还是生产物和生产物交换。因此，他得到一个结论："我们不是为货币而交换货币。"③

重商主义者过分地重视价值的货币形态，这是一种偏见；重农主义者则忽视甚至轻视价值的货币形态，这也是一种偏见。他们都不理解货币的本质。不过，麦西尔虽然不明白货币是一般等价物，但由于他认识到最根本的财富是生产物，因而认为能增加一国财富的不是流通过程而是生产过程，这无疑是重农主义者的一个贡献。

第二，他批评了重商主义者认为流通过程可以增加财富的观点。

我们已经知道，重商主义者认为发展对外贸易可以增加一国的财富。柯尔柏正是根据这种观点实行重商主义政策的。

但在麦西尔看来，财富只能在生产过程中生产出来，而不能在流通过程中增加。为什么不能在流通过程中增加财富呢？在流通过程中不是可以用贱买贵卖的方法使财富增加吗？麦西尔认为不能。因为如果你用贱买的方法来增加财富，别人也可以用同样的方法，当别人贱买你的商品时，你就不能贵卖了；同样的，如果你用贵卖的方法来增加财富，别人也可以用这个方法，

① 马克思：《资本论》第 1 卷，人民出版社 1957 年版，第 164 页脚注 16。

② 马克思：《资本论》第 1 卷，人民出版社 1957 年版，第 126 页脚注 86。

③ 马克思：《资本论》第 1 卷，人民出版社 1957 年版，第 154 页脚注 4。

当别人用这个方法出卖时，你就不能贱买了。所以，任何人都不可能经常利用贱买或贵卖来增加他的财富。他说："任何卖者也不能经常把商品提高价格来卖，除非他情愿购买别一个卖者的商品时，也支付较高的价格。反之，为了相同的理由，任何消费者也不能经常以特廉的价格购买商品，除非他售卖商品时，同意接受同样低廉的价格。"①

麦西尔还进一步指出，交换是等价的。参加交换的人所有的价值，在交换以后同交换以前是一样多的。他说："一个有许多葡萄酒但没有谷物的人，和一个有许多谷物但没有葡萄酒的人交易。一个交换发生了，交换的一方是价值五十的小麦，他方是价值五十的葡萄酒。这个交换，对于任何一方，都没有交换价值的增殖，因为交换前每一个人所有的价值，和他由这种操作取得的价值，是相等的。"②

重农主义者虽然没有正确的价值理论，但他们坚持"等价交换"这个原则，却很值得重视。他们根据这个原则，就把重商主义者认为交换过程能够增加财富的观点驳倒了。

勒·德洛因 勒·德洛因（1728—1780）也是法国专制制度的拥护者。他于1777年发表《论社会的利益》一书以反对重商主义。他是因同那时代的哲学家孔狄亚克辩论而出名的。

孔狄亚克（1715—1780）是感觉论的哲学家。在社会关系问题的理解上，他是一个唯心主义者。他认为人们追求最大限度享受的愿望在社会生活中起着决定性的作用。他对重农主义的一个重要论点的批判也是从这种观点出发的。

1776年，孔狄亚克发表《商业和政府的相互关系》一书。他在这部著作中批评了重农学派关于"等价交换"和只有农业才具有生产性这两个论点。

孔狄亚克从他的"享受"观点出发，认为物品之所以有价值，是由于它可以供人"享受"，即它可以满足其所有者的某种欲望。他认为价值固然决定于欲望，但也受欲望强度的影响。如果需要某种商品来满足的欲望强度很高，这种商品的价值就较大。这种价值理论叫做主观价值论或效用论。因为根据这种理论，某种商品的价值是决定于人们对这种商品的主观评价或效用。这种理论是非常错误的。事实上，不同的人对于同一物品的主观评价是不同的，

---

① 马克思：《资本论》第1卷，人民出版社1957年版，第168页脚注26。
② 马克思：《资本论》第1卷，人民出版社1957年版，第163-164页。

比方说刚吃饱的人在他还没有饥饿时，对米饭或馒头是没有欲望的，而饥饿的人却很想吃饭，所以他们对于同一种米饭或馒头就有不同的主观评价。同一个人在不同的时间或不同的地点对于同一种物品的主观评价也是不同的。例如，一个人在饭前和饭后对于饭食的主观评价就不同；这个人住在南方虽是冬天而天气仍然暖和的地方时对于冬衣的主观评价，同他住在北方较寒冷的地方时的评价也是不一样的。但是某种物品的价值却绝不会因为各人的或同一个人在不同的地点和时间的主观评价而有所不同。而且价值是客观存在的，每种商品都有一定数量的价值。主观评价却纯然因人、因时和因地而异，决不可能有衡量其大小的客观尺度。这样，如何能用主观评价来决定商品价值的大小呢？

孔狄亚克的价值论当然是极错误的，但其对后来庸俗的资产阶级经济学家的影响却很大。

他就运用这种错误的效用论来批判重农学派的等价交换原则。根据他的这种理论，既然一个人对于各种物品有不同的主观评价，他就必然会用对于自己效用比较小即主观评价比较低的东西去交换对他效用比较大即主观评价比较高的东西。因此，孔狄亚克就得出这样一个结论：参加交换的任何人都能够用价值比较小的东西交换到价值较大的东西，所以交换是不等价的。他说："说我们在商品交换中，是以等价值交换等价值，是一个谬误。正好相反。双方当事人都是以较小的价值，交换较大的价值。……如果我们事实上总是交换恰好相等的价值，则对于当事人任何一方，也不会有利益。但双方都有利益，或都应有利益。何故呢？物的价值，是由它和我们的需要的关系构成。同一物，对于甲为较大，对于乙可为较小；反过来，也是可以的。……我们不要以为我们会拿自己消费所万不可缺少的东西去卖。……我们愿拿出对于我们无用的东西，来获取我们必要的东西；给予较少的东西，来获取较多的东西。……人们自然会以为，我们在交换上是以价值交换等价值，只要交换物在价值上会各与等额的货币相等。……但在我们的计算中，还有一点要加入：我们必须问，双方当事人不都是以多余的物品，交换必要的物品么？"①

同时，孔狄亚克还批判了重农学派认为只有农业才具有生产性的观点，他证明了工商业劳动也是生产的。他的论证是这样的：土地固然是财富的根源，但是光靠土地而没有劳动是绝不能得到财富的。因此，农业劳动是生产

---

① 马克思:《资本论》第 1 卷，人民出版社 1957 年版，第 165-166 页。

的。如果是这样，那么工商业劳动更加是生产的了，因为在工商业中劳动更显得重要。

孔狄亚克所说的工业劳动是生产的，如果指的是资本主义工业，那他的这种观点是对的，因为在资本主义工业中的劳动和在农业中的一样，也是能生产剩余价值的。但他认为商业劳动也是生产的，这就不一定对了。从事商业的运输劳动固然是生产的，但纯商业的劳动却只实现剩余价值而不能创造它，所以是不生产的。

同孔狄亚克进行辩论的主要是勒·德洛因。首先，他依然坚持等价交换的原则。他说如果不是这样，那么一个价值就会比一个相等的价值有更大的价值，这是不合理的。但他没有击中孔狄亚克的要害。从上面所引证的孔狄亚克的话看来，有两点可以予以反击。第一，他认为价值由效用决定。这事实上是把使用价值和价值相混同，而把使用价值当作价值了。关于这一点，勒·德洛因没有予以反驳。这是因为重农主义者自己也没有把使用价值和价值区别清楚。第二，孔狄亚克把商品生产和商品流通已发达的社会同只偶然进行交换的自给自足的社会混同起来，因而认为参加交换的当事人都用自己多余的东西去交换自己需要的东西。这一点却被勒·德洛因抓住了。他说："在一个发展的社会内，这样的过剩部分是没有的。"①

其次，他又从等价交换的原则出发，证明交换不是致富的手段。他说："就本来的性质说，交换是平等的契约，是在一个价值和一个相等的价值之间进行的。所受的既与所给的相等，所以不是任何一方致富的手段。"②他还进一步指出，即使如孔狄亚克所说，参加交换的双方当事人既然都从交换中得到好处，那么他们也就是一样的了。勒·德洛因说："当交换者双方以同样少东西换得同样多东西的时候，他们的所得就是一样的了。"③

勒·德洛因的这些论断，只能说明商业是不生产的，但不足以证明工业是不生产的。孔狄亚克关于工业劳动也是生产的论断，所有的重农主义者都无法予以反驳。这一方面是由于孔狄亚克的这一论点基本上是正确的，另一方面也是由于重农主义者没有正确的价值论和剩余价值论。不过这里要特别指出的是：孔狄亚克虽然有那一点较正确的观点，但他的价值论却是极其错误的。

---

① 马克思：《资本论》第 1 卷，人民出版社 1957 年版，第 166 页脚注 22。

② 马克思：《资本论》第 1 卷，人民出版社 1957 年版，第 165 页脚注 20。

③ 马克思：《资本论》第 1 卷，人民出版社 1957 年版，第 166 页脚注 22。

亚当·斯密社会上的三个阶级与三种收入理论*

亚当·斯密把资本主义社会划分为三个不同的阶级：工人、资本家和地主。这是他的一个大贡献。他认为这三个阶级各有不同的收入：工人的收入为工资，资本家的收入是利润，而地主的收入则为地租。他以为这三种收入是最基本的，其他的收入都是从这里派生的。他自己曾说："工资、利润、地租对于一切交换价值，可以说是三个根本源泉，同时，对于一切收入，也可以说是三个根本源泉。一切收入，结局，都是这三种收入的派生。"①

这三种收入既然是一切交换价值的根本源泉，即它们既然是一切商品价值的构成因素，那么这三种收入又是如何决定的呢？这就是亚当·斯密在"国富论"第一篇最后四章中所研究的问题。我们根据他自己所安排的顺序，分别阐述如下。

工资论　工资是在资本主义生产方式之下的一种经济范畴，它体现出资本家与工人之间的生产关系——雇佣关系。因此它是以生产资料被资本家所占有而劳动者则一无所有，因而不能不出卖劳动力这一事实为前提的。这一点已为亚当·斯密所意识到，因为他曾说："……我一说到劳动工资，大家都会以为我所说的情形，是劳动者为一人，雇用他们的资本所有者另为一人。"②可是，与此同时，他又把工资这个概念抽象化、绝对化了，认为在原始社会也有工资。他自己曾经说过，"在土地尚未私有、资本尚未积累的原始社会状态下，劳动的全部生产物，皆属于劳动者，没有地主分配，也没有雇主坐享"，这种全部皆属于劳动者的"劳动生产物，构成劳动的自然报酬或自然工资"③。可见，斯密是不理解工资的历史性的。

＊ 本文选自季陶达著《英国古典政治经济学》第二章第六节，生活·读书·新知三联书店 1960 年版。

① 亚当·斯密：《国富论》上卷，郭大力、王亚南合译，中华书局 1949 年版，第 60-61 页。

② 亚当·斯密：《国富论》上卷，郭大力、王亚南合译，中华书局 1949 年版，第 79 页。

③ 亚当·斯密：《国富论》上卷，郭大力、王亚南合译，中华书局 1949 年版，第 77 页。

劳动生产物是劳动的自然报酬或自然工资，这是斯密的第一种工资理论。这种理论是同他的劳动价值论相一致的。既然一切商品，从而一切商品的价值都是由劳动生产出来的，那么，劳动的全部生产物也就成为劳动的自然工资了。用这种理论来说明原始社会的"工资"是不会发生困难的。问题是，在资本主义社会里工资究竟如何决定？斯密认为在资本主义生产方式之下，劳动者只能获得他自己劳动生产物的一部分作为工资。因为第一，"土地一旦成为私有财产，劳动者想由土地生产或采集物品，就不能不在所产物品中，以一定份额，分给地主，而称为地租，因之，曾使用土地的劳动生产物，就不得不第一次扣下一部分来作为地租"。①第二，在资本已经积累以后，"不拘在什么工艺或制造业上，都有大部分劳动者，在作业完成以前，需雇主为他们垫支材料、工资与生活费。雇主就对于他们的劳动生产物，换言之，对于劳动附加在材料上的追加价值部分，享有一份，而构成利润"②。

可见，在亚当·斯密看来，一旦资本已积累，土地成为私有财产以后，劳动者只得到他自己劳动生产物的一部分作为工资；他的劳动生产物的其余部分则构成地租和利润，分别为地主、资本家所占有。从这里可以看出，亚当·斯密实质上已了解到剩余价值的真正根源了。

可是，在这里又出现一个问题：既然劳动者作为工资而取得的不过是他自己劳动生产物的一部分，那么，这一部分究竟有多少？它是怎样决定的？这个问题不可能用斯密的第一种工资论来解决。因为他的第一种工资论只能说明工资根源问题，就是说，它只能说明工资不过是劳动者的劳动生产物的一部分，其余部分劳动生产物为地主和资本家剥削去了。但它不能说明，劳动者自己所得的这一部分究竟有多少？因此，亚当·斯密又有第二种工资论。

工资是劳动的自然价格。根据亚当·斯密的意见，劳动是一种商品，同其他商品一样，也有市场价格和自然价格。劳动的市场价格是由资本家和工人双方所订立的契约规定的。这里，他把资本家同工人的关系当作普通商品的买者同卖者之间的关系。因此，由工资所体现出来的资本家对工人的剥削关系就被掩盖起来了。亚当·斯密以为由契约所规定的工资是劳动的市场价格，它是以劳动的自然价格即劳动的价值为基础，而且稍微高于劳动的自然

---

① 亚当·斯密：《国富论》上卷，郭大力、王亚南合译，中华书局1949年版，第78页。
② 亚当·斯密：《国富论》上卷，郭大力、王亚南合译，中华书局1949年版，第79页。

价格的。他所了解的劳动的自然价格就是劳动者的生活维持费。他曾说："凡依劳作而生活的人，其工资至少须足维持其生活。在许多场合，工资还得多少超过此种限度。否则，他将无从瞻养家室，无从延续劳动者族类至一代以上。"①

我们知道劳动者的生活维持费，其实就是再生产劳动力的费用。劳动力的价值正是由这种费用决定的。所以，亚当·斯密曾说："劳动的价值，其实就是劳动力的价值。"②工人所出卖，资本家所购买的不是劳动而是劳动力。当工人在资本家的企业中开始劳动时，劳动已经不是属于工人自己，因此也不能为他所出卖。劳动虽然能创造价值成为价值的实体，但劳动本身是没有价值的。本身有价值的不是劳动，而是劳动力。由于亚当·斯密不理解劳动与劳动力的区别，遂错误地以为工资是劳动价格，是由劳动的价值决定的。

亚当·斯密的这两种工资论是前后矛盾的。根据他的第一种工资论来说，工资既然是劳动生产物的一部分，当然也就为劳动生产物价值的一部分了，所以，工资是商品价值的分解因素。如上所述，这种工资论是和他的劳动价值论相一致的。但是，根据他的第二种工资论来说，工资既然是劳动的价格，那么，它已经不是劳动生产物或其价值的一部分，而是生产费的一部分，成为生产物价值构成因素之一了。所以，这第二种工资论是同斯密的价值构成论相一致的。同时，根据他的第一种工资论来看，工资不过是劳动生产物或其价值的一部分，其余部分则分解为利润和地租。所以，利润和地租都是工人劳动的结果而为资本家和地主所剥削去的。根据他的第二种工资论，资本家和地主对于工人的剥削关系就完全被掩盖起来了。如果说，他的第一种工资论是比较科学的，那么，他的第二种工资论就完全是庸俗的了。

亚当·斯密认为劳动的市场价格即货币工资决定于在劳动市场上的供求关系。这种供求关系主要取决于一国国民的收入和资本之是否增加。他把国家分为三类：第一类是国民财富不断增加的国家，第二类是国民财富虽然没有增加但也没有减少的停滞的国家，第三类是国民财富不但没有增加甚至还减少的衰退国家。他指出：在第一类国家，由于国民财富不断增加，收入和资本都会日渐增多，对劳动的需求因而增加，货币工资也就会提高了；在第二类国家，因为国民财富没有增加，对劳动的需求也不会增加，因此，工资

① 亚当·斯密：《国富论》上卷，郭大力、王亚南合译，中华书局1949年版，第81页。
② 马克思：《资本论》第1卷，人民出版社1957年版，第663页。

也不可能提高；在第三类国家，由于国民财富的减少，对于劳动的需求也会减少。因此，工资不但不能增加反而会降低了。当他说明工资之变动及其与一国国民财富增减之关系时，曾说："……对工资劳动者的需要，必随一国收入及资本之增加而增加。收入及资本没有增加，对工资劳动者的需要决不会增加。但收入及资本的增加就是国富的增加。所以，对工资劳动者的需要，又必随国富增加而增加。国富不增加，对工资劳动者的需求，也不增加。"①

斯密由于他自己的教条（这个教条是：价值由收入构成而又划为收入，因而忽视生产资料在生产过程中的作用及其价值的转移），不能正确地理解在资本主义生产方式之下国富增加、从而资本增加与工资变动之间的真实关系。在斯密看来，好像全部增加的资本都是用来购买追加劳动力的，因而得出工资随着资本之增加而增加的错误结论。其实，在增加的资本中只有一部分用来购买劳动力，而且由于生产技术的进步、资本有机构成的提高，这部分资本的比重随着资本总额的不断增加而降低，就是说，购买劳动力的这部分可变资本，随着总资本的增加，由于资本有机构成不断提高而益趋于相对减少了。工人所得到的工资正是由这部分益趋相对减少的资本决定的。所以，事实上，并非工资随着资本增加而增加，而是工人的生活随着资本增加而日益贫穷。马克思曾经教导我们说，在资本主义生产方式之下，"在一极有财富的积累，同时在对极，那个把自己的生产物当作资本来生产的阶级，就有穷困、劳动折磨、……的积累"②。亚当·斯密为他自己的资产阶级本性所局限，是不懂得而且也不可能懂得资本主义积累的这个绝对的普遍的规律的。

利润论 亚当·斯密有两种价值论，两种工资论，同样的，他也有两种利润论。

第一种利润论——利润是由劳动生产出来的价值的一部分。他曾说："……与货币、劳动或其他货物交换的完全制成品的价格，除了足够补偿原料代价和劳动工资，还须剩有一部分，作为企业家冒险投资的利润。"③这里说明了利润是因劳动生产物之出卖而实现的。但是，这种利润的根源是什么？是由于提高商品价格？或者这是让渡利润？在这里是不明确的。可是，亚当·斯密接着说道："……劳动者附加在原料上的价值，这时，就须分作二个部分。一部分支给劳动者的工资，又一部分支给雇主的利润，来报酬他垫付

① 亚当·斯密：《国富论》上卷，郭大力、王亚南合译，中华书局 1949 年版，第 82-83 页。
② 马克思：《资本论》第 1 卷，人民出版社 1957 年版，第 813 页。
③ 亚当·斯密：《国富论》上卷，郭大力、王亚南合译，中华书局 1949 年版，第 56 页。

原料代价和工资的那全部资本。"①可见利润是劳动在生产过程所生产的价值的一部分。

这是亚当·斯密的第一种利润论。这种利润论是同他的劳动价值论、第一种工资论相一致的。根据这种利润论，利润是劳动所生产的价值的一部分，是劳动所生产的全部价值超过工资的余额。这是由于全部劳动时间分为两部分：一部分必要时间，一部分剩余时间；劳动在必要时间内生产出与工资相等的价值，在剩余时间内生产利润。所以，斯密在这里所说的利润，其实就是剩余价值，它是由工人的无偿的剩余劳动生产出来的。因此，马克思曾说："……亚当·斯密是已经把剩余价值的真正起源认识了。"②

把利润当作一种独立的经济范畴、剩余价值的一种转化形态来研究，这是亚当·斯密的一个贡献。当他说明利润的根源时，他所说的利润，其实就是剩余价值。可是，亚当·斯密同时又认为利润是给资本家"垫付原料代价和工资的那全部资本"的报酬，这里所指的又成为剩余价值一种转化形态的利润了。我们知道，剩余价值是由工人的无偿的剩余劳动所生产，是工人在生产过程所生产的全部价值对工资的超过额。而利润则是依照全部资本来计算的剩余价值。剩余价值和利润这二个经济范畴性质是不同的，而且当利润转化为平均利润时，在量上也是有差别的。可是亚当·斯密却把它们混同起来了。

由于亚当·斯密混同了剩余价值和利润，同时又把利润理解为平均利润，就必然会发生剩余价值生产的规律同平均利润规律之间的矛盾。亚当·斯密在批判认为资本利润不外是特种劳动的报酬那种见解时，曾说："利润的多少，与资本的大小恰成比例。比方，假定某处制造业资本的普通年利润率为百分之十。那里，有二种不同的制造业，各雇用劳动者二十人，工资每人每年十五镑，即每年各需支出工资三百镑。又假定一方所制造掉的粗糙原料，所值不过七百镑；另一方的精良原料，值七千镑。合计起来，前者逐年投下的资本，不过一千镑，后者却有七千三百镑。结局，前一企业家的利润，每年仅及百镑；后一企业家的利润，每年却可预期七百三十镑。"③这两个企业，既然所雇用的工人人数相等，每个工人的每年工资也相等。因此，我们可以假定，他们每天的劳动时间、在劳动过程所生产的价值从而他们所生产的剩余

---

① 亚当·斯密：《国富论》上卷，郭大力、王亚南合译，中华书局1949年版，第56页。

② 马克思：《剩余价值学说史》，第1卷，生活·读书·新知三联书店1957年版，第141页。

③ 亚当·斯密：《国富论》上卷，郭大力、王亚南合译，中华书局1949年版，第56-57页。

价值也必然相等了。那么，为什么在一个企业内二十个工人每年只生产出百镑的利润，而另一个企业中的二十个工人每年却能生产七百三十镑利润呢？从亚当·斯密所举的这个例证中可以看出，剩余价值或利润（因为他是把这二个范畴混同了的）由剩余劳动生产的这个规律同利润占资本总量的比例的规律之间是存在着矛盾的。这个矛盾，亚当·斯密自己并没有觉察到而轻轻地放过了。李嘉图虽然已经觉察到这个矛盾，但是不能予以解决。能给这个问题作科学论证的第一个人就是马克思。

第二种利润论——利润是生产费的一部分。除掉利润是劳动生产物价值的一部分这种比较正确的利润论以外，亚当·斯密还有另一种庸俗的利润论。他说："……他（指资本家——引者）的利润，就是他的收入，也就是他生活资料的真正资源。他在完成商品，把它送往市场去的当中，不但要垫付劳动者的工资或生活资料，且须垫付他自身的生活资料。他自身的生活资料，大体上说，与他出卖商品所可期待的利润相当。商品出卖，若不能给他以利润，那就等于说，他没有从这商品的出卖，取回他自身的实际费用。"①

可见，亚当·斯密在这里又把利润当作生产费的一部分了。这种利润论是同他的价值由三种收入构成的理论——生产费论以及工资是劳动价格的理论相一致的。但是，它同斯密自己的第一种利润论则是矛盾的。因为根据这种利润论来说，利润既然是生产费的一部分，它当然就不是价值的分解因素而是价值的构成因素。因此，资本家对工人的剥削关系也就被掩盖起来了。

亚当·斯密认为"利息常常是一种派生的收入"②，那是借入资本的人，利用所借资本获得的利润的一部分。因此，利息也不过是剩余价值的一种派生形态。既然利息只是利润的一部分，那么，利息率也必然随着利润率的变化而变化。或如斯密自己所说："使用货币所获较多的地方，通常对于货币使用权，皆支给多额的报酬；在使用货币所获较少的地方，通常对于货币使用权，也支给少额报酬。"③就是说，利润率高利息率也必然随之而高；反之，利润率低则利息率也必随之而降低。这种理论可以说是休谟和马希关于利润同利息之间关系的见解之发展。

根据亚当·斯密的理论，利润率会由于一国国民财富之增加而下降。因为一国国民财富增加，则投在同一部门或各部门企业内的资本也必增加，结

---

① 亚当·斯密：《国富论》上卷，郭大力、王亚南合译，中华书局1949年版，第65—66页。
② 亚当·斯密：《国富论》上卷，郭大力、王亚南合译，中华书局1949年版，第61页。
③ 亚当·斯密：《国富论》上卷，郭大力、王亚南合译，中华书局1949年版，第104页。

果，随着资本家间的竞争，利润率必然会下降。所以，他说："资本利润的腾落，与劳动工资的腾落，同样取决于社会财富的盛衰。但财富状态及于两者之影响，颇不相同。"①就是说，社会财富增加，则工资必提高而利润率必下降。如上所述，亚当·斯密是不理解工人是随着资本积累之增进而愈趋贫穷化的。同样，他虽指出利润率随着资本主义生产之发展而下降，但是由于他没有正确的资本及其有机构成的理论和剩余价值论，因此也就不能理解利润率下降的真正原因。

地租论 亚当·斯密有两种价值论、两种工资论和两种利润论。同样他也有两种相应的地租论。

第一，从他的劳动价值论出发，既然一切生产物及其价值都是由劳动生产出来的，工资不过是其中的一部分，其中的另一部分构成利润为资本家所占有，而其第三部分就构成地租为地主所得了。地租是劳动生产物或其价值的一部分，这是亚当·斯密的第一种比较正确的地租论。根据这种地租论，地租是剩余价值的一种形态，是由工人的剩余劳动生产出来而为地主所剥削去的。

但是，这种比较正确的地租论，也还是有很大的缺点的。在亚当·斯密看来，土地成为私有财产以后，地租也就产生了。因此，他就不明白地租的历史性，不理解封建社会的地租与资本主义地租之区别了。在封建社会，地租包括农民剩余劳动的全部剩余生产物。而在资本主义生产方式之下，地租并不包括农业工人的全部剩余劳动所生产的全部剩余价值，而只包括这种剩余价值超过平均利润的余额。就是说。在资本主义生产方式之下，地租是资本主义农业中额外利润的转化形态。斯密所研究的实际上是资本主义地租，但是他把它一般化了。

第二，亚当·斯密认为地租是使用土地的价格，"是租地人按照土地实际情况，所能付纳的最高价格"②。这种地租论是同他的第二种价值论、工资论和利润论相一致的。根据这种地租论来看，地租同工资和利润一样，都是商品价值的构成部分，从而也是一种生产费。这种地租论显然跟他自己的第一种地租论相矛盾。这正如他的两种价值论之间的矛盾，两种工资论、两种利润论之间的矛盾是一样的。

---

① 亚当·斯密:《国富论》上卷，郭大力、王亚南合译，中华书局 1949 年版，第 103 页。
② 亚当·斯密:《国富论》上卷，郭大力、王亚南合译，中华书局 1949 年版，第 171 页。

但是把地租当作农产品生产费的一部分，终究是很勉强的。因为，其一，地主和经营工商业的资本家毕竟不同，他并没有从事任何经营企业的活动。其二，地主和贷放资本家也有所区别，因为他的土地出租并不像贷放货币那样要冒一点险。其三，斯密又是反对那种认为"土地的地租……不外是地主投资改良土地的相当利润或利息"[①]的见解的。在他看来，改良土地的并不限于地主的资本，有时是用租地人的资本来改良的，即使地主曾经为了改良土地而用过一定量的资本，但这种改良费的利息或利润只是对于原来地租的一种追加额，并且地主还时常利用租地人出资改良土地，于重新订立契约时要求增加地租。其四，农业与工业不同。工业易于扩大再生产，由于自由竞争的规律发生作用，工业品价格不易过分提高；农业品则比较容易提高。因此，亚当·斯密又有第三种地租论。

第三，地租是一种垄断价格，或者比较恰当地说，地租是农产品垄断价格的结果。斯密认为当农产品出售时，其价格除掉能够补足生产这种商品所耗费的资本及普通利润以外，如果还有余额，那么这部分余额就构成地租了。所以，斯密说："地租与工资、利润，同为商品价格的构成部分，但其构成的方法不同。工资及利润的高低，为价格高低的原因；地租的高低，则为价格高低的结果。"[②]

这第三种地租论，不仅同他的第一种地租论，而且同他的第二种地租论都是矛盾的。首先，根据这种地租论，地租既不是由劳动生产出来，也不能算作商品价格的自然构成因素；因为它不是价格提高的原因，而是价格提高的结果。其次，地租既然是农产品价格提高的结果，那么，很明显，地租不是在生产过程生产出来，而是在流通过程发生的了。最后，地租既然是垄断价格的结果，那么，它必然是由消费者支付的了。这种见解当然是非常错误的。因为在流通过程，由于不等价的交换，虽然可以使国民财富重新分配，但绝不能使之增加。比方某甲把他的只值十元的商品，提高到十二元出卖给某乙。某甲固然可以因此赚了二元；但某乙却因此损失了二元，因为他花了十二元只得到值十元的商品。某甲所得的正是某乙所失的。他们的总的财富，并没有因为不等价交换而变化。并且，某乙在他当作购买者所蒙受的损失，还是可以在他出卖自己的商品时，用提高价格的方法赚回来的。

---

① 亚当·斯密：《国富论》上卷，郭大力、王亚南合译，中华书局1949年版，第171页。
② 亚当·斯密：《国富论》上卷，郭大力、王亚南合译，中华书局1949年版，第173页。

亚当·斯密的地租论是极芜杂的。除开上述三种地租论以外，还有第四种地租论。

第四，地租是自然力的产物。在他看来，农业与工业不同，不仅有工人在劳动，而且还有牲畜和自然力在劳动；不仅工人的劳动能生产价值，牲畜和自然力的劳动也能生产价值。他说，农业家的"劳役工人，固然是生产劳动者，他的代劳牲畜，也是生产劳动者。在农业上，自然与人同劳动；自然的劳动，虽然无需代价；它的生产物，却和最昂贵的工人的生产物一样，有它的价值。……地主既然把这种自然力借给农业家用了，农业家就把这种产物，作为地主的报酬"①。所以他说，地租可以说是自然力的产物。

这第四种地租论，显然和前面的三种地租论是不一致的。这里可以看出亚当·斯密受重农学派的影响。这种理论当然是不正确的。第一，牲畜和自然力不仅在农业中"劳动"，而且在有些工业部门中也是"劳动"的。例如，在磨坊里有利用牲畜磨制米面的，在化学、制革和酿酒工业部门则必然要有自然力的"劳动"。因此，斯密认为只在农业中才有牲畜和自然力的"劳动"是不完全符合事实的。第二，更重要的是，自然力的"劳动"只会影响使用价值量的生产，与农产品的价值却是毫无关系的。斯密在这里把使用价值和价值混同了。

亚当·斯密没有专门研究级差地租问题。但是，他已经知道级差地租是由耕地的丰度不同和距离城市的远近这两个条件引起的。关于这一点，他曾说："不问土地的生产物如何，其地租不仅常随土地丰度而变动；并且不问其丰度如何，其地租又常随土地位置而变动。在都会附近的土地，比较僻远地带同丰度的土地，能提供更多的地租。"②

从上面的说明，我们已经知道，亚当·斯密有两种工资论、两种利润论和两种以上的地租论。他的第一种工资论、利润论和地租论是一致的，而且也是同他自己的劳动价值论首尾一贯的。根据这些理论，工资、利润和地租都是由劳动生产出来的价值的分解部分。工资是在必要劳动时间内生产的，而利润和地租则是在剩余劳动时间内生产的剩余价值的形态。这是他的科学的理论。这种理论为李嘉图所继承和发展。后来由马克思所批判地吸收，加以革命地变革而成为马克思主义政治经济学内容的一部分。至于他的第二种

---

① 亚当·斯密：《国富论》上卷，郭大力、王亚南合译，中华书局 1949 年版，第 407 页。
② 亚当·斯密：《国富论》上卷，郭大力、王亚南合译，中华书局 1949 年版，第 175 页。

工资论、利润论和地租论也是相互一致而且同他的价值构成论——生产费论首尾一贯的。这是他的庸俗的理论，后来被庸俗经济学家所利用，借以作为替资本主义制度辩护的工具。他的第三、第四种地租论则与他的价值论没有联系，这是农业的特点（垄断性和农业中的额外利润）在他的理论中之不正确的反映。

李嘉图的价值论*

大卫·李嘉图是资产阶级古典政治经济学的完成者。这在价值论方面表现得很突出。他很推崇亚当·斯密的著作——《国富论》，但是他不同意亚当·斯密的许多论断，而提出他自己的见解，因此，使资产阶级古典政治经济学向前发展了一大步。这是李嘉图的重要贡献。

李嘉图的价值论可以分为四方面来研究：1. 李嘉图研究的出发点——价值由劳动时间决定；2. 价值与劳动；3. 价值与交换价值；4. 价值与生产价格。现在就按照这个顺序来阐述吧。

一、李嘉图研究的出发点——价值由劳动时间决定

使用价值和交换价值 大卫·李嘉图在其所著《政治经济学及赋税之原理》第一章中一开始就引述亚当·斯密关于使用价值和交换价值及其关系的论点，并且在批判中发表了他自己的见解。

亚当·斯密曾经认为价值这个术语有两种意义：1. 它表示某种物品的效用，例如衣服可以供人穿以保护体温，米、面可以供人吃以充饥等等，这就是该种物品的使用价值；2. 它表示某种物品可以交换其他物品的能力，例如十斤米可以交换七尺白布，这就是该种物品的交换价值。亚当·斯密又认为有些物品，使用价值很大，但是没有交换价值。例如，空气和水的使用价值都是很大的，但它们没有交换价值。同时，他认为有些物品，使用价值很小，甚至没有使用价值，但它们的交换价值却是很大的。例如，金钢钻使用价值很小，甚至等于没有使用价值，但是它的交换价值却很大。

---

* 本文选自季陶达著《英国古典政治经济学》第三章第二节，生活·读书·新知三联书店 1960 年版。

关于使用价值和交换价值这两个概念的含义，李嘉图是同意亚当·斯密的解释的。但在它们之间的关系上，李嘉图是不完全同意亚当·斯密的见解的。在李嘉图看来，如空气和水等使用价值很大的物品固然可以没有交换价值；但是没有使用价值的东西是绝不可能有交换价值的。因为一种物品，如果毫无用处，那么谁也不会需要它，当然也就不可能有交换价值了。所以，李嘉图认为，交换价值必须以使用价值为前提条件。关于这一点，他自己曾经这样明白地说，"效用（即使用价值——引者）不是交换价值的尺度，但为交换价值所不可少。若某商品全无效用，换言之，全然不能满足我们的欲望……无论生产所必要的劳动量若干，它终不能有交换价值"①。

使用价值不是交换价值的尺度，但为交换价值的前提条件。这种见解是正确的，它表现出在这个问题上，李嘉图比亚当·斯密前进了一大步。

李嘉图同亚当·斯密一样，认为政治经济学应当研究的不是商品的使用价值，而是它的交换价值。

现在的问题是：商品的交换价值是由什么决定的呢？

李嘉图价值论所研究的是什么商品 李嘉图认为决定商品价值的有两个因素：该种商品的稀少性及生产它时所耗费的必要劳动。这种见解当然是错误的。因为他把稀少性也当作商品价值的一个决定因素了。在他的《政治经济学及赋税之原理》中，便有这种错误的见解："有用商品的交换价值，得自两个泉源——一个是稀少性，一个是生产所必要的劳动量。"②

李嘉图把所有的商品分为两大类。一类是劳动不能增加它的数量，其数量极有限的商品，"例如稀有的雕像、图画，稀有的书籍、古钱，又如珍贵的葡萄酒，其葡萄由特殊土壤栽培，其品质特殊，数量有限……"③；另一类是可以由劳动无限地增加其数量的商品。他认为第一类商品的价值是由其稀少性决定的，而第二类即市场上最多的商品的价值则是由劳动决定的。

从表面上看来，好像李嘉图是一个二元论者，因为他认为商品价值是由其稀少性及生产它的必要劳动决定的。其实不然，因为李嘉图并没有主张同一种商品的价值由两个因素决定，而只是把商品分为两大类，其中，少数的一类商品价值由稀少性决定，而最大多数一类商品价值则由劳动决定。关键的问题是：李嘉图是把这两类商品同等看待，都加以认真研究呢？还是只不

---

① 李嘉图：《政治经济学及赋税之原理》，郭大力、王亚南合译，中华书局 1949 年版，第 1 页。

② 李嘉图：《政治经济学及赋税之原理》，郭大力、王亚南合译，中华书局 1949 年版，第 1 页。

③ 李嘉图：《政治经济学及赋税之原理》，郭大力、王亚南合译，中华书局 1949 年版，第 2 页。

过着重研究其中某一类商品的价值？

李嘉图认为在市场上不能由劳动增加其数量的商品种类是不多的，最多的是可以由劳动无限地增加其数量的第二类商品。所以他所着重研究的也只是第二类商品，即可以由劳动无限制地进行再生产的商品。或如他自己所说："在讨论商品、商品的交换价值和商品相对价格法则的时候，我们所指的商品，既可由人力增加总量，又允许生产上的自由竞争。"①可见，我们不能把李嘉图看做一个二元论者，他始终坚持自己的研究出发点：商品价值由劳动时间决定这个原理。

李嘉图对亚当·斯密价值论的批判　李嘉图始终坚持商品价值由劳动时间决定这个原理，并根据这个原理发展了资产阶级古典政治经济学。这是他的一个大贡献。他对于亚当·斯密价值论的批判也是以这个原理为基础的。

我们知道，亚当·斯密认为，在资本尚未发生和土地尚未成为私有财产的原始社会内，一切财富皆由劳动所生产，因之，财富的价值也是由劳动决定的。但有时他认为决定财富价值的是这种财富生产时所耗费的劳动，有时又认为是利用这种财富所购得而支配的劳动。同时，亚当·斯密又认为在资本业已发生和土地成为私有财产以后，价值已经不是由劳动而是由工资、利润和地租这三种基本收入来决定了。对于亚当·斯密价值论的这两种见解，李嘉图都曾加以批判，而且在批判中发展了他自己的理论。现将他对亚当·斯密的批判分述于下。

首先，他批判了亚当·斯密混同耗费劳动和购得劳动，并认为它们都可以当做价值尺度的见解。在《政治经济学及赋税之原理》第3页上，他指出亚当·斯密的由耗费劳动决定商品价值的论点以后说："亚当·斯密如此正确地决定交换价值的本源时是不彻底的，……他不但没有首尾一贯地主张价值的大小须比例于生产时投下的劳动量，反而同时又树立别种价值标准尺度。说价值的大小，就看它能换得那种标准尺度若干。他所谓的标准尺度，有时是谷物，有时又是劳动；不过这里所说的劳动，已非生产该物时所须投下的劳动，却只是交换该物时所得而支配的劳动。在他看来，这两种劳动量似无多大区别。"

在这里，关键的问题是：生产某种物品时所投下的劳动和利用该物来交换时能够支配的购得劳动，在量上是否相等？亚当·斯密认为它们是相等的，

---

① 李嘉图：《政治经济学及赋税之原理》，郭大力、王亚南合译，中华书局1949年版，第2页。

因而他以为这两种劳动都可以当作价值尺度。李嘉图则认为它们是不等的，因而不能都作为价值尺度。他在上举的引文之后（也在第3页上）曾说，耗费劳动"往往能够指示他物价值的变动，是一个不变的标准"；而购得劳动"却是可变的，不能测定它物的变动"。由此可见，李嘉图坚持了他自己的出发点，认为购得劳动不能当作价值的尺度标准，价值是由耗费劳动决定的。因而，他得出结论："投在商品内的劳动量，支配商品的交换价值；劳动量增加，商品价值加大；劳动量减少，商品价值减低。"①总而言之，在李嘉图看来，商品的价值是同生产该商品时所耗费的劳动量或劳动时间成正比例的。同时，他又指出，生产一种商品究竟需要耗费多少劳动，这一方面取决于这种商品生产时的难易，另一方面则决定于该生产部门的劳动生产率的高低。如果某种商品生产困难，则生产时所耗费的劳动量就较多；反之，如果生产较易，则所耗费劳动就较少。如果劳动生产率提高，就可以相应地减少生产单位商品所耗费的劳动量。反之，则较多。所以，李嘉图又认为商品的价值与生产的难易成正比例，而与该生产部门的劳动生产率高低成反比例。

其次，李嘉图不同意亚当·斯密关于资本发生和土地成为私有财产以后商品价值不由劳动而由三种收入决定的说法。在李嘉图看来，原始社会中，猎人的弓箭、渔夫的木舟和捕鱼的工具，都是资本；制造这种种工具所耗费的劳动也是利用这种工具所生产的商品价值的一个决定因素。他曾说，猎人的"……猎获物的价值，不仅受支配于捕杀野兽所必要的时间与劳动，且须受支配于制造猎人资本即其武器所必要的时间与劳动"②。

顺便指出：第一，李嘉图同亚当·斯密一样把资本和生产资料即资本的一种物质形态混同起来了。亚当·斯密虽然已把这二者同样地看待，但还没有把原始猎人的弓箭和渔夫捕鱼的器具当作资本，而李嘉图却把它们都看作资本了。这种见解当然是极其错误的。也就由于这个原因，李嘉图遂认为在原始社会就已经有资本主义的生产关系了，这是他把资本主义生产关系绝对化、永久化的最明显的一种表现。第二，在这段引文中李嘉图明确指出，决定商品价值的不仅有这种商品生产时直接耗费的劳动，而且还有包含在生产这种商品时所使用的工具之中间接耗费的劳动。这无疑是李嘉图在劳动价值论上的一个重大贡献。关于这一点，下面还要详加说明。

---

① 李嘉图：《政治经济学及赋税之原理》，郭大力、王亚南合译，中华书局1949年版，第3页。
② 李嘉图：《政治经济学及赋税之原理》，郭大力、王亚南合译，中华书局1949年版，第10页。

正是由于李嘉图把资本主义关系绝对化和永久化，认为在原始社会也有资本和资本主义关系存在，所以他反对亚当·斯密的劳动价值论只适用于原始社会的说法，而主张在原始社会和资本主义社会都是适用劳动价值论的。他虽然同意在资本主义社会价值可分解为三种收入：工资、利润和地租；但他决不同意，价值由这三种收入构成的见解。

在这个问题上，比较一下这两位大经济学家的观点是很有意思的。

第一，他们都把原始社会理解错了：亚当·斯密把它当作简单商品生产的社会，而李嘉图则更错误地把它当作资本主义社会了。

第二，亚当·斯密认为在原始社会和资本主义社会不能适用同一规律，这是对的；李嘉图认为在这两种社会中可以适用同一规律，当然是错误的。

第三，亚当·斯密认为在原始社会可以适用价值规律，这是错误的，因为原始社会还不是商品生产社会，因此不可能有价值规律发生作用。即使在原始社会末期，物物交换也只是在原始共同体之间偶而发生，依然不可能发生价值规律。亚当·斯密之所以会发生这种错误，是由于他把原始社会看作简单商品生产社会了。李嘉图在这个问题上不仅与亚当·斯密有相同的错误，而且错得更严重，因为他把原始社会和资本主义社会同样地看待了。

第四，亚当·斯密认为在资本主义社会，价值规律不适用了，价值由三种收入决定了，这当然是极错误的。在这个问题上，李嘉图的见解是比较正确的，因为他坚持了商品价值由劳动时间决定这个出发点，认为在资本主义社会依然可以适用价值规律；在这个社会中，价值是根本的决定的因素，收入只是派生的被决定的因素。所以，价值虽可分解为三种收入，但它决不能由三种收入构成。这是李嘉图的经济理论比亚当·斯密的更进步、较科学的一种表现。正是由于李嘉图坚持了劳动价值论，他才能比较科学地指出工资和利润的矛盾。

二、价值与劳动

李嘉图虽然坚持商品价值由劳动时间决定这个出发点，而且前后一贯地认为商品价值的大小是同在该种商品生产时所耗费的劳动量成正比例的。但是决定商品价值的究竟是什么劳动呢？是在商品生产时事实上所耗费的劳动，还是必要劳动？是在生产时直接耗费的劳动，还是也包含间接耗费的劳动？如果也包含间接耗费的劳动，那么这两种劳动（即直接和间接耗费的劳动）在决定商品价值的作用上是否相同呢？各种性质不同的劳动在相等时间内所生产出来的商品价值是否相等呢？这许多问题可以归纳为下面三方面来研究。

异质劳动——简单劳动与复杂劳动 商品价值决定于劳动时间这个原理应用于性质相同的劳动，即应用于生产同种类商品的劳动，是不太困难的。因为劳动的性质既然相同，则在相同的劳动条件和同样努力的情形之下，耗费的劳动多，所生产出来的商品价值必然就较大；反之则较少。但是把这个原理应用于性质不同的劳动就比较困难了。例如，搬运砖瓦的劳动是比较简单的，而制造机器的劳动则复杂得多了。如果在同时间内耗费这两种劳动，而它们所生产的价值相等，那么，恐怕谁也不愿意从事机器生产而都去搬运砖瓦了。所以，事实上，简单劳动与复杂劳动在相等的时间内所生产出来的价值是不等的，即简单劳动所生产的价值比较小，复杂劳动所生产的比较大。这一点是为李嘉图所理解的。他在《政治经济学及赋税之原理》一书第一章第二节里，一开头就说："我说劳动是一切价值的基础，相对劳动量单独决定商品的相对价值，诸君或将责我忽视劳动品质上的差异，说我不知道甲业一时劳动一日劳动，难与乙业一时一日劳动比较。其实，要参照劳动者的比较的熟练和强度，评定劳动的品质，在市场上，决不是难事。为实际目的，市场上的评价，也够正确。这种评价表一经定立，即不易变动。宝石匠的一日劳动在昔较贵于普通劳动者的一日劳动，今仍较贵。在评价表上，它们各有适当的位置。"[1]

认为在相同时间内，复杂劳动所生产出来的商品价值大于简单劳动所生产的，这种见解是正确的。但是李嘉图对于这个问题的说明却是模糊不清而且错误的。第一，在上面的引文中，他不是明确地指出异质劳动在相等时间内所生产的商品价值为什么不等，而只是说明了异质劳动在评价表上各占不同的位置，也就是说，他以"劳动"的贵贱问题，即各种劳动者工资的高低问题去代替各种不同劳动者在同时间内所生产的价值大小不等的问题了。从形式上来看，他是坚持劳动价值论的；但从实质上来看，在这里他不自觉地成为他自己反对过的亚当·斯密的价值由收入决定这一论点之俘虏了。因为既然异质劳动在相等时间内所生产的商品价值之所以不等，是由于这各种劳

---

[1] 李嘉图：《政治经济学及赋税之原理》，郭大力、王亚南合译，中华书局1949年版，第8页。

动在评价表上所占的位置不同，即由于这各种劳动的贵贱不等或这各种劳动者的工资高低不同，那么，各种劳动者所获得的工资不就成为他们的劳动生产品价值大小之决定因素了吗？这正是曾经为亚当·斯密所主张而李嘉图自己所反对的见解。可见李嘉图的这种解释不但是错误而且是同他自己一贯坚持的价值由劳动时间决定这个原理相矛盾的。

第二，李嘉图认为各种劳动在评价表上的地位一经确立，即不易变动，这种见解也是片面的、不正确的。我们知道，在商品资本主义社会中，各生产部门的劳动生产力之发展是不平衡的。凡是劳动生产力发展得快，劳动生产率迅速提高的部门，每单位商品价值就会不断下降，从而会影响各种商品价值之对比关系，或如李嘉图所说的商品相对价值就会发生变化。例如，在历史上，黄金同白银的价值对比之所以时常发生变化，主要是由于生产这两种金属的劳动生产力发展不平衡。

关于异质劳动问题即关于简单劳动和复杂劳动在相同时间内为什么所生产的价值不等问题，只有马克思才首创地予以科学的说明。李嘉图似乎已感觉到他自己的解释是不很圆满的，因此，他希望"读者诸君注意研究的，仅是关于商品相对价值的变动，而不是关于其绝对价值的变动，所以……无须考察劳动品质的比较表"[①]。

直接劳动和间接劳动　所谓直接劳动是指在商品生产时所耗费的劳动，而间接劳动则指耗费在为生产某种商品所必须的生产资料上的劳动。例如，以缝衣来说，缝衣工人的劳动是缝制衣服的直接劳动；但做衣服还必须有布、针、剪和缝衣机等等生产资料，耗费在这些生产资料上的劳动，则为缝制衣服的间接劳动。

在李嘉图看来，直接劳动固然会影响商品的价值，间接劳动也有同样的作用。他说："在原始社会，猎人捕杀鸟兽，已需若干资本，不过这种资本，可由猎人自己积累而得。没有武器，海狸野鹿都不得而捕杀。"[②]武器即李嘉图所说的原始社会里猎人的资本，所以，他认为不仅猎人行猎时所耗费的劳动，而且在这种武器生产时所耗费的劳动，都是决定商品价值的因素。他还认为不管这种生产资料（在上例中的武器）是生产者自己的，还是由资本家投资供给的，"商品的交换价值，与其生产时投下的劳动量为比例这个原理依

---

① 李嘉图：《政治经济学及赋税之原理》，郭大力、王亚南合译，中华书局1949年版，第9页。
② 李嘉图：《政治经济学及赋税之原理》，郭大力、王亚南合译，中华书局1949年版，第10页。

然是正确。不过这里所谓劳动，不仅是直接投在商品内的劳动，劳动又须有各种器械援助。投在这等器械内的劳动，也须包括在内"①。

认为决定商品价值的不仅有直接劳动，还有间接劳动，这是李嘉图在劳动价值论发展上的一个大贡献。但是在这里，还有两个问题，必须加以研究：1. 直接劳动和间接劳动既然都会影响商品价值，那么，它们在价值生产上的作用是否相同呢？2. 这两种劳动都是在商品生产时所耗费的，那么，它们究竟是如何进行的呢？

关于第一个问题，李嘉图是注意到了。根据他的理论，能够生产价值的只是直接劳动，间接劳动是不能生产新价值的，不过把原有的价值转移到新生产出来的商品上去而已。他曾说："因更难接近海狸，……制造捕狸武器比制造捕鹿武器，需要更多劳动。一头海狸的价值，自然也较多于二头野鹿。因为合计起来，捕获一头海狸所必要的劳动，实多于捕获二头野鹿。假使制造这二种武器所必要的劳动量相等，其耐久力却不等。耐久器具仅以小部分价值，移入所产商品内，不耐久的器具，却以更大部分的价值，实现于所产商品内。结果也当如此。"②从这段话中可以看出：第一，如果耗费在生产资料内的劳动较多，则在其他相同的条件之下，转移到利用这种生产资料所制成的商品上去的价值也必然较多。第二，如果某种生产资料使用的时期较久（即耐久力较强），则转移到新产品上去的价值就比较少。可见，间接劳动即投在生产资料上的劳动不能生产新价值，只不过把原有的价值局部地（或全部地）转移到新生产的商品上去；所以，它与能生产价值的直接耗费的劳动是有不同的作用的。

至于第二个问题，即直接劳动和间接劳动在同一劳动过程如何进行耗费的问题，或者更明白地说，由直接劳动创造新价值和间接劳动的一部分（即一部分生产资料的价值）之转移如何能在同一劳动过程进行的问题，李嘉图不但没有加以研究，而且也没有提出。

这个问题，是由马克思提出而且加以科学地解决的。根据马克思劳动二重性的学说，生产商品的劳动是具体的同时又是抽象的。作为具体劳动，它在生产过程中创造使用价值，同时就把生产资料的价值全部或部分地转移到新生产的商品上去；作为抽象劳动，它在生产过程中创造新价值。

---

① 李嘉图：《政治经济学及赋税之原理》，郭大力、王亚南合译，中华书局1949年版，第11页。

② 李嘉图：《政治经济学及赋税之原理》，郭大力、王亚南合译，中华书局1949年版，第10页。

李嘉图虽然是一个资产阶级古典派的大经济学家，但是他没有而且也不可能有关于劳动二重性的学说，因此，也就不能提出和科学地解决关于新价值的创造和旧价值（即体现在生产资料中的价值）的转移如何能够在同一劳动过程进行的问题。

我们已经知道，李嘉图是代表工业资产阶级利益的经济学家，他坚持了劳动价值论，而且在这个理论的基础上指出工资和利润的矛盾（从而也就是资产阶级和无产阶级之间的矛盾），作出了科学的贡献。他虽然已看出资本主义的内在矛盾，但由于他的阶级性的限制，终究不能更深入分析和研究这些矛盾。资本主义的一切矛盾都萌芽于商品的二重性的矛盾，而后者又体现了并且决定于劳动二重性的矛盾。因此，无论李嘉图自己或他的后继者，凡是代表资产阶级利益的经济学家，都不可能有劳动二重性的学说。

必要劳动 根据李嘉图的价值论，商品价值是由生产它时所耗费的劳动量决定的。但是由于生产条件的不同，每个生产者生产同种类的每单位商品所耗费的劳动时间绝不是相同的。有的由于条件比较优越，生产每单位商品所耗费的时间就比较短，反之，条件差的就比较长。因此，就发生一个问题：决定商品价值的是不是每个生产者在生产时实际上所耗费的劳动呢？李嘉图认为决定商品价值的不是每个生产者实际上所耗费的劳动，而是必要劳动。

李嘉图所说的必要劳动与马克思主义政治经济学上所讲的社会必要劳动是有本质上的区别的。第一，社会必要劳动从其性质来说是抽象劳动；李嘉图是不知道劳动二重性，因而也不理解抽象劳动的。第二，所谓社会必要劳动是指商品社会中在最普遍、最一般和中等的生产条件之下，具有一般的、中等的熟练程度的生产者，在普通劳动强度之下生产每位商品所耗费的抽象劳动。而李嘉图所说的必要劳动则是指在最不利的条件之下生产每单位商品所耗费的最大劳动。

他自己曾说："是制造品、是矿产、抑是土地生产物，可以不问。在有利条件下生产商品，换言之，在生产上若有特殊便利，所需投下的劳动量必较小。在极不利条件下生产商品，换言之，在生产上若无特殊便利，所需投下的劳动量必较大。决定商品交换比例的，决不是前一场合下的较小劳动量，只是后一场合下的较大劳动量。"[①]李嘉图的这个论断，用来说明农产品价值大小的决定是可以的；但是用来说明工业品价值大小的决定则是错误的。因

---

① 李嘉图：《政治经济学及赋税之原理》，郭大力、王亚南合译，中华书局 1949 年版，第 37-38 页。

为工业品的价值量不是如李嘉图所说由较大的劳动量来决定，而是由社会必要劳动量决定的。

三、价值与交换价值

马克思的劳动价值论教导我们：由于生产资料的私有制和分工的发展，劳动生产品遂采取了商品形态。商品的二重性则体现了而且决定于劳动二重性。价值的实体或基础是抽象劳动，价值量则决定于社会必要劳动。但是某种商品的价值不能直接由物化于其中的劳动量直接表现出来，而必须由其他与之相交换的商品的使用价值来表现，因此，交换价值就成为价值的表现形态。

这一切大都为大卫·李嘉图所不知道。他虽然也知道价值和交换价值的区别，但他所使用的术语既很混乱，又很不理解价值和交换价值的内在联系，即不明白价值为什么要由交换价值来表现。现在分为下列各方面来说明。

李嘉图所用术语之混乱　大体上，李嘉图是用价值、绝对价值和真正价值这些术语来表示价值；用交换价值、相对价值和比较价值等术语来表示交换价值的。但是由于他应用这些术语的混乱，有时他所说的相对价值和交换价值，其实是指绝对价值或价值而言的。例如在《政治经济学及赋税之原理》一书的第六页上他说："……决定诸商品相对价值的是劳动所能生产的商品量……"又如在同书第十一页上他说："……商品的交换价值，与其生产时所投下的劳动量成比例……"在这些地方他所说的相对价值和交换价值，其实就是价值或如李嘉图自己所说的绝对价值。因为由劳动所能生产的商品量决定，且与投下的劳动量成比例的都是价值而不是交换价值或相对价值。假设缝衣工人一天花了十二小时做成两件衣服，即做每件衣服要耗费六小时，为这六小时耗费劳动所决定的正是生产一件衣服的新价值，而不是这件衣服的相对价值；假如缝工做成一件衣服不是耗费六小时，而是耗费七小时或五小时，那么制成一件衣服时所生产的新价值就成比例地比原来的新价值大六分之一，或小六分之一。所以与耗费劳动成比例的也不是交换价值而是价值。这正如李嘉图自己说的："商品价值的涨跌，与生产难易成比例，换言之，与生产上投下的劳动量成比例。"①在上述引文中李嘉图所说的交换价值，就是在这段引文中所说的价值。

价值和交换价值的区别　李嘉图运用术语虽然有些混乱，但是他很清楚价值和交换价值的区别。在他看来，一种商品的价值量是由在这种商品生产时所耗费的劳动量决定的。而一种商品的交换价值，则既可由于生产这种商品时所耗费的劳动量之变化而变化，也可由于与此商品相交换的其他商品在生产时所耗费的劳动量之变化而变化，还可由于这两者同时变化而变化，但在这两者发生同方向、同速度的变化时，这种商品的交换价值却依然不变。所以，他在《政治经济学及赋税之原理》第六页上这样说："二种商品的相对价值变动了，我们就要知道这种变动究竟是从哪方面发生的。"试以李嘉图自己所举的例子来说明：假设一件上衣原来只能交换四顶帽子，现在却可以交换到五顶。所以上衣的交换价值变化了。这种变化可以由于上衣的价值增加而发生（比方说制成一件上衣所耗费的劳动增加了四分之一），也可以由于帽子的价值减少而发生（比方说每顶帽子生产时所耗费的劳动减少了五分之一），或者由于上衣的价值稍有增加和帽子价值稍有减少而发生。假如上衣和帽子的价值同时都增加四分之一，或者同时都减少五分之一，则它们的价值虽然都已经发生变化了，但它们的交换价值则依然不变，就是说，一件上衣还是可以交换到四顶帽子。

价值和交换价值的内在联系　李嘉图在使用交换价值、相对价值这种术语时，意义是不明确的：有时他所说的这种术语其实是指价值；有时却又指交换价值了。但是大体上他是知道价值和交换价值这两个概念之区别的。在他看来，价值是包含在商品中劳动时间的表现，而交换价值则是某种商品价值在跟它相交换的其他商品的使用价值上之表现。

可是，李嘉图终究不知道价值和交换价值的内在联系，或者如马克思所说，他"不曾由商品的分析，尤其是商品价值的分析，发现那使价值成为交换价值的价值形态"②。

这是李嘉图以及资产阶级古典政治经济学家们的共同缺点。李嘉图的价值理论为什么会有这个缺点呢？这是因为：

第一，他只是进行量的分析，说明了价值量的规定，而没有进行质的研

---

① 李嘉图：《政治经济学及赋税之原理》，郭大力、王亚南合译，中华书局 1949 年版，第 213 页。
② 马克思：《资本论》第 1 卷，人民出版社 1957 年版，第 64–65 页注 32。

究。马克思曾说:"李嘉图的缺陷是,他只考察价值量,从而只注意不同诸商品所体现并且当作价值所包含的相对劳动量。但是,包含在它们里面的劳动,必须表现为社会的劳动,表现为已经让渡的个别劳动。……个别私人的包含在商品内的劳动,要转化为同一的社会的劳动,从而,转化为可以表现在各种使用价值上,可以和一切物交换的劳动。这种变化,即问题的质的方面,……李嘉图全然没有说明。"①既然李嘉图只是在量上来分析商品价值,没有在质的方面加以研究,就必然会把价值形态当作同商品性质完全没有关系的、外来的东西了。他之所以在不同意义上使用交换价值、相对价值的术语,其原因也就在此。因为从量的方面来考察,商品价值的绝对的表现就是包含在商品中的劳动时间的表现,但是商品价值是不能直接由劳动时间表现出来的,因此,不能不采取相对的形态而表现在与之相交换的其他商品上了。

第二,李嘉图把资本主义的生产关系绝对化、永久化了,认为这是从原始社会以来久已有之的自然的生产关系,因此,就看不出资本主义生产方式的特殊性。而劳动生产物的商品形态,生产商品的劳动之价值形态,则不但是资本主义生产方式之最抽象和普遍的现象形态,并且它还使资本主义生产方式具有历史性的特征。李嘉图既然没有看出资本主义生产方式的历史特殊性,也就看不出商品形态的特殊性和价值形态的特殊性了。马克思曾经指出:李嘉图之所以不理解价值和价值形态的内在联系,不仅因为他的注意力"完全被吸引到价值量的分析上去了,还有更深的理由。劳动生产物的价值形态,不仅是资产阶级生产方式最抽象的并且是最一般的形态。资产阶级生产方式当作一种特别的社会生产,就是由此取得历史特征的。如果我们把这种生产方式看作是社会生产的永远的自然形态,我们就必致于看掉价值形态的特殊性,以致把商品形态的特殊性,把更发展的货币形态、资本形态等等的特殊性都看掉"②。

四、价值与生产价格

在简单商品生产的条件下,小商品生产者自己占有生产资料,亲自劳动

---

① 马克思:《剩余价值学说史》第3卷,生活·读书·新知三联书店1957年版,第151页。
② 马克思:《资本论》第1卷,人民出版社1957年版,第65页注32。

来生产各种商品；他既没有受别人剥削，也没剥削别人；他是为价值而生产的。因此，在这种条件下，价值直接成为市场上商品价格涨落的中心，而价值规律也是直接调节商品生产的。但是在资本主义生产方式之下，情形就不同了。资本家占有生产资料，而直接生产的则是丧失生产资料因而不能不出卖自己的劳动力给资本家以勉强维持其生活的无产者。在这情形下，资本家不仅为价值，更重要的是为剩余价值的生产而经营各种生产事业。因此，价值就变形为生产价格而成为市场价格涨落的中心；价值规律则变形为生产价格规律，从而发挥调节资本主义生产的作用。

李嘉图所研究的虽然是资本主义的生产关系，但是他把这种关系永久化，认为在原始社会就早已有这种关系了。因此，他就没有从资本主义的生产关系以及体现这种关系的各个经济范畴之发生、发展方面去研究。当他在《政治经济学及赋税之原理》的第一章中研究价值时，就同时研究了生产价格。他不知道，从价值到生产价格的历史发展过程和逻辑过程。结果，就把这两个虽然有密切关联但毕竟各有不同的具体内容的经济范畴（即价值和生产价格）等同起来，因此，他的理论遂发生了李嘉图自己以及所有资产阶级经济学家都不能克服的矛盾。

价值与生产价格的混同及其原因 我们知道价值是由社会必要劳动决定的，根据李嘉图的理论，价值则是由在商品生产时所耗费的劳动时间决定的；而生产价格则是由生产费加平均利润这两个因素构成的。从整个社会来看，所有商品的总价值虽然和其总的生产价格相一致，但从各个生产部门来看，则由于资本有机构成和资本周转速度的不同，商品的价值和生产价格就不等了。李嘉图自己并不知道，从而也没有使用生产价格这个术语，但他所说的自然价格，有时是指价值，有时按其实质来说则又是生产价格了。因而，他就把价值和生产价格两者混同了。例如，在他所著的《原理》（即《政治经济学及赋税之原理》，以后统仿此）第四章中讨论自然价格与市场价格时，一开头这样说："劳动虽为商品价值的基础，商品生产所必要的比较劳动量，虽为商品交换比例的决定因素，但商品现实的市场价格，与本来的自然价格，尽可有偶然暂时的差异。"同威廉·配第、亚当·斯密一样，李嘉图在这里所说的自然价格其实就是价值。可是，在《原理》第五十五页上，他却又说："假若一切商品都按照自然价格出售，各业资本的利润率，自必相等。"在这里，李嘉图所说的自然价格已经不是价值而是生产价格了。因为在这里所说的自然价格是由生产费（资本）和平均利润（利润率相等）这两个因素构成的。

同时，李嘉图坚持了商品价值由劳动时间决定这个原理，认为工资增减不会影响商品的价值，只会影响利润的减增。在这种情形下，他所说的利润其实就是剩余价值。因为根据劳动价值论，如果在生产时所耗费的劳动时间不变，则劳动所创造的价值也不会变化，但这种新价值所分解的两部分，即工资（可变资本）和剩余价值却可以发生相互的反变化：工资增加，剩余价值就会相应地减少，工资减少则剩余价值就会相应地增加。可见，这里李嘉图把利润和剩余价值混同了。但在《原理》第五十三页上他所说的利润则无论在量上和质上都是与剩余价值不同的平均利润了。他是这样说的："各人既有随意投资的自由，他自然会斟酌什么是最有利的用途。假设资本改业，可收利润百分之十五，他自然不能满意于百分之十的利润。"我们知道，在资本主义生产方式之下，各个企业在生产过程所生产的剩余价值是包含在该企业所生产的商品中的，而各企业所得到的平均利润，则在量上不一定等于本企业中工人所生产的剩余价值，可能比这大，也可能比这小；在质上来说，它是全部剩余价值在所有产业资本之间再分配的结果。由于李嘉图所说的利润有时是指剩余价值，有时则指平均利润，因此，就把价值和生产价格混为一谈了。

李嘉图为什么会把价值和生产价格混同起来呢？首先，主要原因是由于他把资本主义生产方式和生产关系永久化、绝对化了，因此，他不是从这种生产方式的起源方面开始研究，也就不知道由价值到生产价格的历史发展过程了。其次，从方法论上来看，从价值到生产价格有许多中间环节：剩余价值、利润、利润率及其平均化和平均利润。李嘉图并没有研究这些中间环节，就由价值跳到生产价格。本来，生产价格是价值的变形，而又建立在价值基础上的，可是李嘉图却把它们同样看待了。结果，遂把这二者混同起来，而发生他自己无力解决的矛盾。

价值和生产价格的混同及因此而发生的矛盾 李嘉图坚持自己的劳动价值论，认为商品的价值只是由这种商品生产时所耗费的劳动量决定的；工资的增减只会相应地引起利润的减增，绝不会使商品价值发生变化。可是只有在资本有机构成相同，或如李嘉图自己所说，各个企业都把全部资本用以购买劳动力或者它们所采用的机器及固定资本耐久程度相等，以及它们的资本周转速度相同这两个条件下，它们所生产的商品价值及其生产价格才会相等。但是各企业的资本有机构成既不能相等，而它们的资本周转速度也不会都相同，因此，它们所生产的商品价值与其生产价格就必然会发生差异，而李嘉图由于混同了价值和生产价格，把生产价格也当作价值，因而就觉得，他的劳动价值论有加以"修正"的必要了。

《原理》第一章第四节的标题，就是这样的："生产商品的劳动量，支配商品的相对价值。但因采用机器及固定耐久资本，这个原则的运用，遂大受修正。"

李嘉图举这样的例证来说他的"修正"：

首先，假设有两个资本家，各雇 100 个工人，劳动一年，工资总额各为5000 元，年利润率各为 10%；其中一个资本家是经营农业的，另一个则制造机器。一年劳动的结果，第一个资本家的谷物价值①和第二个资本家的机器价值是相等的，各为 5500 元。第二年的情况是：第一个资本家雇 100 个工人，他们在农业中所生产的谷物价值依然为 5500 元，因为他与第一年时一样，依然没有采用固定耐久资本；可是，第二个资本家则是利用第一年所生产的机器来经营纺织业，他虽然也只雇用 100 个工人，但第二年所生产的纺织品价值则大于 5500 元，因为这个资本家在其企业中还采用了 5500 元的机器，它的年利润 550 元（即 5500 元的百分之十）也应加入纺织品的价值中去，所以，其价值不是 5500 元而是 5500 加 550 等于 6050 元。最后，李嘉图说，生产谷物和纺织品的劳动量虽相等，但生产它们时所采用的固定耐久资本量则不同，因此，它们的价值也就不等了②。这里，李嘉图所说的价值，其实是生产价格。

从这个例子可以看出：根据劳动价值论，这两个资本家所经营的企业，在第二年既然由等量劳动（各为 100 个工人的一年劳动）所生产的谷物和纺织品价值是应该相等的，如果这样，则等量资本就得不到等量利润了（因为第一个资本家用了 5000 元资本，得到 500 元利润，即利润率 10%，而第二个资本家则用了 5000 元（雇用工人）+5500 元（机器）=10500 元，如利润也只 500 元，则利润率还不到 5%）。如果按照等量资本获得等量利润，即按照生产价格来说，则等量劳动所生产的价值就不等了。这是为李嘉图及其后继者所不能解决的一个矛盾。

其次，李嘉图从劳动价值论出发，坚决认为工资增加只会引起利润下降，不会引起价值提高，反之，如果工资下降也只会使利润上升，绝不会引起价

---

① 李嘉图在这个例子中只注意到由工人所创造的新价值，并没有计及生产资料价值的转移部分。

② 李嘉图：《政治经济学及赋税之原理》，郭大力、王亚南合译，中华书局 1949 年版，第 18-19 页。

值降低。可是，他又认为，在上例中，如果由于工资提高致使利润率从 10%降至 9%，那么，谷物的价值虽然不致因此而发生变化，但是纺织品的价值则受到影响了。因为当利润为 10%时，在纺织业中所用 5500 元固定资本的利润为 550 元，现在利润率降至 9%，它的利润就不是 550 元，而只有 5500×9%＝495 元了。因此，纺织品的价值就不再是 6050 元而只 5995 元了。李嘉图在总结这个论点时说："工资腾落，将在什么程度上引起货物相对价值的变动呢？那是取决于固定资本在全部资本中所占的比例。一种商品生产，若须用昂贵机械和昂贵房屋，或须历时长久，其相对价值必因工资腾贵而跌落；反之，若主要由劳动生产，且能迅速上市，则其相对价值，必因工资腾贵而腾贵。"①

上面所说的是关于因资本有机构成不同而发生的生产价格和价值之矛盾。此外，由于资本周转速度不同也会发生同样的问题——李嘉图自己对于这个问题是这样表述的："生产二商品的劳动量虽相等，若不能同时上市（即周转速度快慢不同——引者），其交换价值必不相等。"②

假设有甲乙二个资本家，他们的资本量相等，每人各有 2000 元；不过甲的资本中有一半是一年周转一次，另一半则二年周转一次，那是因为他在第一年用 1000 元资本雇用二十个工人进行生产，但这种产品必须于第二年再用 1000 元资本雇二十个工人才能完成、上市；而乙 7 的资本则全都是一年周转一次的，因为他用 2000 元资本雇用四十个工人来生产，当年就可以把商品制成、上市。再假设利润率为百分之十。那么，甲乙两资本家的商品虽然都是由四十个工人一年的劳动所生产的（在甲的场合，第一年二十个工人，第二年也是二十个，合起来，就等于四十个人一年的劳动了），但它们的价值却不等，即甲资本家商品的价值为 2310 元（甲资本家第一年用去 1000 元资本，加上 10%的利润，到第二年开始时，已变成 1100 元，所以与第二年新投入的合计起来，他已共投入 2100 元，这是第二年所投入的总资本，再加上 10%的利润就为 2310 元了），而乙资本家的商品价值则为 2200 元（2000 元＋2000 元×10%＝2200 元）。这就是说，等量劳动所生产出来的价值不等了。这是根据李嘉图自己所举的例证来说明由于资本周转速度不同而发生生产价格与价值之间的矛盾的。

① 李嘉图：《政治经济学及赋税之原理》，郭大力、王亚南合译，中华书局 1949 年版，第 19 页。
② 李嘉图：《政治经济学及赋税之原理》，郭大力、王亚南合译，中华书局 1949 年版，第 20 页。

再次，我们也可依上述李嘉图自己说明的方法来阐明，由于工资提高，甲乙两个资本家商品的相对价值也会发生变化。本来这两种商品的价值之比是：2310:2200。但若由于工资提高致使利润率由原来的10%下降到9%。在这种情形下，乙资本家商品的价值，依然为2200元，因为工资提高只会影响其利润率下降，但不会影响这些商品的价值。可是，甲资本家商品的价值，却不再是2310元，而下降为2309元了，这是因为甲比乙多投入的100元资本，其利润不再是10元而只有9元了（2200+100+9=2309）。因此，这二种商品的相对价值不再是2310:2200，而是2309:2200了。就是说，由于工资提高，使资本周转速度慢的企业所生产出来的商品的价值相对地下降，而资本周转速度快的企业所生产出来的商品的价值相对地提高了。

总而言之，李嘉图的所谓"修正"包含两个内容。第一，他本来坚决主张商品价值是由劳动时间决定的，因此，必然得出"等量劳动生产出等量价值"的结论，他现在修正为：由于资本有机构成不同或资本周转速度不等，等量劳动所生产出来的商品的价值不一定相等。第二，他本来认为工资变化只会影响利润之相反的变化，但不会影响价值的，现在他却修正为：由于资本有机构成不同或资本周转速度不等，工资提高会引起资本有机构成比较高（或如李嘉图自己所说的固定耐久资本的比重比较大）或资本周转速度比较慢的企业所生产出来的商品价值会相对地下降。

这种"修正"暴露出李嘉图没有足够的抽象力；同时，也暴露出他无力解决由于混同价值和生产价格而发生的矛盾。

等量劳动所生产出来的商品价值为什么会不等呢？工资变化为什么会影响商品的相对价值呢？关键在于李嘉图以既定的利润率（10%或9%）为前提来说明价值问题。

为什么谷物和纺织品都是由100工人一年劳动生产出来，而它们的价值却不等（前者为5500，后者为6050；相差550）？为什么甲乙两个资本家各雇用四十个工人，他们一年的劳动所生产出来的商品价值不等（甲的为2310，乙的为2200；相差110）？其原因，就在于以平均利润的存在为前提，在商品价值中加进了平均利润：就前一个例子来说，在纺织品价值中加了5500固定资本的10%利润即550；从后一个例子来说，甲资本家的商品价值中加进去了他第一年所用1000元资本的10%利润100元以及这些利润在第二年转化为资本时又获得10%利润10元，即一共加进去110元。

工资增加为什么会影响由资本有机构成不同或资本周转速度不等的企业

所生产出来的商品的相对价值呢？其原因还是在于平均利润方面。就前一例子说，工资增加使平均利润从 10% 下降到 9%，对于谷物价值并无影响；纺织品价值之所以会从 6050 下降到 5995，是因为固定资本的利润从 550 下降到 495 了；从后一例子说，工资和利润的这种变化对乙资本家商品的价值并没有影响，甲资本家商品价值之所以会从 2310 降至 2309，是由于他的资本中有 100 元的利润从 10 元降至 9 元了。

一句话，使李嘉图要"修正"他的劳动价值论的原因在于他没有足够的抽象力——在说明价值时没有抽象掉平均利润。马克思曾说：李嘉图"在他只要说明价值，从而只要说明商品自体的地方，居然把一般利润率和一切由比较发展的资本主义生产关系生出来的前提，引进来"①。

资本有机构成高低不同、资本周转速度快慢不等，这都是"由比较发展的资本主义生产关系生出来的前提"，而平均利润，则是由于这些前提以及自由竞争规律发生作用，从利润（即个别利润）转化来的，而利润又是剩余价值的一种转化形态。因此，从价值到生产价格必须通过许多中间环节。李嘉图一方面由于没有足够的抽象力，以致不能在说明价值时把平均利润抽象掉，另一方面，由于他把平均利润不是看作历史发展的结果，而是看作既存的事实来把握，以致把生产价格（平均利润就是其构成因素之一）和价值直接等同起来，而漏掉它们之间的许多中项。因而，就产生了价值和生产价格之间的矛盾了。

价值与生产价格之间的矛盾，或者更确切些说，在价值规律和生产价格规律之间的矛盾，是李嘉图、他的后继者和任何资产阶级经济学家所不能解决的矛盾。只有马克思才科学地解决了这个问题。

---

① 马克思：《剩余价值学说史》第 2 卷，生活·读书·新知三联书店 1957 年版，第 58 页。

萨伊的《政治经济学概论》概述*

马克思在《资本论》第一卷第二版跋中曾经指出：1830 年是资产阶级古典政治经济学崩溃和庸俗政治经济学兴起的"分水岭"。这是指它们在资产阶级经济学界所占支配地位的更替而说的。其实，资产阶级庸俗政治经济学在 19 世纪初叶早已在英法两国产生了。

18 世纪末法国资产阶级的大革命推翻了封建统治，并为资本主义的发展创造了有利条件。但是，由于革命发展过程中阶级斗争的日益尖锐化，尤其是在雅各宾党掌握政权时期所采取的一些激进措施，资产阶级的反动本性很快暴露出来，它从反对封建贵族的革命者变成为反对劳动人民和小资产阶级左翼的反革命阶级了。在这种历史条件下，法国的资产阶级向代表它自己利益的经济学家们提出创立适于替资本主义制度辩护的庸俗政治经济学的任务。如马克思所教导的，这种庸俗政治经济学的特点是："……只在外观上的联系上面转转，为了想要给最常见的现象以表面上也说得过去的说明，并且为了资产阶级日常的需要，像反刍一样，不绝咀嚼科学经济学许久以前已经供给的材料，……又只把资产阶级生产当事人关于他们自己的最善世界所抱的平凡而自大的见解组织一下，墨守着，并称其为永远的真理。"①

萨伊（1767—1832）是完成这个任务的最适当的人。因为他的出身、所受的教育及其大部分实际活动都同"资产阶级生产当事人"有着密切的联系。

萨伊出生于里昂一个大商人的家庭，很早就从事商业活动。不久去英国，他的教育是在英国时期完成的。他在那里既亲自看到了英国产业革命发展的情况，也可能读到亚当·斯密的《国民财富的性质和原因的研究》。

1789 年发生的法国大革命开始时很吸引他，尤其是当大资产阶级执政时

---

* 本文选自《汉译世界学术名著评论集》第一集，商务印书馆 1988 年版。原文是作者 1963 年为萨伊《政治经济学概论》写的中译本序言。

① 马克思：《资本论》第 1 卷，人民出版社 1953 年版，第 65 页脚注。

期，他更为兴高采烈，积极拥护。但是当雅各宾党上台以后，他就离开革命而且成为它的反对者了。

在 1794 年到 1799 年间，萨伊主编《哲学、文艺和政治旬刊》，并且在该杂志上发表过很多有关经济问题的论文。1803 年发表他的代表作《政治经济学概论》。这部著作，由于反对拿破仑的经济政策，曾被禁止重印。直至拿破仑失败法国王朝复辟，才于 1814 年再版。在萨伊生前，共出过五版（以后三版，分别于 1817、1819 和 1826 年印行），几乎每重版一次都有修改。我们将讨论的这部中文译本是按法文第四版翻译的英文本转译的。

从 1805 年起，萨伊从事工商业活动——开办新型纺纱厂。到 1813 年才恢复研究工作。在拿破仑失败以后不久，他即开始讲授政治经济学，并于 1817年发表《政治经济学精义》——这是上述《政治经济学概论》一书的缩本。在 1828—1830 年间，萨伊又把他的讲稿编成了六卷本的《政治经济学教科书》。这部巨著所论及的范围虽然很广泛，但是它的基本经济观点则是同《政治经济学概论》一致的。

一

萨伊的《政治经济学概论》由《导论》和第一篇《财富的生产》、第二篇《财富的分配》、第三篇《财富的消费》共四部分构成。这种结构就是这本书的副题所以标为《财富的生产、分配和消费》的原因。

萨伊自己是极重视《导论》的。他在《导论》中先是规定了政治经济学的对象和研究时应当采用的方法。接着以比较多的篇幅概述从色诺芬起一直到与他同时代的经济学家止的关于政治经济学发展的略史。在这里，他特别推崇亚当·斯密。这是很自然的。因为他自己是以亚当·斯密理论的解释者和通俗而又系统化的作家自居的。同时，他又指出亚当·斯密著作的一些错误或缺点。特别值得我们注意的是：他认为亚当·斯密的劳动价值论是错误的，并说斯密的著作"缺乏条理"。在这部分里，他还批评了李嘉图的抽象法。最后，他说明了政治经济学的重要性，认为从国王大臣们一直到普通公民都应熟悉政治经济学。因为当统治者同被压迫、被剥削的人民"对他们的各自利益知道得比从前更清楚时，他们就会发现这些利益并没有矛盾"①。不然，则"……人民铤而走险，……听信恶言，建立更坏的制度"（第52页），那就不好了。从这里可以看出，他对雅各宾党执政时期的激进措施，尚心有余悸，也可以看出他写这本书的目的究竟是为了什么了。

第一篇虽然标题为《财富的生产》，但从内容上看，萨伊在这一篇中所论述的范围是极广泛的。除生产领域的各种问题外，举凡有关商品流通、经济政策、对外贸易以及货币等等问题的讨论，都包含在内。

照萨伊自己的说法，这一篇可分为二大部分。

第一部分从第一章到第十三章止，着重说明为进行生产所必不可缺少的各种生产要素。他从财富的定义以及财富同价值的关系开始阐述，并说明了生产的意义，接着分别讨论他所谓的生产的三个要素：劳动、资本和自然力尤其是土地。然后进一步指出：一切劳动的分类；生产三要素的作用——所谓生产性的服务；分工的利弊；资本的变形以及资本的形成和增加。最后论述所谓无形产品。

第二部分包括从第十四章起以下的九章。照萨伊自己所说，这一部分是"探讨对生产起作用的各种外来和偶然原因以及阻碍或助长生产要素的作用的外来和偶然原因"（第136页）的。他首先肯定了，只在私有财产不受侵犯的条件下，生产三要素才能发挥其最大生产力。其次，发表了不可能发生普遍生产过剩危机的谬论。他在这一部分中讨论对生产发生作用的各种外来原因时，着重反对了政府的干预经济活动和拿破仑的经济政策，论证"干涉本身就是坏事"（第189页）和"利己主义是最好的教师"（第186页）这种资产阶级生产当事人的平凡而自大的"真理"。最后，以二章的篇幅阐明货币流通和信用问题，也不过"咀嚼科学经济学许久以前已经供给的材料"而已。

第二篇《财富的分配》。萨伊认为分配的对象是价值，因而他首先说明价值、收入的来源和价格的变动。然后指出分配怎样进行，并分别阐释同生产三要素相对应的三种收入。最后提到产品数量对人口的影响。

第三篇《财富的消费》。萨伊首先说明消费的种类和结果，然后提到个人消费的动机和结果。他在这一篇中所着重探讨的是所谓公共消费。但实际上他所说的是关于国家开支的各种费用、课税和国债等财政问题。

---

① 萨伊：《政治经济学概论》，商务印书馆1963年版，第50页，以后凡引自此书的语句，均只注明页次，不再指出来源。

二

资产阶级经济学说史家把萨伊在经济学说史中的地位捧得很高，认为他是亚当·斯密学说的继承者和在西欧大陆的传播者，并把他当作古典经济学家之一。他们所根据的就是萨伊的这部《政治经济学概论》。

亚当·斯密的《国民财富的性质和原因的研究》中固然是以财富即物，以及物与物之间的关系为其研究对象，但他所着重研究的是在资产阶级社会中的财富，也没有故意避而不谈人与人之间的关系。他在这方面的缺陷是把人与人的关系和物与物的关系混同起来，而不知道，人们之间的关系是通过物的关系表现出来的。萨伊在这本书的《导论》中一开始讲到研究对象时，就特别强调政治经济学应当和"研究社会秩序所根据的原则的政治学"（第15页）分离开来。就是说他主张经济同政治分开，使经济活动免受政治的干预而得以自由地进行。他之所以会抱这种主张，诚然是借此来反对拿破仑的尤其是雅各宾党执政时期的政治，而更重要的原因则在于，抽去社会和阶级的具体内容而抽象地空谈一般经济问题，以便于掩盖资本主义的内在矛盾和资本家对无产阶级的剥削关系，从而庸俗化了亚当·斯密的理论而奠定了资产阶级庸俗政治经济学的基础。

大家知道，亚当·斯密的著作是充满着矛盾的，在他的著作中，既有科学的成分也有庸俗的因素。萨伊所继承的只是其中庸俗的因素，而对其中的科学成分则或者弃置不谈，或者加以反对。

亚当·斯密的著作虽然是有许多缺点、错误和矛盾的，但它有自己的逻辑体系，而且研究的对象和总的自由主义的精神是始终贯彻全书的。可是，萨伊并不懂得《国民财富的性质和原因的研究》这部书的逻辑结构。他在评论这部杰出的著作时指出：它"……只不过是一大堆杂乱地放在一起的……不齐整的奇妙的创造性理论"（第19页），"许多地方都欠明晰，全部著作都缺乏条理。要想透彻了解他，就必须把他的见解加以整理，细细体会"（第31页）。

看来"整理"是必要的了。萨伊是从这门科学的研究对象开始"整理"的。他说政治经济学是"阐明财富确是怎样生产、分配和消费"（第43页）的科学。根据这个定义，把政治经济学划分为彼此相互独立的三个部分，"而在谈论生产的'部分'中，不是运用历史上一定的社会经济形式的范畴，而是运用属于一般劳动过程的范畴，用这种空洞的废话来抹杀历史的和社会的条件"①。萨伊正是抽去资本主义的生产关系、阶级剥削关系而空洞地谈论生产的。这样，他就把研究生产关系的政治经济学变成像物理学一样的按照所谓自然规律建立起来的技术科学了。用这种办法来为资本主义制度辩护当然是很方便的。无怪乎资产阶级的庸俗经济学家要把萨伊捧上天，认为他是政治经济学的"严格的科学方法"的创建者。他的这种分部法，在资产阶级庸俗政治经济学的教科书中，稍加变更地（有的略去消费而添上流通，有的则划分为生产、流通、分配和消费四部分）沿用很久，这并不是偶然的。

大家知道，消费和分配是同生产有着密切联系的；在生产、分配和消费的相互关系中，生产起着主导作用。事实上，分配和消费绝不能离开生产而又彼此分离、各自独立。所以，萨伊的这种分部法，只不过标志着亚当·斯密理论的庸俗化而已，在科学上是毫无意义的。

可见，萨伊固然是亚当·斯密理论的继承者，但他所继承的不是斯密著作中的科学成分，因而绝不能把他算作资产阶级古典经济学家之一；他是继承而且还"发展"了斯密著作中的庸俗成分，因而，只能把他看作资产阶级庸俗政治经济学的倡始者之一。

三

萨伊既然抽去了社会经济形态和人与人之间的关系，就只好从人与物的关系方面来谈论生产问题。他认为除任何人都可以无限制地享用的像阳光、空气等天然存在的物品以外，凡是能够用来满足人们各种需要的物品都是在生产过程中创造出来的。他认为生产的意义在于，通过各种因素协同活动使自然界本来就有的各种物质适宜于用来满足人们的需要。因此，"所谓生产，不是创造物质，而是创造效用"，"人力所创造的不是物质而是效用"（第59页）。

他认为由于生产出来的物品具有效用，因此人们就给这种物品以价值。照萨伊的说法，物品价值的唯一基础是它的效用。很明显，他把价值和使用

①　列宁：《评经济浪漫主义》，《列宁全集》第 2 卷，人民出版社 1959 年版，第 166 页。

价值（即萨伊所说的效用）混为一谈了。这种观点当然是极错误的，因为使用价值只不过是价值存在的物质条件，但绝不是价值的基础。如果再考虑到亚当·斯密已经区别了使用价值和交换价值，则萨伊这种见解的错误和庸俗就更清楚了。但这一点对萨伊来说是很重要的。因为萨伊的这种观点不仅仅是庸俗化了亚当·斯密的理论，而且是他用来反对斯密的劳动价值论的工具和引出他自己的生产三要素论的根据。

谁都知道，使用价值绝不是人的劳动所能单独创造的，萨伊既然把它和价值混同起来，就一定会反对亚当·斯密的劳动价值论。根据亚当·斯密的理论，一切财富都是由劳动生产的，劳动又是价值的尺度。萨伊认为，斯密的这种观点是错误的。在他看来，"所生产出来的价值，都是归因于劳动、资本和自然力这三者的作用和协力"（第 75 页），不能仅归因于劳动。

这样，萨伊从他的效用是价值基础的"理论"引申出生产三要素论。他所理解的这三个生产要素都没有历史的和社会阶级的具体内容，而只是指劳动一般、生产资料和自然力尤其是土地。在他看来，无论在什么时候和在什么地方，人们只要进行生产就不能缺少这三个要素。资本主义生产的特征被抹杀了，它的种种矛盾和阶级的剥削关系当然也就都被掩盖起来。以这样的"理论"来替资本主义制度作辩护当然是很方便的。

其实，李嘉图在当时就早已指出：自然力只是同产品的使用价值有关，它对于价值是毫无关系的；生产资料也不能创造新价值；能够创造新价值的唯有人们的劳动。所以，萨伊这种"理论"的错误，很早就已被指出来了。[①]但是由于它很适合于辩护的目的，才为以后的庸俗经济学家所推崇和应用。

总之，依照萨伊的观点，生产有三个要素，这三个要素协力生产出物品的效用，这种效用就成为该物品的价值的基础。萨伊就是这样把他自己的效用论同亚当·斯密的劳动价值论对立起来的。

但是价值还有一个量的问题，因而成为价值基础的效用也不能不有量和尺度单位问题。我们要问：效用的量的大小如何决定？究竟用什么尺度来测定它的大小？萨伊不但没有说明这个问题，而且也没有提出这个问题。他只是说到需要强度、效用强度等一些废话。不错，他倒是提到过效用的尺度。他说，"物品的价值又是测量物品的效用的尺度"（第 60 页）。萨伊是坚持效

---

① 例如，李嘉图对萨伊的这种"理论"所指出的错误。李嘉图：《政治经济学及赋税原理》，商务印书馆 1962 年版，第 243 页。

用是价值的基础的，那么，他如果在逻辑上能够贯彻这种主张，本来应当告诉我们：由效用来测定价值并作为价值尺度的。但是，他并没有告诉我们这一点，因为他以及他以后的所有资产阶级庸俗经济学家，无论怎样探索都不能找到可以测定效用大小的客观标准尺度，因为这种尺度单位是根本不存在的。因此，他只能因果颠倒地说什么：倒是价值成为效用的尺度了。

但是，问题依然没有解决。我们仍然要问：价值本身的大小究竟如何决定呢？他说："价格是测量物品的价值的尺度。"（第 60 页）价格是用来购买一定量某种商品所付出的货币。这一点萨伊也是同意的。既然如此，价格理应由货币和商品的价值来决定了。价格虽然可以表现出商品价值的大小，但必须以商品价值和货币价值为基础。萨伊在这里把价值的大小如何决定的问题同价值大小如何表现的问题混同起来，并以后者去替换前者了。

即使如此，问题还是得不到解决。我们还是要问：那么一种商品的价格又由什么并如何决定呢？他认为任何商品的价格都是由供求关系决定的。他说："在一定时间和地点，一种货物的价格，随着需求的增加与供给的减少而比例地上升；反过来也是一样。换句话说，物价的上升和需求成正比例，但和供给成反比例。"（第 325—326 页）

这样，当萨伊的效用论不能说明问题时，他就不能不借助于庸俗的供求论了。我们都知道，供求关系的变化只会引起价格背离价值而上升或下落，这种关系绝不是决定价格的真正原因。马克思在《资本论》中对这种庸俗的"理论"曾不止一次地予以严厉的批评。他曾这样写道："如果需要与供给互相均衡，它们就不再能说明任何事物，就不会影响市场价值，让我们更加无从了解，为什么市场价值恰好表示为这个货币额，而不表示为别的数额。"①

萨伊在这本《政治经济学》中不仅在许多地方谈到供求论，还在不少地方谈到庸俗的生产费用论。他认为生产费用是价格的基础，是价格的最低限度。他曾说："如果一个生产事业的产品不多于它的生产费用，那便没有新价值的产生，因此也没有新财富的创造。"（第 218 页）他所说的生产费用是由工资、利息和地租构成的。依照萨伊的意见，构成生产费用的这三个因素分别是使用生产三要素所支付的代价，这样，为了说明生产费用又不能不考虑生产三要素的价值如何决定的问题了。

萨伊有时把生产三要素又叫作"生产手段"或"生产来源"。

① 马克思：《资本论》第 3 卷，人民出版社 1953 年版，第 218 页。

当萨伊断言效用是价值的基础时，他是从物与人之间的关系来考察的。就是说，他认为商品能够直接用来满足人们的需要，可以供人享受，有效用因而也有价值。但是，有些生产来源例如一块地或一件工具是不能直接供人享受以满足其需要的。那么，它们的价值又是以什么为基础的呢？这个问题倒是为萨伊所注意到而且予以解释了。他说："它们（指生产来源——引者）的价值基于它们所能创造的产品的价值，而这个价值（指产品价值——引者）本身则起源于那个产品的效用……"①（第330页）

本来，生产费用论是一种没有出路的循环论。如果我们可以把庸俗的生产费用论叫作小迷宫的话，那么，萨伊的价值论就可以说是大迷宫了。当他不能依靠效用论解决问题的时候，就求助于供求论；供求论失去作用的时候，他又陷入生产费用论；在要彻底说明生产费用即要说明所谓"生产来源"的价值的时候，他已回到效用论了。转来转去，始终找不到出路！

虽然如此，萨伊的"服务"也还是有所"贡献"的，那就是他把早已有人发表过的各种庸俗的价值论，收集起来，左右逢源地灵活运用，借以反对古典政治经济学的劳动价值论，掩盖资本主义的剥削关系。

四

萨伊的分配论是以他的生产三要素论为基础的。根据他的理论，生产有三个要素，它们在生产过程中共同协力，各自发挥其作用而表现生产的性能。这就是人的劳力、"自然的劳力或自然的生产性服务"和"资本的劳力或资本的生产性服务"（第77页）。

这三个要素所有者由于其服务而取得相应的报酬：工资、利息和地租。由劳动的服务产生工资，资本的服务产生利息，土地的服务产生地租。这就是马克思在《资本论》第三卷中曾经予以全面分析、批判的"三位一体"的公式：

劳动——工资；

资本——利息；

---

① 顺便指出：萨伊的这种由产品价值决定生产资料价值的观点，同他自己的庸俗生产费用论恰好是矛盾的。

土地——地租。

照萨伊的说法，无论什么时代和无论什么地方，进行生产就必须具备这三个要素，而它们的服务也必然会使其所有者取得相应的收入。这样，他就把资本主义社会的收入形式的历史性和社会性消除而使它们变成绝对的和永恒的收入形式了。

亚当·斯密曾经明白地指出，利润和地租都是劳动所生产的产品或其价值的扣除部分，因而，他"已经把剩余价值的真正起源认识了"①。而萨伊的"三位一体"的公式则表明资产阶级社会的这三种收入是由不同的来源产生的，剩余价值就完全被抹杀了。这样，萨伊完全拒绝了亚当·斯密理论中的科学成分，而为资产阶级庸俗经济学的"利益调和"论打下了基础。

我们知道，亚当·斯密在分配问题上有科学的因素也有庸俗的成分。萨伊这个资产阶级庸俗经济学家，完全抛弃了斯密的科学观点，而利用其庸俗的见解。这先是在工资问题上表现出来。

亚当·斯密一方面认为工资是劳动生产物或其价值的一部分，这样就有可能揭露出资本主义的剥削关系；另一方面他又不加批判地使用"劳动价格"这个术语，认为工资就是劳动价格，从而又掩盖了那种剥削关系。萨伊既然断言工资是劳动服务的报酬，那么劳动者已得到他所应得的全部代价了，因此，他们并没有受任何人的剥削。不仅如此，他还硬说，低工资对于全社会都是有利的。他在反对西斯蒙第关于改善工人生活状况的建议时曾说："所谓低的工资率只对雇主有利的见解是不正确的。工资率的降低和跟着而来的竞争的不断作用，必定使产品价格下降，因此从工资下降得到利益的乃是消费阶级，或换句话说，整个社会。"（第383页）这种论调的错误是极其明显的。这里只指出一点就够了，即：它同萨伊自己的效用论也是矛盾的。因为商品价值的基础既然是效用，而工资的降低绝不会使商品的效用发生变化，因此也就不可能影响商品的价值。这种"理论"虽然是极其错误的，但由于它是替资本主义剥削制度强辩的一种工具，所以一直到今天还为资产阶级经济学家所采取。在资本帝国主义国家的垄断资本家，还利用它作为向工人阶级生活水平进攻的武器。例如，所谓冻结工资政策和以反对通货膨胀为借口而限制工资的措施，都是以这个"理论"为武器的。

萨伊不但否认工人被剥削，而且还把工人和资本主义的企业家等同起来，

---

① 马克思：《剩余价值学说史》第1卷，生活·读书·新知三联书店1957年版，第141页。

认为他们都是劳动者。他把人的劳动分为三类：1. 哲学家或科学家的劳动，其任务在于阐明理论；2. 农场主、工厂主或商人的劳动，其任务在于应用；3. 工人的劳动，他们"在前两种人的指挥监督之下提供执行的力量"（第70页）。照萨伊的这种说法，工人和企业家并没有什么本质上的不同，他们都是劳动者，不过前者的任务在于"执行"，而后者则以"应用"为其任务。由于"应用"比"执行"更复杂困难，因而，企业家所得到的工资比工人的高些罢了。这样，他又把亚当·斯密的利润论庸俗化了。

亚当·斯密曾经指明：利润是归资本家所占有的、从工人所生产的产品或其价值中扣除的部分，利息是从利润派生的。萨伊把利润划分为"资本的利润和使用资本的劳动的利润"（第400页）两部分。前者是"对于资本的效用或使用所付的租金"（第394页），即资本生产性服务的报酬，这其实就是利息。后者则是企业家即萨伊所说的冒险家经营管理等劳动的报酬，这就是企业家的收入。尽管他在其书中说了一大堆利润，例如"一般劳动利润""资本利润"和"地产利润"等等，实际上，他已把这个经济范畴取消了。因此，依照他的观点来说，"三位一体"公式中所包括的一个公式，不是资本—利润，而是资本—利息。

萨伊一方面漫无边际地使用"利润"这个概念，另一方面又于实质上取消了它。这种自相矛盾的观点，都在追求同一个目的，即便于为资本主义剥削制度辩护，并且为"利益调和论"奠定基础。

一方面，萨伊扩大"利润"这个概念是同他扩大"资本"这个范畴有着密切联系的。在他看来，不但像工具、原料等等生产资料，连同工人所消费的生活资料和货币都是"属于生产资本的范畴"（第70页）的，而且认为工人的生产技能连同"做公务员的本领，也是一种积累的资本"（第130页）。这样，就必然会得出"就是普通工人，通常也自己预付一部分资本"的结论。照这种见解来说：既然工人也有"资本"，他的劳动也有"利润"，那么，他同资本家还会有什么区别呢？在他们之间哪里还会有被剥削和剥削的关系呢？

另一方面，萨伊把利润分解为利息和企业家的收入，这两种收入是由不同的来源产生的。这样，他以为可以达到"一箭双雕"的目的了：既然企业家的收入是由于他们的管理和经营企业的劳动，那么，其性质就同工资是由于普通工人的劳动是一样的。他们之间当然就没有本质上的差别，更说不上有什么剥削关系了。同时，利息和企业家的收入既然由不同的来源产生，当然，在货币资本家和机能资本之间也没有什么利益冲突了。这样，他又把这两类资本家在瓜分剩余价值问题上所暴露出来的矛盾掩盖起来了。

这个庸俗经济学家如此"巧妙地"掩饰资本主义剥削制度的"脓疮"，把它说成多么和谐！无怪资产阶级及其代言人——庸俗经济学家们都要拍手欢呼他的著作，把他捧上天了。

可是，美妙的梦总是做不长的。萨伊的这种"妙论"不但在理论上毫无根据，而且也早为资本主义的现实所粉碎。我们在这里，只指出两点就够了。第一，无论萨伊如何说普通工人也有资本，甚至一个人本身也是"由每年用以教养他的款项累积形成"的资本（第 375 页），但工人始终是受雇者和被剥削者；第二，在萨伊时代的法国已经有股份公司形式的资本主义企业，尽管资本家并没有参加企业的经营管理工作，却依然获得利润——而且在通常情况下，这种利润总是高于利息的。这种事实无情地击破了萨伊的关于工人和资本家没有利害冲突的"美梦"。

萨伊在地租问题上，不但庸俗化了亚当·斯密的地租论，而且还发表了前后矛盾的见解。他一方面认为地租是土地的生产性服务的报酬，亚当·斯密的关于地租是从劳动生产物或其价值中扣除的一部分论点，即地租是剩余价值的一种表现形态的论点，完全被抛弃了。另一方面，他又认为地租是地主节约和发挥智慧的结果。他说："一个土地所有者，由于注意，由于实行节约和发挥智慧，年收入比方说增加五千法郎。"（第 535 页）地主如果不亲自经营农业,他如何能在农业经营上实行节约和发挥智慧呢？如果他自己经营，那么他就已经不是以地主而是以农场主的资格来"发挥智慧"和"实行节约"了。很明显，正如李嘉图所正确地指出的，萨伊在这里把地主和农场主混为一谈了。①

如果说，萨伊的效用论是用来反对劳动价值论的，那么，同样可以说，他的分配论是反对古典政治经济学的尤其是李嘉图的剩余价值论的，并为后来由法国庸俗经济学家巴斯夏建成完整体系的"阶级利益调和"论奠定了基础。

---

① 李嘉图：《政治经济学及赋税原理》，商务印书馆 1962 年版，第 158 页。

五

萨伊的生产三要素服务论和分配论，如上面所说，是他用来掩盖资本主义的剥削关系并"证明"无产阶级同资产阶级"利益调和"的工具。同样的，他的销售论则是他借以"证明"产业资本家彼此之间的"利益调和"和反对政府干预，主张经济活动自由的理论武器。

萨伊断言：货币只是一种交换媒介，产品最后总是要用产品来购买的。"在以产品换钱、钱换产品的两道交换过程中，货币只一瞬间起作用。当交易最后结束时，我们将发觉交易总是以一种货物交换另一种货物。"（第 144 页）既然一种产品总是用另一种产品购买的，而作为购买手段的这另一种产品又是在生产领域中产生出来，因此，他说，"生产给产品创造需求"（第 142 页），"单单一种产品的生产，就给其他产品开辟了销路"（144 页）。

既然产品是以产品购买的，当然就不可能发生所有产品同时过剩的现象，而只会发生某种或某些产品的过剩。或如他自己所说："某一种货物所以过剩，因为别的产品生产过少。""正由于某些货物生产过少，别的货物才形成过剩。"（第 145 页）

他又认为：某种产品过剩，其价格必下降从而减少利润，另一种产品过少，其价格必上涨从而增加利润，这样一来，如果不是"政府当局愚昧无知或贪婪无厌"而横加干预，则由于资本主义的自由竞争的机器自动发生作用的结果，就会迅速地使各种产品的需求和供给趋于平衡，而消除某些产品过剩的现象。所以他说："如果生产不加干涉，一种生产很少会超过其他生产。"（第 145 页）

萨伊由此得出"利益调和"和经济活动应当自由的四个结论：

第一，"在一切社会，生产者越众多、产品越多样化，产品便销得越快、越多、越广泛，而生产者所得的利润也越大，因为价格总是跟着需求增长。"（第 147 页）这就是说，所有经营生产事业的资本家之间是"利益调和"的。

第二，"城市居民从乡村居民得到利益的真正来源，同时也是后者从前者得到利益的真正来源；他们两者自己所生产的东西越多，就有能力向对方购买越多的东西。"（第 148 页）很明显，这是掩盖资本主义社会的城乡矛盾和"论证"它们之间"利益和谐"的。

第三，"购买和输入外国货物决不至损害国内或本国产业和生产。"（第149页）这是用来反对拿破仑的经济政策而论证对外贸易自由之必要的。

第四，"仅仅鼓励消费并无益于商业，因为困难不在于刺激消费的愿望，而在于供给消费的手段……所以，激励生产是英明的政策，鼓励消费是拙劣的政策。"（同上）这是用来说明资本主义自身具有无限而顺利地进行再生产的生命力，它用不着外来的帮助，从而反对马尔萨斯的关于地主、僧侣等等不出卖而只购买的人的消费能克服生产过剩的那种见解的。

尽管萨伊自己极重视这种销售论，自吹为这是颠扑不破的真理，尽管资产阶级庸俗经济学家把这种"理论"吹捧为萨伊在政治经济学上的巨大贡献，甚至像李嘉图那样的古典经济学家也极推崇萨伊的这种"理论"，但它终究在理论上经不起批判，而且为资本主义周期性危机的事实所粉碎。

萨伊在他的销售论中，不但混同了资本流通（货币—商品—货币）和简单商品流通（商品—货币—商品），而且又把简单商品流通归结为物物交换（商品—商品），才得出一切商品不能同时发生过剩的结论。这样，不仅仅由于货币参加流通使卖和买在空间和时间上都可以分离从而发生的危机可能性被掩盖起来，而且还歪曲和抹杀了资本主义生产的特征：价值尤其是剩余价值的生产。使危机可能性转化为现实性的原因，即资本主义的基本矛盾（在生产社会性和资本主义的私人占有之间的矛盾）当然也就无从发现了。只要指出物物交换和商品流通的区别以及资本主义生产的特点，萨伊这种"理论"的错误和毫无根据，就很明显了。

尽管萨伊的这种"理论"在资产阶级庸俗经济学界一直流行到资本主义总危机初期（在1929—1933年资本主义世界经济大危机以前），但它早已屡次为事实所驳斥过。马克思说得好："危机之规则的反复，已经在事实上把萨伊之流的饶舌，指为空谈。那只在繁荣时期被使用；在危机时期，是要被放弃的。"[1]

六

马克思曾经说过："庸俗经济学家自己是不生产什么的。"[2]这种评语对萨

---

[1] 马克思：《剩余价值学说史》第2卷，生活·读书·新知三联书店1957年版，第604页。

[2] 马克思：《剩余价值学说史》第3卷，生活·读书·新知三联书店1957年版，第566页。

伊说来是非常确切的。他的这部《政治经济学概论》只是继承和阐述亚当·斯密著作中的庸俗成分，使它具有通俗易读和表面上系统化的形式而已。我们还可以指出：他的效用论的见解在加里安尼甚至杜阁的著作中早已有了，供求论在洛克的著作中已有比较完整的说明，生产费用论在斯图亚特的著作中早有所阐述；工资降低对全社会有利的谬论只是生产费用论更进一步庸俗化的论调；把利润归结为企业主劳动的收入的见解，曾经为亚当·斯密所批判过，这不过是资产阶级生产当事人的最平凡的观点。甚至连资产阶级庸俗经济学家们吹捧为萨伊之最大贡献的销售论，其出发点"产品同产品交换"也是从重农学派的著作中剽窃来的。[①]

从科学的意义上来说，萨伊虽然没有生产什么，但他的这部著作，由于很适宜于替资本主义剥削制度作辩护，不但在 19 世纪上半期已有欧洲各种文字的译本，而且在 18 世纪下半期及其以后，他的各种"理论"也为资产阶级庸俗经济学各流派所发展。例如，他的效用决定价值和生产资料（即萨伊所说的生产来源）的价值由借助这种资料所生产出来的产品价值来决定的论调，都为庞巴维克所继承和发展，而形成一套完整的主观价值论——边际效用论；他的由生产三要素的服务决定社会各阶级之间的分配的"理论"后来由奥国学派发展成为归算论，并以之为其分配论的理论根据；他的资本的生产性服务论为英国马歇尔和美国克拉克等发展成为一套较完整的资本生产力论。至于他的降低工资对于全社会都有益的论调一直到今天依然成为资本家向工人的生活水平进攻的武器，这在上面已经提到过了。

考虑到这些情况，这部著作原文第一次发表虽然距今已整整 160 年，把它译成中文出版，还是有一定的现实意义的。因为通过对这部著作的分析和批判，必将会提高有关经济学说史一课的教学和研究的质量。更重要的是：我们可以借此探知当代资产阶级庸俗经济学各流派的渊源，便于挖掘其老根而予以毁灭性的驳斥。

---

① 马克思：《资本论》第 1 卷，人民出版社 1953 年版，第 171 页，脚注 30。

评庞巴维克的《资本实证论》[*]

　　19 世纪 70 年代，西欧一些国家的资产阶级政治经济学界，几乎同时出现了一种所谓新学说：主观价值论——边际效用论。

　　本来，效用论起源很早，17 世纪英国的资产阶级政治经济学家尼古拉·巴贲（Nicholas Barbon，1640—1698）在其所著《贸易概论》（*Discourse of Trade*，1690）中已经认为商品的价值不是由劳动决定而是由效用决定的。18 世纪意大利的资产阶级经济学家弗尔南陀·加里安尼（Fernando Galiani，1728—1787）著有《货币论》（*Della moneta*，1750）一书。就在这本书中，他认为物品的价值似乎决定于该物品所满足的需要的重要性。与他同时，法国的启蒙学者孔狄亚克（E. B. de Condillac，1715—1780）在其所著《商业与政府的相互关系》（*Du commerce et du govemement cosidérés relativement l'un à l'autre*，1776）一书中很明白地指出：物品的价值决定于需要，而且随着需要的强度和物品的稀缺性而变化。因而，使主观价值论发展了一步。

　　19 世纪 50 年代，德国庸俗经济学家赫尔曼·戈森（Hermann　Gossen，1810—1858）著有《人类交换法则及由此而生的人类行为准则的发展》（*Entwicklung der Gesetze des menschlichen Verkehrs und der daraus fliessenden Regeln für menschliches Handeln*，1854）一书。他在这本书中不但指明商品的价值决定于效用，而且还提出两个所谓"规律"，即后来在资产阶级经济学界相当著名的"戈森规律"。

　　第一个"规律"是：随着某种需要（比方说饿时想吃饭）的满足，消费者所感觉到的享受程度必逐渐递减，直至最后达到饱和状态。

　　第二个"规律"是从第一个派生的，也可以说是第一个"规律"的应用。第一个"规律"是指某种需要因利用某种物品而得到满足时，消费者所感觉

---

[*] 本文是作者为《资本实证论》写的中译本序言，商务印书馆 1964 年版。标题为本书编者所加。

到的享受程度如何递减而说的。第二个"规律"则是指各种需要都能得到满足时，如何达到最大程度的享受。他的第二个"规律"是这样的：如果一个人有选择满足各种需要的能力，但没有足够的时间来完全享受它们，那么，不管各种享受的绝对程度如何不同，为了使他所享受的总量达到最大限度，他必须把所有需要都逐步使之满足，而且在消费停止时，各种需要的满足程度，即他的各种享受程度都相等。

可见，边际效用论的最主要的"理论"基础即"效用递减规律"已经由戈森奠定了。但是，19世纪50年代还不是这种"理论"能够得以广泛流行的时候，因此，戈森生前终于默默无闻并不是偶然的。主要的原因是，当时的资产阶级还没有迫切地要把这种"理论"作为替它自己辩护的工具。

可是，到19世纪70年代，情况就完全不同了。

第一，从这时候起，资本主义开始向它的最高也即最后阶段发展，即从自由竞争占统治地位的资本主义向垄断资本主义——帝国主义发展。它所固有的种种内在矛盾日益尖锐起来。因此，资产阶级向它的代言人——它所御用的经济学家们提出一个任务：设法掩盖资本主义的矛盾和"论证"资本主义可以万古长存。

第二，正如马克思所说：随着资本主义的发展、资本主义的剥削和掠夺的加强，"人数不断增长，为资本主义生产过程的机构自身所训练、所联合、所组织起来的工人阶级的愤激反抗，也跟着在增长"①。巴黎公社敲起了资本主义末日的丧钟。它虽然失败了，但却指出了世界无产阶级应走的道路：用武力革命的办法推翻资本主义制度，并以无产阶级专政来建设新的社会主义和共产主义社会。这就使得资产阶级的代言人不得不千方百计地力图隐瞒资产阶级剥削无产阶级的事实。

第三，通过巴黎公社的实践和检验，马克思主义已在国际工人革命运动中取得了支配地位。马克思在1867年出版的《资本论》第一卷又在工人群众中得到广泛的传播，资产阶级经济学家们反对《资本论》的各种企图又都以失败告终。因此，资产阶级又不得不向它的御用学者们提出一个重大任务：反对马克思主义的经济理论，首先反对它的劳动价值论和剩余价值论。

就在这样的历史条件下，19世纪70年代几乎同时在英、法和奥地利三国出现了有关主观价值论的著作：英国的杰文斯（W. S. Jevons，1835—1882）

---

① 马克思：《资本论》第1卷，人民出版社1963年版，第841-842页。

于 1871 年发表了他的《政治经济学理论》(*Theory of Political Economy*),法国的瓦尔拉(M. E. L. Walras,1834—1910)于 1874 年出版他的《纯粹经济学要义》(*Elément d'Economie Pure*),奥地利的门格尔(K. Menger,1840—1921)于 1871 年刊行了他的《国民经济学原理》(*Grundsätze der Volkswirtschaftslehre*)。

这三个人所发表的主观价值论,虽然基本上是大致相同的,但他们的遭遇却并不一样。瓦尔拉虽然是政治经济学中数理学派的一个极重要人物,又是所谓洛桑学派的奠基人,但是在他生前,他的著作并没有得到法国资产阶级经济学界的足够重视;杰文斯的命运也好不了多少,他几乎为马歇尔(A. Marshall,1842—1924)的"声望"所淹没了。只有门格尔不但建立了奥地利学派,而且他的影响也不仅限于奥地利经济学界。这是因为,在那个时代,从经济上来说,奥地利固然还远远落后于英、法两国;但在巴黎公社以后,无产阶级革命中心已往东移,马克思主义尤其是《资本论》在德奥工人群众中传播得最为广泛,德奥的资产阶级经济学家们反对马克思经济学说的图谋又都归于可耻的失败。由于这种种原因,奥地利学派在同历史学派经过一段时间的争吵——它们之间的争吵主要是由于反对马克思经济学说所采取的手法不同而进行的——以后,终于逐渐扩大其影响,也就不足为奇了。

门格尔虽然是奥地利学派的首创者,但是这个学派的理论却在庞巴维克(Eugen von Böhm-Bawerk,1851—1914)的著作中才表现得最为完整。

(一)

庞巴维克在维也纳大学学习以后,曾去德国莱比锡、耶拿等大学留学。从 1881 年起,先后在因斯布鲁克和维也纳大学任教。曾经三度担任奥地利的财政部长(1895 年、1897—1898 年、1900—1906 年)。后来又回到维也纳大学任教。1911 年曾被选为奥地利科学院院长。

庞巴维克发表过不少有关经济理论问题的论文、小册子和专著。其中主要的有:

1.《经济财货价值理论纲要》(*Grundzüge der Theorie des wirtschaftlichen Güterwertes*,1886);

2.《奥地利的经济学家》(*The Austrian Economists*,1890);

3.《价值、成本和边际效用》(*Wert,Kosten und Grenznutzen*,1892);

4.《财货价值的最后尺度》（*Der letzte Masstab des Güterwertes*，1894）；

5.《马克思体系的崩溃》（*Zum Abschlus des Marxschen Systems*，1896）

但是，他的最重要的著作却是二卷本的《资本与资本利息》（*Kapital und Kapitalzins*，1884—1889）。

第一卷题为《资本利息理论的历史和批判》（*Geschichte und Kritik der Kapitalzinstheorien*）①，出版于 1884 年。从形式上看，这是一本专题的经济学说史——利息理论的批判史。他对从古希腊的柏拉图和亚里斯多德起一直到与他同时代经济学家们的各种利息理论都有所论述和批评。但从实质上看，这却是一部用于攻击马克思的劳动价值论和剩余价值论的著作。这一点，庞巴维克自己也曾经供认。在他看来，马克思主义之所以能够广泛地传播，其中一个主要"原因是反对它（指马克思主义的经济理论——引者）的人力量太差"②。因此，必须要由像他那样力量"不差"的人来做有效的反对了。可见，庞巴维克是马克思主义尤其是马克思经济学说的疯狂的反对者。

第一卷既然以利息论的批判史为内容，当然为了"完美无缺"起见，他还必须正面说明他自己的关于这个问题的"理论"。这个任务在第一卷的结论中由他自己提出来了。他在那里是这样写着的："我打算找出这个烦难问题（指利息问题——引者）的一个解决方法，没有什么捏造，也没什么假定，只是简单地真实地企图从经济学的最简单的自然和心理原则中，推论利息形成的现象。"

"我可以说，我以为概括全部真理的要素，就是'时间'对于我们对财货估价的影响。阐述这种议论要留待我另一部著作。"③这就是第二卷的主题和任务。

第二卷名为《资本实证论》（*Positive Theorie der Kapitales*），第一次出版于 1889 年。

这第二卷是由《序言》《导论》和七篇正文构成的。虽然他自己在《导论》中曾经指出，他的这本书分成两部分：一部分研究作为生产资料的资本即研究"生产资本"；另一部分研究利息问题，即研究"获利资本"。但从该书的内容来看，这七篇正文可以分为如下四部分：

---

① 商务印书馆已印行中文译本（1959），因系由英文译本转译的，书名也随英译改为《资本与利息》。这其实是不够确切的。

② 庞巴维克：《资本与利息》，第 322 页。

③ 庞巴维克：《资本与利息》，第 351 页。

第一，第一篇《资本的性质和概念》实系全书的导论。

这篇共有六章，他所着重说明的是关于资本的性质、作用和分类等问题。

他的出发点是人们的需要和需要的满足即消费。他认为人们总是为求得需要的最大满足而努力的。在他看来，人们既然有各种需要，那就必须求得满足；为了满足自己的需要，人们就不能不把自己的劳动作用于自然以生产能够满足自己需要的物品。所以，他说："一切生产的最终目的，是制造满足我们需要的物品，亦即制造用于直接消费的财货，或消费品。"（该书中译本第 53 页）他还进一步说明了生产可以用各种不同的方法来进行，而最重要的可以分为两种：1. 把劳动作用于自然因素以后，可以直接生产出供人们消费的物品——这是一种直接的生产，或如庞巴维克自己所说的"赤手空拳的生产"（第 58 页）或"不用资本的生产"（第 111 页）；2. 间接的生产，即人们的劳动不是直接生产消费品，而是先生产为制造消费品所必需的生产资料。这就是他所说的"资本主义的生产"（第 58 页）。这样，他就引出资本。一方面，他说，"资本只是迂回行程中某些阶段里出现的中间产物的集合体"（第58 页），即生产资料而已。他把这种资本称为"生产资本"。这是他的关于资本的第一个概念。另一方面，他又认为资本是可以生产利息的物品，他把这种能够带来利息的资本叫作"获利资本"。这是他的关于资本的第二个概念。

他还指出，可以把"生产资本"叫作"社会资本"，把"获利资本"称为"私人资本"；前者同生产有关，后者则是属于分配方面需要研究的问题——利息问题。这就是他在《导论》中之所以说要把这本书分为两部分的原因。

第二，即他在《导论》中所指的第一部分，也即题为《作为生产手段的资本》的第二篇。

这篇包括六章，主要说明两个问题；资本是怎样构成的？资本在生产过程发生怎样的作用？

关于第一个问题，他断言作为生产工具的资本是生产和积蓄的结果。在他看来，生产工具是由劳动和自然因素共同生产出来的。因此，要有生产工具，就非有劳动进行生产不可。所以，生产是资本形成的一个不可缺少的条件。但是，如果所生产的都是生活资料，而且这种生活资料生产出来以后全部被消费掉的话，那就不可能形成资本。所以，要形成资本，还必须有另一个不可或缺的条件，那就是积蓄。他一方面强调指出"认为资本的产生是由于人的'单纯的勤勉'，那是不正确的"（第 145 页）；另一方面也着重说明"如果没有从当前的使用中抽出收入的一部分，并把它'积蓄'起来的话，那么，即使是最大的收入，也不能导致资本的形成"。所以，"生产和积蓄是资本形成的两个同样必要的条件；如果否认任何一方的合作，那就是一种片面的说法"（第 146 页）。

庞巴维克关于第二个问题的看法是这样的：资本是人力和自然力结合生产出来的物品积蓄起来的结果，所以它不是独立的生产力；但是它本身却是生产的。因为人们可以借助资本进行迂回的、间接的即资本主义的生产来制造更多和更好的物品。他还认为，利用资本来生产具有两种同样重要的后果：有利的后果和不利的后果。所谓有利的后果是指这种生产能够提高生产力，能够比直接的生产制造出更多和更好的物品；所谓不利的后果是说进行这种生产要费更多、更久的时间（第 111 页）。

这些就是他这本书第二篇的主要内容。

第三，在第三和第四两篇中所说明的是有关价值和价格的问题。

庞巴维克在《导论》中本来已指明，在研究了"生产资本"以后，第二部分应当讨论"获利资本"即利息问题；为什么中间又插入价值论和价格论呢？

关于这个问题，庞巴维克曾在第二篇第六章末尾这样解释：为了阐明人们为什么能够而且愿意积蓄，就不能不研究最重要而又最麻烦的价值理论。他认为价值论一方面可以求得一些合乎逻辑的结论以补充他的资本形成论，另一方面又可以为他自己的利息论奠定理论基础。

但是，如果我们注意到他写这本书的目的是同《资本与利息》一样，在于反对马克思的经济学说，那就可以看出他采取这样的结构形式还有更深一层的原因。要知道，他写这两卷书的主旨和目的都是相同的。但他从事写作的角度和采取的手法不同。在第一卷里，他以批评家的姿态直接攻击马克思的经济理论；在第二卷中，他却以"理论家"的身份建立系统的"新学说"来同马克思的经济理论相对抗。从这第二卷的主题来看，他是妄图以他自己所创立的利息论来反对马克思的剩余价值学说的。他明白，马克思的剩余价值学说是建立在科学的劳动价值论上的。因此，他为了达到自己的目的就必须以所谓主观价值论同科学的劳动价值论相抗衡。这就是他要在阐明"获利资本"以前插入价值和价格问题的原因。

第三篇是《价值论》，庞巴维克在这里用十章的篇幅说明了他的主观价值论——边际效用论。

第四篇《价格论》共七章，他在这些章内利用"边际效用论"和供求原理来说明他的均衡观点。

第四，即他在《导论》中所说的研究利息问题的部分。这部分包括第五、第六和第七篇。其中，第五篇《现在与未来》共五章，是用"时间"这个因素来说明利息的起源的；第六篇共十章，这一篇的标题虽然是《利息的来源》，但从内容看，他是在说明利息的各种形态——他甚至认为地租也不过是一种特殊的利息（第六篇第八章）；第七篇《利率问题》共五章。正如在第四篇中他利用供求原理来说明价格一样，在这里他也利用这个原理来说明利率。

（二）

如前所述，庞巴维克是很重视价值论的。现在我们来看看他的价值论吧。

一提起价值，人们很自然地会想到，这指的是商品的价值，或者更确切些说，价值是由物来体现的商品生产者之间的生产关系，所以它是一个具有历史性的经济范畴。

但是，在这本《资本实证论》中，人们不但看不到讨论这种生产关系的词句，而且连"商品"这个词也只是偶然地并且是作为"物品"的同义词用的。

他所说明的是物品的价值，或者更严格地说，是经济物品的价值。就是说，他用"经济物品"这个词来代替"商品"这个经济范畴。这种用语的更换是具有深意的，那就是为了更适于替资本主义辩护。

我们曾经指出：庞巴维克的出发点是需要和需要的满足。他认为人们既然有需要，那就必须求得其满足。但需要只能在消费特定物品时才能得到满足。物品能够满足人们某种需要的这种性质，就是它的效用。这是使物品具有价值的一个极重要的元素。但是，他又认为并不是凡有效用的物品都有价值。他把物品分为两大类：可以自由取用的物品和经济物品。前者其量无穷，如阳光、空气等，人们可以随时取用，毫不受限制，所以，这种物品是没有价值的；后者其量有限，同人们的生活有极密切的关系，人们有了它在生活上就舒适，没有它就不舒适，所以，只有这种经济物品才具有价值。可见，庞巴维克并不是从人与人之间的生产关系，而是从人同物之间的关系来说明价值的。

在他看来，经济物品所以具有价值是由于它有效用而且其数量又是有限的。这绝不是庞巴维克的创见，在他发表《资本实证论》很久以前，例如我们上面提到过的孔狄亚克，就早已有这种观点了。不过，庞巴维克利用这种陈旧的观点作为他论证价值问题的第一步，却有他的特殊意图：把价值问题从客观的人类特定历史阶段上的经济问题转变为主观的在任何历史时代中人们心理上的感觉问题。从而根本不触及资本主义的历史特殊性。这是掩盖资本主义矛盾的一种极方便的手法。

总之，他认为物品的价值由它的效用和数量构成。但是，每个人所有的某种物品的数量是多寡不一的，而且人们对这种物品的主观欲求又是千差万别的；那么，这种物品的价值又如何决定呢？他用"心理原则"来解释这个问题。

首先，他根据人们心理上的感觉区别了需要种类和具体需要即对需要的具体感觉。所谓需要的种类是指按重要性不同而分级的各种需要；所谓具体需要则系指按一个人在特定条件下对某种需要具体感觉的不同而分级的程度。并且指出，"我们对物品所估的价值，和需要种类的分级毫不相干，只同具体需要的分级有关"（第162页）。

其次，他根据戈森的"效用递减规律"指出：如果某种物品只能满足一种需要，那么在消费这种物品的过程中，每单位物品的效用是递减的；如果某种物品可以满足重要性不同的各种需要［例如，在原始森林中的农民有五袋谷物，每一袋的效用是各不相同的（参阅第168—169页）］，那么，每单位物品的价值究竟由哪种效用来决定呢？他说，"决定物品价值的不是它的最大效用，也不是它的平均效用，而是它的最小效用"，这种最小效用就是维塞尔（F. von Wieser，1851—1926）所命名的"边际效用"。所以，他又说："一件物品的价值是由它的边际效用量来决定的。"（第167页）庞巴维克自己是极重视这个所谓"规律"的，他认为，这不仅是价值论的要旨，而且是一切交换行为和经济学说的基础。

所谓"边际效用"是在一个人所有的某种物品的每一单位都具有效用的条件下最后一单位所表示的效用，即最小效用。所以，某种物品的边际效用是同它的单位数有密切关系的；这种物品是否有价值，有多大价值，都由它的单位数通过边际效用来决定。庞巴维克根据这种情况归纳出一条"规律"："一方面，要求满足的需要越多和越强烈，另一方面，能满足该需要的物品量越少，则得不到满足的需要阶层就越重要，因而边际效用也越高。反之，需要越少和越不迫切，而能够用来满足它们的物品越多，则更下层的需要也可

得到满足，因而边际效用和价值也就越低。"（第 176 页）

现在，我们来看看庞巴维克的这个基本论点究竟有多少科学意味——究竟有没有科学意味？

首先，从上面简单的叙述中可以看出，这个庸俗经济学家是从人同物的关系、从人的心理感觉来说明价值问题的。而且他所说的人的心理不是社会上人的心理，而是孤立的个人的心理，例如在山林中打猎而失去同伴的孤独者、在原始森林中的孤立农民等等个人的心理。因此，人的社会性和消费的阶级性都被他抹煞了。其实在阶级社会中，人及其消费都具有社会性和阶级性。马克思曾经极明确地写道："工人买马铃薯和妇女买花边这两者都是根据本人的意见行事的。但是他们意见的差别就是由于他们在社会上所处的地位不同，而这种社会地位的差别又是社会组织的产物。"①

其次，人是社会的动物，无论哪种孤独的个人都只能存在于庸俗经济学家们的幻想中，在事实上是从来没有过的。这是因为人一离开社会就不能生存。庞巴维克在这本书中所说的孤独猎人的面包和在原始森林中农民的谷物究竟是从哪儿来的呢？如果离开人与人之间的社会关系，这个问题是无论如何都不能说明的。

再次，价值大小必须要由某种尺度单位来衡量。这是常识，谁也不会而且也不能否认的。试问：决定价值大小的"边际效用"究竟用什么尺度单位来衡量？这是一个可以致"边际效用论"于死命的问题，是不仅在这本《资本实证论》中未能解决，而且无论庞巴维克自己、他的先辈和后继者无法解决的问题。

总之，根据上面简要的分析，我们可以很明白地看出"边际效用论"究竟有没有科学意义了。

上面所叙述和分析批判的是庞巴维克关于消费品价值决定的"理论"。现在我们再来看一看他关于生产资料或如他自己所说的生产性物品的价值决定的"理论"。

消费品是可以用来直接满足人们的需要的，庞巴维克正是根据这一点建立他的价值论的"要旨"。可是生产资料的价值究竟又是怎样决定的呢？要知道，生产资料是不能直接满足人们的需要的。他断言：生产资料的价值依然是由边际效用决定的；不过不是由生产资料本身的边际效用（因为它不能直

---

① 马克思：《哲学的贫困》，《马克思恩格斯全集》第 4 卷，人民出版社 1958 年版，第 86-87 页。

接满足人们的需要，所以说不上有什么效用和边际效用）决定，而是由借助它所生产出来的生活资料的边际效用决定的。

他的"论证"为："和直接满足人类需要的消费品相比，一切生产性物品具有这一普遍的特征——它们只是间接地满足人类的需要。"（第 194 页）在这两类物品之间"唯一的差别是，直接消费的物品，和满足之间有着直接的因果关系，而生产性物品，和最后依赖于它们的满足之间，插入了一连串的中间成分，即它们的一连串产品"（第 195 页）。因此，他把各种物品按照生产程序的先后分为不同的等级：第一级是消费品 A；A 是由生产资料生产出来的，这批生产资料就是第二级生产性物品组 G_2；G_2 也有生产它的生产资料，这就是第三级生产性物品组 G_3；后者还有生产它的生产资料，因而又有第四级生产性物品组 G_4，如此等等。他认为各级物品之间的关系是很密切的。如果没有 G_2 就不能生产 A；G_2 如果减少，A 也必因而减少。所以，"A 的边际效用也依赖于 G_2，正如它依赖于产品 A 本身一样"（第 196 页）。同样，如果没有 G_3 和 G_4，也不会有 G_2 和 A；前者如果减少，后者也必因而减少。所以，上述的边际效用也依赖于 G_3 和 G_4。G_2 和 G_3 等等就是上面他所说的中间成分或中间产品。他由此得出这样一个结论："边际效用量首先，也是直接地表现在最终制成品的价值上。这就成为生产这个制成品的物品组的价值标准。后者又成为第三级物品组的价值标准，而第三级物品组最终又成为最后物品组的价值标准，即第四级物品组的价值标准。起作用的总是同样一件东西最终制成品的边际效用。"（第 197 页）

这种论调既不符合经济学的常识，也是同现实经济生活背道而驰的。这里所必须说明的是生产资料价值同利用它生产出来的产品价值之间关系的问题。经济学常识告诉我们，生活实践也证实了，生产资料在生产过程中耗费掉的那部分价值是利用它生产出来的产品价值的一个构成因素。因此，前者是决定因素，后者是被决定因素。这个庸俗经济学家却把它们之间的因果关系弄颠倒了。

我们已经知道，庞巴维克解释消费品价值时是用孤立的个人心理上的感觉来说明边际效用和价值的，可是，当他研究生产资料价值时，就不能不使那种孤立的人跑到社会上来。因为这里牵涉到生产者。生产者所需要的各种生产资料是非到市场上去购买不可的。因此，其在进行生产以前，必须首先决定生产资料的价值。试问，在 A 尚未生产出来，A 的边际效用也因而尚未确定的情形下，如何能用 A 的边际效用来决定 G_2 的价值呢？

庞巴维克说：这个问题并不难解决，"根据过去的考察或过去的经验，我们对产品的价值已经形成了某种意见，因而无须深入考察，即可以此作为我们对生产这些物品的生产手段的评价根据。例如一个木商为了做桶而买木料，不会费多长时间来考虑木料对他的价值。他估计从木料中能取得多少块桶板；他知道在当时市场情况下，桶板的价值是多少"（第197—198页）。

从这个例子来看，庞巴维克本来应当以木桶的边际效用来决定桶板的价值，然后再以后者作为决定木料价值的标准的。可是，在他的说明中，木桶的边际效用并没有提起，而只是根据桶板的价值来决定木料的价值。须知，根据边际效用论者的"理论"来说，桶板是不能直接满足人类需要，因而也就没有直接的边际效用的。正因为如此，他不得不根据市场情况来说明桶板的价值。其实在市场上所形成的是桶板的价格而不是它的价值。也就是说，庞巴维克是根据桶板的价格来决定木料的价值的。可是，庞巴维克原来是企图以边际效用论为基础来"论证"价格形成的。现在，当他还没有说明价格问题时，却已把价格作为决定价值的因素了。

这里还必须指出：他的逻辑也是"妙不可言""深不可测"的。他既然明确地说，"A的边际效用也依赖于G_2……也依赖于G_3"（第196页），那么按照普通的逻辑来推论，其结论应当是：由G_2的价值来决定A的价值。可是，他却提出一个相反的结论：应当由A的价值去决定G_2的价值！

以上是假定一批生产资料只生产一种消费品而说的。

如果一批生产资料不仅可以生产一种消费品A，而是可以生产几种消费品A、B和C；而且这几种消费品的边际效用又各不相等，比方说，A为一百，B为一百二十，C为二百。在这种情形下，G_2的价值究竟由哪种消费品的边际效用来决定呢？他说，"一般说来，生产性单位的价值，是和该单位在经济上所能生产的一切产品中，具有最小边际效用的那个产品的边际效用和价值相适应的"（第200—201页）。就是说，G_2的价值是同A的边际效用和价值相适应的。这是我们上面曾经批判过的"边际效用论"的应用。不过我们还是要问，B和C的价值是否仍由它们自己的边际效用决定呢？他认为不是的，它们的价值都是由A的边际效用决定的。如何能由A的边际效用去决定B和C的价值呢？他说，这是通过G_2来间接决定的。其过程是这样："首先，……由边际产品出发到生产手段，再去决定生产手段的价值；然后……从生产手段出发，到生产手段可以生产的其他产品上面。因此，到最后，直接边际效用较高的产品，从其生产手段方面得到它的价值。"（第202页）这就是说，首先由 A 的价值决定 G_2 的价值，即"产品的价值是决定的因素，而生产手段的价值是被决定的因素"（第 202 页）；然后，再出 G_2 的价值去决定 B 和 C 的价值，因而生产手段的价值成为决定的因素，而产品的价值又变成被决定的因素了。这种说法的前后矛盾是极其明显的。

从上面所涉及的几个要点来看，己可以看出边际效用论是一种怎样的"理论"了。可是庞巴维克就是利用它来建立他自己的价格论和利息论的。

（三）

根据边际效用论，一种物品对于不同的人有大小不同的效用，因为每个人对这种物品的主观评价是各不相同的。但是，同种类物品的每个单位在市场上所形成的价格却又都是相等的。那么究竟如何根据边际效用论来说明价格问题呢？

关于这个问题，庞巴维克在这本书中主要从两方面来论证：1. 价格是怎样形成的；2. 价格是由哪些因素决定的。

1. 价格的形成

庞巴维克首先指出，一个人是否愿意交换是以交换能否给他带来利益为转移的。所以卖者只有在出卖品的价格至少等于而且最好是高于他自己对出卖品的主观评价时，才愿意出卖。反之，买者则只有在购买品的价格至多等于而且最好是低于他自己对购买品的主观评价时，才愿意购买。这并不是他的创见，而是早由加里安尼和孔狄亚克等所说明的交换是不等价的这一观点的翻版。

接着，他指出市场上交换的情况可以分为四类：（1）孤立的交换；（2）购买者之间单方面的竞争；（3）出卖者之间单方面的竞争；（4）买卖双方面的竞争。比较复杂和值得我们注意的是他对第四种情况下价格形成的说明。

他以马市为例。现将他的马市情况表抄录如下（不过表中的那道横线是笔者加上的）：

买主	卖主
A_1 对一匹马的评价 30 镑	B_1 对一匹马的评价 10 镑
A_2 对一匹马的评价 28 镑	B_2 对一匹马的评价 11 镑

A_3 对一匹马的评价 26 镑　　　　　B_3 对一匹马的评价 15 镑

A_4 对一匹马的评价 24 镑　　　　　B_4 对一匹马的评价 17 镑

A_5 对一匹马的评价 22 镑　　　　　B_5 对一匹马的评价 20 镑

A_6 对一匹马的评价 21 镑　　　　　B_6 对一匹马的评价 21 镑 10 先令

A_7 对一匹马的评价 20 镑　　　　　B_7 对一匹马的评价 25 镑

A_8 对一匹马的评价 18 镑　　　　　B_8 对一匹马的评价 26 镑

A_9 对一匹马的评价 17 镑

A_{10} 对一匹马的评价 15 镑

根据"只有在交换给他带来利益的时候，他才愿意交换"（第 206—207 页）这个所谓原则，必须在买主对一匹马的主观评价大于卖主对它的评价时，交换才能成功。因为只有在这种情形下，交换对于双方或者都有利益，或者对于一方虽然无利但却也决不会有损失，而对于另一方却有更大利益。因此，在横线以上的五对卖者和买者都是交换的成功者。其中以 A_5 和 B_5 的竞争能力为最小。因为假定马价低于二十镑，B_5 就首先被淘汰；反之，如果马价高于二十二镑，则被淘汰的首先是 A_5。所以，马价必然在二十镑和二十二镑之间。在横线以下的都是竞争的失败者。其中以 A_6 和 B_6 这一对的竞争能力为最大。因为如果一匹马的价格为二十一镑十先令，B_6 就立即参加竞争，因而出卖者共有六人，出卖的马有六匹，而愿意购买的却只有从 A_1 到 A_5 的五个人。由于供大于求，马价必然要下降。假定降至二十一镑，则 B_6 被淘汰而 A_6 立即参加竞争。这样在马市上又会发生求大于供的现象，而使马价涨到二十一镑以上。所以，A_6 和 B_6 是失败者之中竞争能力最大的，马的价格也必然会在他们的主观评价即二十一镑和二十一镑十先令之间。总之，根据这个庸俗经济学家的"理论"，马的价格绝不能高于 A_5 和 B_6 的主观评价，也绝不能低于 A_6 和 B_5 的主观评价。因为如果马的价格超出这个范围"买卖双方的平衡要遭到破坏，而过高出价和过低讨价又不可避免地要使竞争继续下去，直到价格被限定到所述的范围以内为止"（第 219 页）。他由此得出结论："在双方面竞争中，市场价格被决定在这样一个范围内：其上限由实际进行交换的最后的买主……和被排斥的最有能力的卖主……的评价来确定；其下限则由实际卖出货物的能力最小的卖主……和被排斥的最有能力的买主……的评价来确定。"（第 219 页）他把决定价格的上下限的这两对买卖者叫作"边际对偶"。因此，在经济学说史上就把他的价格论命名为"边际对偶"论了。而由

"边际对偶"所限定的市场价格就是他所说的客观交换价值。

对于庞巴维克的这种价格形成论，我们必须指出以下几点：

第一，在这个表中，买者对于一匹马的主观评价只是表明马价和对马的需求量之间的关系（价格下降，需求量就增加，反之则减少），而卖主对于一匹马的主观评价则表明马价和马的供给量之间的关系（价格上涨，供给量就增加，反之则减少）。所以，他在这里不过重复着陈旧的庸俗的供求论罢了。

第二，庞巴维克在说明价格形成时，还提出了平衡论的观点。如果价格高于其上限，则卖者多而买者少，结果价格就会因供大于求的不平衡而下降；反之，如果价格低于其下限，则买者增加而卖者减少，结果，价格又必然由于求大于供的不平衡而上升。所以，价格一定会在供求平衡的状态下形成。这种平衡论也只是一种陈旧的庸俗观点，马克思早就予以批判过："曾有人武断地说……商品流通包含有卖和买的必然平衡。再没有什么还比这个教条更为幼稚可笑了。如果这是说实际完成的卖和买的次数相等，那就不过是一个毫无意义的同义反复。"①

第三，庞巴维克本来是应当根据他自己的价值论来说明市场价格形成的原理的。可是，事实上，他却只是运用庸俗的供求原理和平衡论来说明市场价格的形成。实质上，他在这里把价格和价值混同起来了。可是，他决不会同意这种驳斥，因为他可以辩解说：虽然可用供求关系来说明价格形成，但这是以主观评价为前提的。买卖双方对马的主观评价是价格决定的主要因素。因此，我们就不能不进而讨论下一个问题。

2. 价格的决定因素

庞巴维克认为价格是由下列四个因素决定的：

（1）对物品的需要的数目（即需要程度）；

（2）买主对物品评价的数字（即需求强度）；

（3）提供出售的物品数目（即供给程度）；

（4）卖主对物品评价的数字（即供给强度）（第 228、229 页）。

这四个因素中值得我们注意的是第二、第四个。先从第二个因素开始考察吧。

庞巴维克指出：买主对物品评价的数字只是表明买主比较对物品的评价和对等价物的评价而得到的一种关系。在市场上，这种等价物是货币。因此，

---

① 马克思：《资本论》第 1 卷，人民出版社 1963 年版，第 92-93 页。

这个因素是由买主对物品的评价和他对货币的评价这两个要素构成的。例如买主对一匹马的评价数字为三十镑，这表明他对一匹马的主观评价比对一镑货币的主观评价大三十倍。

买主可以用他所欲买的物品来满足他自己的某种需要，因而，他对这种物品具有一定的主观评价——这是庞巴维克的边际效用论的应用，我们已经在前面分析批判过了，这里无须赘述。现在更成问题的是：买主对货币的评价究竟是如何决定的？要知道，货币是不能作为消费品直接用来满足人们的需要的。依照边际效用论的说法，买主虽然不能利用货币来直接满足自己的需要，但他可以用货币买到能够直接满足需要的物品，因此，他也就可以间接地对货币作出主观评价。

这种所谓解释其实什么也没有说明，因为用来决定对货币作主观评价的消费品，是要用货币去购买的，而且在购买时又不能不以这种消费品的价格存在为前提。这样，以消费品价格的存在为前提决定货币所能购买的这种消费品的一定数量，再由这种消费品的边际效用决定买主对货币的主观评价，然后用它作为决定"买主的评价数字"的要素，最后又以后者作为一个决定价格的因素。这岂不是以价格的存在来说明价格的形成，等于什么也没有说明吗？

庞巴维克以同样的理由把第四个因素分解为卖主对出卖品的主观评价和他对货币主观评价这两个要素。

卖主对货币的主观评价，如同买主对货币的评价一样，不能不以价格的存在为前提。这一点上面刚刚分析批判过了。现在我们要问：卖主对他要出卖的物品的主观评价又是如何决定的呢？依照边际效用论的说法，卖主对出卖品的边际效用等于零。因为他既然要把它出卖，当然就不用它来直接满足他自己的某种需要，因而它对他也就没有什么效用了。所以，卖主对于出卖品的主观评价是毫无作用的。这一点庞巴维克自己也不能不承认。他在第四篇第六章末尾很明白地指出：卖主对出卖品的评价不能影响价格；价格是根据最后的实际购买者的评价决定的。

庞巴维克本来应当"证明"卖主对出卖品的主观评价是决定价格的要素之一。可是他"证明"的结果却不得不承认，这个要素是毫无作用的！他为什么会说这样毫无意义的话呢？这不仅仅因为他的边际效用论根本不能说明什么问题，而且还因为他热衷于替资本主义辩护而把市场的真实情况歪曲了。

在这个庸俗经济学家看来，"在组织完善的大市场中"，出卖品都是卖主超过自己直接消费的多余物品。其实，在商品社会，尤其是在商品经济高度发达的资本主义社会，这种所谓多余的物品是根本不存在的。因为在这种社会中，生产者特别是资本主义的企业主根本不是为自己的消费而生产；他们在市场上购买商品也不完全是而且往往完全不是为自己消费的。庞巴维克的这种歪曲市场情况的说法，不过是重复在他的《资本实证论》出版以前一百几十年孔狄亚克的参加交换的双方"是以某种有余的物品，去交换某种必要的物品"的观点，但是，孔狄亚克的这种观点在当时就已经被勒·德洛因（Le Trosne，1728—1780）驳斥过了。[①]

（四）

价值论和价格论，是庞巴维克想借以说明他关于利息问题的理论基础。他这本书的主要目的是妄想建立所谓新的利息论。他自己曾经很明白地说："利息理论是《资本实证论》的重点，……对利息现象，我必须提出一个完全属于开辟新领域的解释。"（第36页）他甚至自我陶醉地吹牛：他的利息学说不是空洞的清谈（第七篇第三章），人们没有反对的余地（第六篇第九章）。

在庞巴维克的利息论中最值得我们注意的是关于利息产生的原因问题。他的"时差"说就是用来说明这个问题的。

一提到利息，我们自然会想到：利息是由利润派生的，是剩余价值的一种表现形态；它一方面表现出借贷资本家和职能资本家之间的分赃关系，另一方面又表现出资本家阶级对无产阶级的剥削关系。可是，庞巴维克在这个问题上丝毫不涉及阶级之间的关系，正如在价值问题上他不触及商品生产者之间的关系一样。他是根据人们的心理感觉再加上"时间"因素来说明利息产生的原因的。

他说："现在的物品通常比同一种类和同一数量的未来的物品更有价值。这个命题是我要提出的利息理论的要点和中心。"（第243页）他还指出：由于物品的客观交换价值是由主观评价的结果决定的，因此，现在物品也比同种类、同数量的未来物品具有更大的客观交换价值和价格；在现在物品同未来物品交换时，虽然种类相同，数量也相等，但由于它们的价格不等，因此

---

① 马克思：《资本论》第1卷，人民出版社1963年版，第148页正文和脚注22。

未来物品必须对现在物品贴水，即支付利息。

这里关键的问题是：为什么现在物品的主观评价和价格会比同种类、同数量未来物品的高？他举出三条"理由"来说明这个问题：

第一，由于"需要和需要供应的差别"。

他认为，现在物品是从现在的需要和满足需要的物品之间的关系获得价值的；而未来物品的价值则决定于未来的需要及满足它的物品之间的关系。凡是现在比较困难和有急需的人以及未来的经济情况会好转的人，对于现在物品的主观评价都要高些。对他们来说，现在物品的价值必然大于同种类同数量未来物品的价值。庞巴维克也不否认对于经济情况相反的人，即现在相当富有而将来的情况却可能不好的人来说，未来物品的价值要大于现在物品的价值。但是，他认为，这种人可以把现在物品保存起来以便满足未来的需要。因此，即使在这种情形下，现在物品的价值也至少等于、决不会小于、而可能大于未来物品的价值。他根据上述种种情况得出结论说："现在物品的价值必定比未来物品的价值相应地高一些，有一种相应的时间贴水。"（第257页）这种时间贴水就是利息。

这第一个理由究竟能否成立呢？不能，绝对不能。

首先，他的这条所谓理由是建立在主观价值论的基础上。我们在上面已经分析批判过他的边际效用论和价格形成论，证明那种"理论"是不能说明什么问题的。因此，建立在那种"理论"上的这条"理由"当然也就不能成立。

其次，即使退一步设想，根据庞巴维克自己的观点来看，人们对现在物品和同种类同数量未来物品的主观评价之所以不同，是由于他们的经济情况在现在和未来是不一样的。有的未来的情况可能比现在好，有的则相反，现在的情况要好些；前者对现在物品的评价比较高，后者则对未来物品的评价比较高。这是庞巴维克自己也不能不承认的。既然如此，如何能从这里得出现在物品价值比较大的一般结论呢？

最后，庞巴维克固然曾经解释说：后一种人可以把现在物品保存起来供未来使用，因此，他对未来物品的评价绝不会高于对同种类、同数量现在物品的评价。但是，未来物品难道真正只能满足未来的需要吗？依照他的意见，所谓现在物品是指能直接满足现在需要的消费品，而未来物品只有当它变成为现在物品时才能供人们消费。根据这种观点来看，生产资料是一种未来物品。可是在商品社会，尤其是在资本主义社会，生产资料难道不能通过交换立即转变为可以直接满足人们需要的消费品吗？这一点，就连庞巴维克自己也未必能加以否认。这样，他的第一条"理由"岂不是成为空洞的废话！

他的第二条理由是"低估未来"。

庞巴维克断言：人们对于未来的欢乐和痛苦是不大重视的。"因此，对于被预定用来满足未来需要的物品，我们给它一个实际上小于这些物品未来边际效用的真正强度的价值。"（第257页）这就是说：对于未来物品的价值即使按照未来边际效用来决定也要打一个折扣。比方说，某种现在物品对于一个人的边际效用为一百，而同种类同数量的未来物品的边际效用由于上述第一条"理由"只等于八十。所以，这种物品的现在价值同未来价值之比为100:80。但是，又由于这个人"低估未来"，使得未来物品的边际效用由八十减少到七十，因此，现在物品和未来物品的价值之比就成为100:70了（第五篇第五章）。

人们为什么会"低估未来"呢？这在经济学上是无法说明的，而且也不是经济学所要研究的问题。这是一个心理学上的问题。这个资产阶级辩护士俨然以心理学家的姿态，对这个问题提出三个所谓心理上的原因：1、人们在设想自己未来的需要时考虑不周；2、意志上的缺陷；3、人的生命短促和多变。他并且以野蛮人、儿童、患有绝症者、处在危险状况下和从事危险事业的人等等的心理作为例证，来"证实"他所提出的原因。

这些人的心理究竟怎样，让心理学家们去判断吧！这里成为问题的是，社会上从事经济活动的人们的心理是否也是这样的呢？庞巴维克虽然没有直接提出这个问题，但却说了同这个问题有关的话："……在大多数情况下，当我们研究一般情况下的人的时候，同时当我们评价不久要获得的未来的物品……的时候，关于人生无常的考虑，据我看来完全不会发生直接影响。"（第260—261页）这样，所谓"低估未来"的第三个原因即"人生无常"的作用，不是被别的什么人，而正是被庞巴维克本人所否定了！

关于引起"低估未来"的所谓第一个原因，即"我们在设想自己未来需要时，考虑得并不完善"（第259页），只不过是他对资本家心理的歪曲描述。谁都知道，资本家所考虑的绝不是什么自己未来的需要，而只是发财致富，即如何加强剥削工人以榨取尽可能多的剩余价值。庞巴维克所以要采取这样的手法也无非妄想掩盖资本主义的剥削关系而已。

至于引起"低估未来"的第二个原因，即所谓"意志上的缺陷"，其实并不是说明什么经济问题，而只是马克思主义的这个死敌向工人射出的一支毒箭。他说什么"许多'善良的人'都知道，在拿到工资的那一天将它花光，会给自己带来那么大的痛苦和穷困，然而他却没有能力拒绝当时的诱惑，而将工资当天就花光了"（第259页），"一个工人用星期六领到的一周工资，在星期日去饮酒，而其余六天却同他的妻子和儿女一道挨饿"（第258页）。照这种说法看来，工人之所以贫穷完全是由于他们自己的"意志上的缺陷"所造成的了！这种为资本家辩护而侮蔑工人的手法，简直比仇视人类的马尔萨斯更恶毒、更无耻！

总之，这第二条"理由"所根据的原因，或者为庞巴维克自己所否定，或者只是对资本家心理的歪曲，或者只是在对工人施放毒箭，所以，从经济理论上来说是根本不能成立的。

他的第三条理由是"现在物品技术上的优越性"。

这条"理由"是同上面提到过的他所说的迂回的、资本主义生产有关的。在他看来，现在物品能够促成资本主义生产，从而制造出更多的消费品，这就表现出它在技术上的优越性。

他自己是这样说明的：假使一个人虽然有生产资料，但没有现在的消费品，他就不能进行迂回的长期的生产，而不能不把他所有的生产资料用来生产消费品。如果这个人既有生产资料又有消费品，他就可以进行资本主义的生产，从而生产出更多的产品。例如，一个没有生活资料只有两只空手可以当作生产手段的渔民，为了充饥，不能不用两只空手去捕鱼（即进行直接的生产）。他每天只能捕到三条鱼而且都吃掉了。如果他能借到九十条鱼，并约定于一个月以后归还一百八十条。他用借来的鱼维持一个月的生活，并在这期间内造出一只船和一张渔网。这样从下月起他就可用船和渔网来捕鱼，每天就不止捕获三条而是能捕到三十条鱼，在下月内一共可以捕到九百条，除偿还一百八十条鱼以外，还有很多的剩余。因此，"他借到的九十条（现在的）鱼对他的价值，不仅大大超过了九十条鱼，而且甚至于还超过了他用来偿付债务的一百八十条（未来的）鱼"（第275页）。

很明显，庞巴维克的这种观点不过是所谓"资本生产力论"的变种。但是，这一点他自己决不承认，因为他是反对这种理论而主张"时差"说的。他坚持说，现在消费品技术上的这种优越性，决不能用生产力去解释。当然消费品是不能当作生产手段的。但从他自己所举的上述例子来看，那个渔民如果不借到现在的消费品（九十条鱼），他就不可能制成生产工具（船和渔网），所以，依他自己的例子也可以得出这样一个结论：现在的消费品是制造生产工具的一种手段。

同时，他说人们有了现在的消费品就可以进行更长时间的、能生产更多物品的资本主义生产，这也是很成问题的。因为虽然有了现在的消费品可以维持一段时间的生活，但是光靠两只空手也无法制造出生产工具来。因此，认为那个渔民借到九十条鱼以后，就可以用一个月的时间制造出船和渔网，从而每天能捕获到的鱼可以增加十倍等等都不过是毫无根据的诡辩。

这样，他的第三条"理由"又落空了。

庞巴维克妄图用他自己的利息论来反对马克思的剩余价值学说。他硬说：利息是由于人们对现在物品的评价大于同种类、同数量的未来物品的评价，从而前者的价值大于后者的价值，随着时间的消逝，未来物品逐渐变为现在物品而产生的。在他看来，既然利息是由于人们的主观评价不同和"时差"而产生的，那么，马克思的剥削学说也就不能成立了。这就是他创造"崭新"的利息论的真正目的。一句话，他是把他自己的利息论作为反对马克思的剩余价值学说的武器。但是，如上面的分析批判所表明的，他的利息论的"要点和中心"，即现在物品比同种类同数量的未来物品有更大价值这一点所根据的三条"理由"都是不能成立的。因此，这个"要点和中心"也就不能不跟着垮台了。

（五）

庞巴维克在这本《资本实证论》中从需要和需要的满足出发，以人同物的关系为其研究对象。这就决定了他说明问题时所采取的特殊手法。例如，他以处在原始森林中孤独的人取用泉水的不同途径来说明所谓"赤手空拳"的生产和"资本主义"的生产；用在沙漠中旅行的人、失去同伴的单个猎人、在原始森林中的农民等等孤独者的心理感觉来说明所谓"效用递减规律"和"边际效用"；用儿童、野蛮人、赤手空拳的渔民等的心理来"论证"现在物品的价值大于同种类同数量未来物品的价值。

当然，在研究经济问题时，想完全避而不谈人同人之间的关系是绝对做不到的。在这本书中也有时讲到人同人的关系。但是，他所提到的人们之间的关系是各种物品所有者之间的交换关系。而且在他说明这种交换关系时依然是以人同物的关系为基础。他不但在说明马市的情况时是这样，就连在说明资本家和工人之间的关系时也是这样。他曾经很明白地指出，资本家和工人都只是物品的出卖者和购买者。资本家卖给工人的是现在物品，他向工人购买的是工人的劳动可以生产出来的未来物品（第六篇第四章）。

这样一来，他的全部"理论"就好像一架凹凸镜，把资本主义社会的现实经济情况弄得面目全非了。

可是，这一切手法对于这个资产阶级的辩护士和马克思主义的疯狂的反对者是必要的。因为用这套手法来反对马克思的经济学说和替资本主义辩护都是很"方便"的。

大家知道。马克思从资本主义社会的现实的、具体的经济情况出发，用唯物辩证法，透过物的关系来研究人与人之间的生产关系，指出前者不过是后者的表现形态；并且从商品生产和交换的发展，说明了资本主义是如何产生，如何发展，以及如何由于其本身所固有的矛盾特别是无产阶级和资产阶级之间矛盾的发展而必然趋于灭亡。对此，庞巴维克用他自己的"理论"来"反驳"说：重要的是人同物的关系，即使人与人之间也会发生关系，那也只不过是以前者为基础的一般交换关系，根本无所谓阶级之间的关系。而且即使处在原始森林中孤独的农民也可以有资本，所以资本，从而资本主义的生产，并不是历史发展的产物，当然也没有历史过渡性。利息也是在任何情况下都会出现的现象，即使鲁滨逊也是可以取得利息的（第六篇第十章）！所以资本主义可以万古长存。

这样，他把资本主义的历史过渡性，它的内在矛盾、剥削关系、阶级矛盾和阶级斗争都一笔抹杀了，多么方便啊！

正是因为他的这套手法有这样的"妙用"，所以，他的"理论"特别是他所阐明的"边际效用论"才为资产阶级庸俗经济学家们所大肆吹捧。一直到今天，它仍然为形形色色的庸俗经济学流派改头换面地加以继承和"发展"。这种反动理论也是修正主义经济理论的来源之一。修正主义的老祖宗伯恩施坦就曾企图用庞巴维克的"理论"来"补充"和修正马克思的经济学说。现代右翼社会党的"理论家"也仍然不断地重复着奥地利学派攻击马克思主义的陈词滥调。所以，我们翻译和出版这本书，介绍资产阶级的经济理论，供我国学术界研究，这对于发展我国的经济理论，是具有一定意义的。

马霞尔均衡价格论之研究[*]

一

马霞尔是英国 19 世纪末与 20 世纪初最伟大的经济学家，温格尔（Theomranyi Unger）在其所著 *Die Entwicklung der theoretishen Volkswirtschaftslehre im ersten Viertel des 20. Jahrhunderts 1927* 第四篇第二章上曾说："最近英国文献中最有名最有价值的经济学体系，可见于马霞尔的原理一书，此书第一版发行于一八九〇年，就思想之成熟，与逻辑地论，及理论经济学全领域上来说，只有穆勒（John. S. Mill）的原理可和这部书相比，它承继着后者的科学地位，而把它传播到英国以外去了。"亨利·希格斯则以介绍大陆经济学家的观念于英国为马霞尔最大的贡献，"五十年前，在英国很难找出半打读德文的经济学家"。

从形式上研究起来，马霞尔往往用数学的方程式或图解说明其经济理论，故与一般数理学派的学者一样；但从内容上研究，则马氏与后者又不完全相同。无论是 Hermann Heinrich Gossen，William Stanley Jevons 或 Lèon Walras，他们的理论均建立在两个基本原则上；因此，他们一方面过于重视需求法则的作用，另一方面又认为最大满足的原理有极大的意义。马霞尔则不然，他仅发展了需求原理，认为最大满足原理的意义是很有限的。在他看来，供求的失调，在新水准上价格的安定，都会引起效用一般的总量之变动。他在其名著《经济学原理》（以下简称《原理》）第五篇第十三章上曾这样说："倘使生产者一阶级远比消费者为贫，则当供给缩小可使需求价格大增的场合（即

[*] 本文选自 1947 年《山西大学学报》。文中把马歇尔、戈森、杰文斯、瓦尔拉斯等人名译作为马霞尔、何森、耶方斯、华拉斯等。

需求没有弹性的场合）缩小供给也许会增大总体满足；又如果消费者一阶级远比生产者为贫，则增加货物的生产至均衡点以上，使生产者吃亏出卖，总体满足也可能增大。"又说："把富者的财产的一部分自动地或强制地分配于贫民之间，则总体满足会即行增大。"马霞尔与上述数理学派学者主要不同点，表现于他逐渐由主观主义的见解步向客观主义的理论，虽然他并没有完成这个转变的过程而只走了半路，把它们折中综合了。他背离彻底的心理的主观主义的见解，于第五篇第二章上表现得更明白，在那里，他曾这样说："固然于系统的物物交换中，真正均衡之达到是可能的。但是，物物交换在历史上虽比卖买为早，却有些地方比卖买为繁复，真正均衡价值（A true equilibrium Value）的最单纯的场合于文明状态较进步的市场见之。"他以为界限效用之均衡的倾向，在只是偶然地无系统地发生交换的原始经济里，实现是很困难的。在《原理》第一篇第五章上，他说："差不多没有自由交换的原始经济的一个大缺点，就是一个人所有的一物——比如羊毛吧——每会非常多，以致把它充用于一切可能用途的时候，在各用途的界限效用很低；同时他所有的其他物品——比如木材——每会太少，以致这物对于他的界限效用很高。在他方面，他的邻人中有的也许非常需要羊毛，而所有的木材较其所能利用的更多。如果他们各舍其对自己只有低效用之物，而收受有高效用之物，则各因交换而得利。但是，若以物物交换而为这种调节，则未免迁延而困难。"据他的意思，只有在有系统地发生交换的地方，只有在有货币流通存在的地方，界限效用均衡的倾向才能实现。

主观主义者以为需求法则在价格形成中有决定的与首要的作用，马霞尔不然，他以剪刀剪物为例，说明价格是由求与供二个因素相互决定的，其中并无因果关系存在。他说："生产费原理 Cost of Production Principle 与界限效用原理 Marginal utility Principle 无疑是支配一切的供求法则的构成部分。二者可比于一剪刀的二刃，当一刃不动而他刃动以裁物的场合，我们虽可草率简单地说裁物者为后一刃，但是这话不能正式地叙述出来，和故意为之辩护。"（《原理》附录九）从这个著名例子，我们可以看出马霞尔理论的特点，在他看来，以需求或以供给在价格形成中有首要的决定的作用，都是一种偏见，非科学的偏见。价格是由需求与供给相互地决定的，故理论经济学所应研究的乃各因素之相互的影响，并非这些因素之因果的关系；价格理论所应研究者实为供求之相互的变动。但他以为决定价格的这两个因素各有其不同的特点：需求为主观的愿望，消费及利益所决定；供给则为生产费决定，生产费又以生产之技术条件的变化而变化。

因此，他结束了生产费论与界限效用论的争辩而把二者折中起来。"他证明了新价值论与旧价值论间的深渊，并不像界限效用论的创始者所想象的一样，广阔到连架设桥梁都不可能。他又证明了，生产费概念可作为一种有用的补足的原理，以帮助主观价值的说明。"（温格尔，前引书第四篇第三章）他以为附和 Jevons 去责难李嘉图是不对的，在他们的理论间本来没有原则上的冲突，一切争辩完全由于对李嘉图理论的误解引起。他以为李嘉图的理论本来可与主观学派的理论相协调，在《原理》第五篇第十五章上，他曾这样说过："相信李嘉图所遗留下来的理论基础仍没有变动过。加于这基础上者虽不少，建设其上者亦很多。但从这基础拆除者殆绝无之。……李嘉图知道需求在支配价值上尽主要任务，但他以为它的作用没有生产费作用那样明显。因此，在其为友人用和为自己用的笔记上轻轻地把它撤开，因为他从未企图著作形式整然的书，还有一层，他以为生产费固视乎生产上所使用的劳动量而定，但——不是像马克思断定他那样只视劳动量而定。——同时又认劳动之质亦有关系，此外补助劳动所需的积蓄资本与受它补助之时间的长度为决定生产费的因素。"在马霞尔看来，李嘉图与界限效用论者只是研究方法的不同，即前者重视引起供给变化的生产费论，而后者则注意引起需求变化的效用论与消费论；对于经济现象之了解并无本质上的差别。因此，他企图将李嘉图解释为界限效用论的先驱者，同时，在另一方面，又把李嘉图的价值论解做生产费论。

依马霞尔的见解，李嘉图的学说，所以常被误解而引起争论，是因为李嘉图的著作，用语暧昧且缺乏系统，"他的书决不自居于有系统之作，他不肯轻易公诸于世，倘若在其著述中他曾想及读者，这些读者多半是他相交往的政治家和实业家，所以，若在其友人心目中已明白之处，虽对于理论的说明之完善为必要，他亦故意省略掉"（《原理》附录九）。所以，"如果我们想正确地了解他，我们必需亲切地解释他，比他自己解释亚丹斯密更为亲切。当李嘉图用语暧昧的场合，我们要看看他在其著作中其他部分与这用语以什么意义，而照此意义解释之"（同上）。现在让我们来看看他自己亲切的解释吧："其次，在深邃而很不完全的'价值与富'的区别论中，他——李嘉图——似乎已知界限效用与全部效用的区别，他所用的'富'一名词，有全部效用的意思，而且似乎常欲作如下的说明：价值是相当于从货物中值得买客买的那部分生产出来的'富'之增加分；如果供给减少了——不管是为一时的偶然的原因所引起的暂时的减少，或因为生产费增加的结果永久减少——即增加了以价值测定的'富'之界限效用；同时，减少了从该货物所生的'富'的总体或全部效用。他在其全部议论中，认为供给阻碍使界限效用增大而全部效用减少。固然，他因为不知道微积分学上的简洁用语，不能用适切的用语以表达之。"（同上）

李嘉图虽以效用为价值存在所不可缺少的条件，但不是决定价值大小的因素，所以马霞尔这样亲切的解释似非李嘉图的本意，虽然他的这种解释为使李嘉图成为界限效用论的先驱者所不可缺少！同时，马霞尔又利用了李嘉图理论中价值与生产价格这一混同之缺点，把李嘉图的价值论解释为生产费论，在《原理》附录九第二节上，他自己是这样说的："若二货物的价值，只有在某种条件之下，应视为在结局上与所耗费的劳动量成比例一事时时复述之当会较妥当。这就是如其他的条件相同。详言之：即是前述二场合所使用的劳动之熟练相同，因而工资额相等。作为劳动补助的资本量亦成比例，资本投下的期间亦加考虑且利润率相等。"所以，商品价值只有在其他条件相等时，才由耗费的劳动量去决定，若其他条件发生变化，则价值的决定就加入新的因素：不同的工资，投下资本的数量与时期，以及这资本的利息。这无疑的是生产费论了。

耶方斯（W. Stanley Jevons）在其所著《经济学理论》（*Theory of Political Economy*）第四章交换论里，批判了李嘉图的价值理论以后，曾确定生产费最后效用——其意义与奥国学派的界限效用同——与价值的关系，有如下列之公式："生产费决定供给；供给决定最后效用程度；最后效用程度决定价值。"

马霞尔研究了这个公式之后，指出其刻板性且忽视了诸因素之相互的影响，"但是对于他的中心学说之形式的叙述之一切异议中最重要的异议，在于下述这一点：就是他的叙述不以供给价格、需求价格和生产量（按照其他某条件）为彼此相互决定者，而是顺次像甲决定乙，乙决定丙那样。正如甲乙丙三球在盘中相互凭依的场合，不说这三个球在引力作用之下相互决定，而说甲决定乙，乙决定丙那样，可是，如别人说：丙决定乙，乙决定甲，当同样是对的吧，为答复耶方斯计，颠倒他的次序，叙述如下，比他的连锁较近真理的连锁可以作成：

效用决定要供给之量
要供给之量决定生产费
生产费决定价值

因为生产费决定使生产者为生产所需的供给价格"（《原理》附录九第三节）。

马霞尔亲切地把李嘉图解释为效用论的先驱者，又把李嘉图的价值论亲切地解释为生产费论，同时，又指出耶方斯理论的刻板性，因而，胜利地结束了关于价值问题论争，折中了效用原理与生产费原理而建立其均衡价格的理论。

二

马霞尔学说的中心是需求价格与供给价格的均衡论。他以为价格是由需求与供给这两大洪流去决定的，"总之，当（某时间单位内）某量商品生产出来的场合，需求价格比供给价格大的时候，卖主供给该量商品于市场而得收支相抵以上的利益，于是，使出卖量增加之力，大显作用；反之，当某量商品生产出来的场合，需求价格比供给价格小的时候，卖主供给该量商品于市场而受收支不足相抵的损失，因此减少出卖量之力大显作用。当需求价格与供给价格相等的场合，则生产量不增亦不减。这就是均衡状态"（《原理》第五篇第三章）。

我们先从需求价格开始研究吧。

马霞尔关于需求价格的理论主发表在其名著《经济学原理》第三篇需求论上。在那里他企图由效用递减法则推论到需求法则。他与奥国学派和数理学派的学者一样，以为消费和欲望并不依存社会经济与价值；所不同者只是他认为"较高程度的消费研究不得不在分析经济学的主要部分以后，而不应在前"（《原理》第三篇第二章结论）。他一方面以何森（Gossen）的第一定律为其效用论的基础；另一方面又把这个定律扩展到货币上去。在《原理》第三篇第三章第三节上，他曾坚决地说："一个人愈富，货币对于他的界限效用愈小，他的资力每有增加，他愿意付作某种福利之代价的价格随着增加。同样他的资力每有减少，货币对于他的界限效用因而增大，他愿意付作某项福利之代价的价格就跟着减少。"马霞尔在说明界限效用论以后，进一步以货币价格表现商品的效用递减法则，"茶为普通的需要品，且可以少量购入。兹以茶这样的商品说明，例如某种品质的茶，每磅二先令，今有人甯可每年出 10 先令的代价买一磅茶叶，而不愿完全不用茶。在他方面，倘若他可以得到很多的茶叶而不付代价，他也许一年不想用到 30 磅以上。但是事实上，他一年恐怕只买 10 磅。这就是说他买 9 磅所得的满足，与买 10 镑所得的满足的差额，足以使他愿意多支出 2 先令以为其代价。他方面，他不买 11 磅的事实，表明他不以买第 11 磅的 2 先令是值得的，这就是，1 磅 2 先令测定购入的界限或极点，或最后的茶对于他的效用。它测定了对于他的界限效用。如果他仅愿意对于任何磅的茶的代价而支付的价格叫做需求价格，那么 2 先令就是他的界限需求价格"(《原理》第三篇第三章第二节)。马霞尔就因此由效用论建立其需求论了，但效用是属于主观的范畴，从人与物的关系上发生的，它一方面是人的某种消费之实现，另一方面又是物的某种特性之实现，这些均不以价格为依归的。需求价格，依马霞尔的了解乃客观的范畴，因它是由许多经济因素决定的，它首先由某人手中的货币数量或收入的多少去决定，其次又以在该人消费状态中的其他商品的价格为依归，马霞尔自己亦是如此了解的。"某人的一物保有量愈多，则在其他条件相等的情形下（即货币的购买力，在他支配下的货币量相等)，他对于该物的些小增加量的代价愿意支付的价格愈低。换言之，他对于该物的界限需求价格递减。"(同上)马霞尔为什么能由效用递减法则建立其需求法则？由界限效用推论到需求价格？这是因为：第一，他把界限效用的含义改变了，本来他说："效用与愿望 Desire 或欲望 Want 是相依或相关的术语。"所以，为人们欲望和消费之对象的一切物品，都可以看作有固定的效用，而界限效用即是该物品供给之最后单位的效用了。在这种情形下，我们完全不考虑商品生产与交换的条件，仅从事于消费的。但马霞尔后来又给界限效用以其他的意义——他提出了界限购买（Marginal Purchase）的概念，"在某一物之中，他想购入的部分，称为界限购买。因为，值得为购买它而支付代价与否，他尚在未决的界限中，而其界限购入的效用，对于他可称为该物的界限效用"(《原理》第三篇第三章)。这里马霞尔所了解的界限效用又是只存在于商品的特性了。第二，他把效用了解作最大价格或需求价格，这在他的数学论证中，可以明显看出来。他研究了表现价格对于在市场上可变的商品数量之依存性的函数：$y=f(x)$，这函数表现出因商品数量的增加，则为每一单位商品所可支付的最大价格减少了。在相反的情形下，则得相反的结果。他并且把一般的效用当作界限效用的积分，因一般效用是由各部分供给品的界限效用之总和构成的。同样，他把一般效用当作对于各单位商品的需求价格的总和，结果，他不仅把界限效用甚至把一般效用亦当作价格的范畴了。所以，他把主观的范畴——效用，跟客观的范畴——价格间之本质的不同仅当作它们之间量的差别了。例如，他很抽象地说："价格将个别地测定该货物对于各购入者的界限效用。"（《原理》第三篇第三章第五节）何森的第一个法则，亦就因此可以极广泛地在任何条件下用来解释各种商品价格了。

需求价格和需求量是以购买力为依据的，这可以在《原理》第三篇第四章需求弹性（Elasticity of demand）论里很明白地看出。"在一市场上的需求弹性依据在价格的一定低落的场合需求量之或大增或略增，以及在价格的一定腾贵的时候需求量之或大减或略减，而或大或小。"在他看来，需求弹性完全以价格为依据。他曾用图解法以需求曲线来表现需求弹性的特点，如下图：

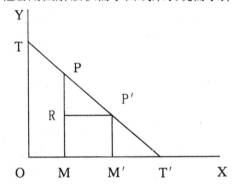

横轴表示需求量，纵轴表示价格，如价格由 P 降到 R 即减少了 PR，则需求量由 M 增至 M′即增加了 RP′（原系增加 MM′，因 RP′=MM′，故亦可说增加了 RP′），此时需求弹性由需求变化与价格变化之比例即 $\dfrac{RP'}{OM}$ 比 $\dfrac{PR}{PM}$ 表现出来，但 $\dfrac{RP'}{OM}\bigg/\dfrac{PR}{PM}=\dfrac{RP'}{OM}\times\dfrac{PM}{PR}=\dfrac{RP'}{PR}\times\dfrac{PM}{OM}=\dfrac{MT'}{PM}\times\dfrac{PM}{OM}=\dfrac{MT'}{OM}=\dfrac{PT'}{TP}$。需求曲线各点的弹性彼此是不同的，如果相同，则表现出需求变化是与价格变化成反比例的，马霞尔因而把这种曲线叫作"不变的支出曲线"（Constant outlay curve），马霞尔指出了需求弹性是受下列因素的影响的：

1. 最必需的物品是差不多没有需求弹性的，他认为面包价格的大涨会使贫穷的劳动者，减少其他的物品——如肉类——需求，而增加对于面包的需求。这可以用我们日前的生活经验证明。

2. 除最必需的物品外，其他物品在需求曲线上，表现出受价格的影响。

3. 对于各种商品的需求弹性又因各人的经济状况不同而有差别。马霞尔往往指出：对于肉、牛奶、牛油等的需求，只是工人与中产阶级的下层才有弹性，富有者是没有弹性的，上等鱼类与水果及其他价格很高的奢侈品，只是中产阶级对它们的需求有弹性，富人与劳动者是没有的。至于极珍贵的葡萄酒，季节以外的果类，高度的熟练医疗及法律之助力等，光是富人对它们的需求有弹性，别的人是都没有的。需求弹性论是马霞尔的需求论主要的构成部分，既然需求弹性之大小受价格、购买力等的影响，这就可以说明不能直接由效用递减法则来建立需求论了。

马霞尔的需求论在其有名的消费者盈余（Consumer's surplus）学说上更明显地暴露出其弱点。购买者"不肯得不到该物而甯愿支付作代价的价格，超过他现实支付的价格，这个超过部分就是上述的剩余满足之经济尺度，它可称为消费者盈余"（第三篇第六章）。他以茶叶为例说明了这个概念。消费者在茶价每磅 20 先令时，每年愿买一磅；如茶价为 14 先令，则买 2 磅；10 先令则买 3 磅；6 先令时买 4 磅；4 先令时买 5 磅；3 先令买 6 磅；2 先令，则买 7 磅。在消费者以 20 先令买一磅时，是得不到盈余的，因此时这磅茶的界限效用等于其价格。假使茶价为 14 先令，则消费者买 2 磅共付 28 先令，而茶的一般效用则等于 34（20+14）先令，故这个消费者得到了 34-28=6 先令的盈余，如价为 10 先令，他购 3 磅共付 30 先令，得到 44（20+14+10）先令的一般效用，故得到 14（44-30）先令的盈余。同法，可以计算出，价为 6 先令时，盈余为 26 先令；价为 4 先令时，盈余为 34 先令；价为 3 先令时盈余为 39 先令；价为 2 先令时，盈余为 45 先令（《原理》第三篇第六章）。在这例证上，我们可以很明白看出：消费者盈余这个概念是建立在商品的效用与因该商品而支付的价格之混同上的。效用虽能影响最大价格，亦不过是决定后者的因素之一，消费者的购买力及其想购买的其他商品的价格都有同样的影响。假使注意到消费者购买其他商品，则马霞尔的理论就越显得无稽可笑了。假设这个消费者想买 a、b、c 三种商品，其价格为 Pa、Pb、Pc。购买这三种商品共付出货币 r，则 r=aPa+bPb+cPc。再设此人所有的货币总数为 R，故他买 a 商品的最大代价可由 R-bpb-cpc 表明之。事实上他买价格为 Pa 的 a 商品，仅用了 aPa，故他所获得的盈余为 R-bPb-cPc-aPa=R-r。同样可以计算出他买 b 商品与 c 商品时，都可获盈余 R-r。所以，他买这三种商品而得到的盈余为 3（R-r）。从这个例证，我们可以看出如三种商品的价格为 Pa、Pb、Pc 时，仅可使 r 少于 $\frac{2}{3} \cdot R$。如谓消费者盈余更大于此，是不正确的。马霞尔的理论之所以发生错误，因他未考虑：买第 2 磅茶叶时第 1 磅的效用虽未减少，但买第 1 磅茶的最大价格，则因买第 2 磅而减少了。效用变化的法则，跟在这种情形下的最大价格变化的法则是不一致的，因最大价格常受效用以外的其他许多因素的影响。正因如此，不能以效用论为基础而建立科学的价格理论。聂科逊（Zcaolson）在其所著政治经济学原理里指出：根据马霞尔的计算法，100 磅可以等于 1000 磅，不是无意义的。

马霞尔的需求论有许多创见，他提出许多新范畴：如关于需求弹性与消费者盈余等等。但他以界限效用论为基础，去建立需求论，并未成功；他把界限效用当作购买者为该商品而愿意支付的最大价格，关于最大价格如何制约的问题，亦未提及。因马霞尔改变了效用概念的含义，故不能由效用递减法则推论出需求法则，只是把二者混同了。此外，马霞尔研究对于某商品的需求时，不曾注意到它与对于其他商品的需求之关系，在这种意义上说，他的需求论还不如华拉斯（Walras）的需求论。因后者对于一切商品的需求均有所说明。

三

马霞尔以为想彻底说明价格的一般法则，首先应考虑时间的因素。他以为需求与供给的作用，在长期与短期是不同的。"原则上，考察的期间愈短，我们对于需求影响价格的注意程度愈大，期间愈长，生产费对于价格的影响愈重要。"（《原理》第五篇第三章）他以很大的精力研究了长短时期论。依他的意见，可以分为三个时期：1. 极短的时期，例如一日，在这时间内，供给量是一定的，供求的均衡只可当作一时的；2. 短时期，例如一年，在这时期内，生产可以扩大，供给可以部分适应需求，但熟练劳动量与固定资本量，都是不变的；3. 长时期，在这时期内，一切生产手段与熟练劳动均可增加。与这三个时期相应地有三种价格形态：1. 市场价格；2. 在短时期内的正常价格；3. 长时期的正常价格。这三种价格是由不同的法则制约的。设在静态社会，这三种价格就能彼此适应，因而亦就降低了区别它们的重要性。在静态社会，马霞尔认为"生产与消费的一般条件，分配与交换的一般条件均静止不动"（《原理》第五篇第五章）。"在这种社会内，单纯明白的原则，就是生产费支配价格一事。……每一生产费要素当为自然法所支配，只受固定的习惯的多少影响。需求的反射影响恐怕没有了。经济原因的直接与间接结果的

根本差别也会丧失了。长期正常价格与短期正常价格之间当无区别。"（同上）

依马霞尔的意见，市场价格是由需求决定的。他曾以谷的价格之决定为例说明市场价格是如何形成的。谷子是可以保存的商品，如价格过低则卖主可以把它保存起来以待善价。假使谷价为 35 先令一斛（quarter）愿出卖 600斛，如价为 36 先令，则愿卖 700 斛，价为 37 先令，就肯卖 1000 斛；在对方，如谷价为 35 先令，对谷子的需求有 900 斛，价为 36 先令，则为 700 斛，如价增至 37 先令，则需求就仅有 600 斛了。马霞尔曾列成下表：

价格	供给量	需求量
37 先令	1000 斛	600 斛
36 先令	700 斛	700 斛
35 先令	600 斛	900 斛

由此表可以看出，市场价格，取决于每斛 36 先令。在这里我们可以看出马霞尔的理论与华拉斯交换论的区别来：1. 马霞尔是以定量的商品价格为出发点，华拉斯则以为供给量依存于价格，依存于该商品对于出卖者之效用的，价格变化之所以能影响供给量，仅因为它决定了出卖者对他自己商品的需求之变化。2. 华拉斯的出卖者光注意消费问题，马霞尔的出卖者决定供给量时是以实在价格与社会生产之联系为根据的。价格之所以能影响供给量，仅因为它刺激卖主保存一部分商品以待将来的有利价格。

马霞尔以为短期的正常价格是由市场价格至长时期的正常价格之过渡的价格。在短时期的正常价格上先是表现出需求之大影响。他曾以鱼为例说明这层意思。假设由于某种原因（比如畜瘟）对于鱼的需求增加了，渔业发达了，遂需要增加新的渔夫。这种新渔夫只有在捕鱼的代价高于其他生产事业的条件之下，才能从别的生产部门招雇来，因而提高了鱼的价格。

"我们现在所寻求的某日鱼类供给量的正常价格，就是迅速地招致足以从普通的每日捕获中取得那日的鱼类供给量的资本和劳动，使之投于渔业中的价格。鱼价对于可用于渔业的资本和劳动的影响，是受像上述那样之狭隘的原因所支配。在对于鱼的需要例外地大的一二年间，价格随着新水准之上下而涨落，这水准显然比以前的为高。如正常一名词是指短期而言，则需求之增加，就使正常的供给价格提高。"（《原理》第五篇第五章）所以，在短时期，需求与供给一致地发生同方向的变化。但同时，短时期的正常价格又受生产费的影响，假使需求增加了，"生产物中有一部分的生产使企业家不得不以很高的价格雇用效率低（恐怕是因为工作时间过长而疲劳）的劳动，致使自己与别人都非常过劳与不便。因而犹豫地不能决定这部分生产究竟会不会吃亏"。假使需求减少了，则价格必下降，但价格下降有一定的最低限度。马霞尔分生产费为二种：1. 直接费（Direct cost）或原费（Prime cost），这是与生产规模之大小成正比例的；2. 一般费（General cost）或间接费（Supplementary cost），这"当作是包括为该企业的资本多额投下的耐久的营业设施而用的经常费，以及上级雇员的俸给"。二者的总和，构成全部费用（total cost）。在短时期，需求减少，价格会低于全部费用，但他又以为短时期的正常价格"殆常超过原料、劳动、营业后施耗费额（这是因略多用有作业余力的营业设施而直接立刻产生出来的）等特殊生产费或直接生产费，而且一般地超过很多"。假使企业家因需求减少而采取降低价格的政策，则"他们也许会使许多同业破产，恐怕他们自己也在内。……生产者如太易接受殆仅足以偿其货物的直接费而不足以偿其间接费的价格，因而'破坏市场'，商业道德斥这种行为不当"（第五篇第五章）。所以，这不过是价格下降之极限，是不能建立严密的法则的。"于此，并无明确的法则，主要有影响的力量为破坏市场的恐惧。这恐惧作用的情态和强度，因人而异，因产业集团而不同。"（第五篇第十五章）

在短时期，正常价格随需求而变动，马霞尔认为在长时期这种关系亦是存在的，不过表现的形态更为复杂。试以鱼为例，假设对于鱼的需求增加了，鱼价当以正常的生产费去决定。这种生产费或不变（如我们所研究的是生产率不变的法则）或减少了（生产率递增法则）或增加了（生产率递减法则）。就是说在长时期，需求增加可以引起价格下降或上涨或仍旧，故需求对于价格的影响都是间接的，或者表现不出任何影响。在短时期和在长时期，需求的影响之所以不同，是因为生产有久暂之别，在短时期"特殊熟练和能力的供给，适宜的机器和其他资本的供给，以及适切的产业组织的供给没有充分的时间去适应需要。但生产者必须以其现存的生产要具尽可能地使其供给与需求相适应。在一方面，倘使这些供给过少，则其大增便无时间；在他方面，如果供给太多，则这些要具的一部分，必然不能完全利用，因为没有时间，使其渐次消失或用于他途而减少其供给。……他方面，在长时，为营业的物质设施和企业组织的全部设备，以及营业知识与专门能力之取得的一切资本和努力的投下，有时间伸缩以与希望由此而得的所得相适应。故这些所得之估计直接支配供给，是所产的货物之真正的长期正常供给价格 The true long

Period normal supply price"(《原理》第五篇第五章第六节、第七节)。

四

马霞尔均衡价格论的主要任务是在阐明价格与需求及生产费间之关系:在短时期,需求对于价格的影响很大;在长时期,则生产费的影响更为重要。但生产费的变化又以需求为依据,所以需求对于价格的影响既是直接的又是间接的,就是说:需求不但影响时常波动的市场价格,且影响了正常价格。他认为只有在生产率不变法则(Law of constant returns)所支配的条件之下,需求才不至发生作用。像李嘉图那样以生产率不变法则为研究出发点的方法应加修正。他以为价值论应将生产之一切可能的情形从各方面加以研究;除生产率不变法则外,还有生产率递增法则(Law of increasing returns)与生产率递减法则(Law of diminishing returns)。在这两个法则发生作用时,生产费由生产规模决定,而生产规模之大小又以对该商品之需求为依据。故需求能影响生产费,当然亦是能影响生产价格与正常价格的因素。

> 在第一种情形下需求增加仅单纯地增加了生产量,而不变动其价格。因为依收获不变法则的货物的正常价格绝对为其生产费用所决定,需求的影响极微,只是除非在这个确定不变的价格有多少需求则这种货物就完全不生产,影响不过如此而已。当该货物依照收获递减法则而生产的时候,需求增加会提高其价格,使其产量增加,但没有增加得像依照收获不变法则的时候那样多。在他方面,如该货物是依照收获递增法则而生产的话,则需求增加就增加了产量——比依照收获不变法则的时候更多——同时,又使价格低落。(《原理》第五篇第十三章)

马霞尔认为,在生产过程中生产技术的改良,对于价格的影响,亦因上述三种法则之作用而不同。在各种情形下,价格都下降了,但在生产率递增法则发生作用时,价格下降的特别快;在生产率递减法则发生作用时,价格下降得最慢。

> 供给的利便增大……引起生产量之增加,同时又常使正常价格低落。因为,如正常需求依然不变,增大的供给只能以较低的价格出售。但是,

由于供给增加使价格低落的程度，因各种情形而不同。当货物依照收获递减法则而生产的场合，价格低落之程度小。因为在这场合，伴着生产增加而发生的困难稍杀新供给的利便。在他方面，如货物依照收获递增法则而生产的话，则随着生产增加而生产的利便增大。后者更与从一般供给条件的变化而发生的生产利便增大相协调。二者共同作用的结果，在供给价格低落为需求价格低落赶过头之前，生产大增，因之价格更低落。（同上）

马霞尔又根据上述的理论来说明：征税对于价格的影响，在各种生产率法则支配之下，是不同的。假设，商品的原价为a，税额为b：则在生产率不变法则的条件下，该商品的价格等于 a+b，因价格上涨，遂使需求与产量都减少了；在生产率递减的条件下价格高到 a+b，会使需求与产量都减少，但同时又使生产费下降。如原来的生产费为a，现在为a'了，因a'小于a，故a'+b 小于a+b。

结果，供给价格虽高，但其程度比总税额为小，在这场合，捐税总收入也许会比因捐税而发生的消费者盈余之损失为大。（同上）

假使在生产率递增法则的条件之下，则a'大于a，故a'+b 大于a+b，即所增加的价格超过了支付捐税的总额。

对于依照收获递增法则的货物征税，比对于依照收获不变法则的货物征税，于消费者较为有害。……盖此税减少需求，因而减少产量。因此，这种捐税会增加若干生产费；提高价格，其差额在税额以上；最后减少了消费者盈余，减少之数远比政财当局的全部税收为多。（同上）

根据上面的说明，我们可以毫无疑义地看出：马霞尔一方面，把需求变化与生产量的变化联系起来，同时，另一方面，又把生产量与生产率相联系。如我们仔细地耐心地加以研究，就不难发现他的错误了。从理论上研究起来，需求的增减，仅能使社会供给量或社会生产量发生变化。但马霞尔所说明的生产率不变法则、递减法则与递增法则都牵连到各个生产的规模、各个企业单位的规模。社会生产虽受需求的影响：需求增加，社会生产扩大；反之市场价格低落，会引起需求之增加。但各个企业或生产单位之扩大是由许多与需求大小无直接关系的其他因素所引起的；生产集中过程与需求变化并无任何逻辑上的关系，即使在需求减少的时候，生产集中亦能顺利地进行。只有在这两个假定之下——即：1. 假定生产单位数不变，且否定新企业之成立；
2. 假定社会生产的扩大以相等的程度或差不多相等的程度在一切生产单位
上表现出来——社会生产量的变化与各个单位产量的变化才有相应的联系。
然而这两个假定是不能成立的。所以，马霞尔的认为需求变化，所有生产单
位的产量均发生相应的变化的见解是错误的。社会生产与个别生产之不容混
同，连马霞尔自己亦并未否认。"一产业渐次发达的结果，使这产业所出产的
货物有上述的价格低落的倾向，但这与一个体经营迅速地获得扩大其企业之
新经济的倾向完全不同。"（《原理》第五篇第十二章）马霞尔认为不容混同社
会生产与个别生产，这是对的。但他又把他自己所了解为该生产部门之模型
的中等的企业——代表营业与社会生产一般相混同了。"我们随时想象一营
业，这营业相当享有归于它所属的产业的生产规模的内部和外部经济。我们
认定这种营业的大小，虽一部分与运输的技术和费用的变化有关；但是如其
他情形相同，是为该产业的一般的扩大所支配。"（同上）

这种混同是毫无理由的，因此，关于社会需求与代表营业的生产量间有
联系的见解亦是错误的。马霞尔之所以发生这种错误，是因为在方法上他不
能说明社会生产法则与个别生产法则之区别。所以，他不怀疑在社会需求与
个别生产量间之联系。虽在其代表营业的理论中，想把社会产量与个别产量
连贯起来，但他忘记代表营业不过是在某种限度内生产单位或企业的平均量
之体现者，这种营业之所以能执行这一机能，仅因为它是代表，但这种代表
的机能之执行并非这种营业的特权，亦非其必然的义务，现在执行"代表营
业"机能的某种具体营业往往会扩大其生产规模。但这并非"代表营业"之
扩大。事实上，需求变化与生产集中或"代表营业"扩大之间真实的关系，
往往与马霞尔所想象的相反。需求增加往往会削弱集中过程，有时反会使微
弱的落后的营业的地位得以暂时稳固；而在经济恐慌社会需求减退以后，反
会促进生产之集中，盖价格下降刺激企业主为增强竞争力计而减少生产费，
因而努力于改良生产，应用新的技术，结果遂推进生产之集中。所以生产集
中过程，不一定以需求为依据。

现在再分别来研究上述的三个生产率的法则吧：依马霞尔的意见，生产
率递增法则最适用于工业。在工业上，个别企业能不依据社会生产之增加而
扩大其生产规模。所以在工业上，不能根据需求之变化而武断个别企业的生
产量之变化。马霞尔关于生产率三个法则的学说，有实际上与理论上意义的
只是：生产率的不变法则和递减法则。但马霞尔关于这两个法则的理论不过

是小弥尔（John. S. Mill）关于财富的分类及相应的三个价值法则的学说之另一种表现形式而已。小弥尔所描写的第一种财富可以略而不论，因为那种财富没有任意增加供给的可能，当然亦就没有变化生产费的可能。至于第二种财富是为生产率不变法则所支配的；第三种财富则为生产率递减法则所支配。但依马霞尔的意见，需求变化毫不影响在生产率不变法则支配下所生产的商品价格。因此，我们可以得一结论：根据马霞尔关于生产率三法则的学说，只在生产率递减法则发生作用的条件下，需求才会影响到正常价格，生产率不变法则对于工业是毫无意义的，假使生产工具不变，劳动力增加了，因而减少了劳动的效率，则企业主可以改变生产组织，或增加新工具添设新工厂，或尽量紧张地不停地利用旧工具藉资抵消。这个法则只在农业才能发生有限的作用。就是说，在农业生产技术不变的条件下，继续增加资本与劳动于农业，则达到某种水准以后，会增加每单位农产品之生产费的，因而提高其价格。但是如不改良农业的生产技术，则继续增加资本与劳动于农业是不可能的；设农业的生产技术改良了，则收获递减法则亦就失其作用了。所以我们可以说：收获递减法则不但作用很轻微，且其本身亦是矛盾的。

五

均衡价格论为马霞尔经济理论之中心。他指出生产费依存于生产量，同时，又指出生产量依存于需求，需求的间接影响，最明显地表现于为生产率递减法则所支配的经济部门。"生产物的种植额以及耕作界限 Margin of Cultivation（即不管土地之优劣，资本与劳动充用之有利界限）均为需求与供给的一般条件所支配：在一方面，它们为需求所支配，就是为生产物的消费者人数，消费者需要该生产物的强度，及其支付能力所支配；他方面为供给所支配，即是为可用的土地之面积和肥沃程度，及耕作人数与资力所支配。因此生产费，需求强度，生产界限，和生产物的价格彼此相互影响。谓其中之一，在某程度上为其他因素所支配，并不陷于循环论。"（《原理》第五篇第十章）关于决定生产费的因素问题，在《原理》第五篇第三章上，他曾这样说："某货物的生产费作多深的分析亦可以。但太深的分析往往是无用的。例如以工业用的各种原料价格为终极的事实就足够了，不必再分析这些供给价格之构成分子；不然，这种分析便永无尽期。"从这里，我们可以看出，他是想避免一般生产费论者以别种商品价格来说明某种商品价格的那种缺点的。他曾以呢为例，说明具体商品的生产费："一、羊毛、煤、及其他制呢时耗尽的材料的价格；二、建筑物、机器及其他固定资本的耗费和折旧；三、一切资本的利息和保险费；四、工厂内劳动者的工资；五、冒险者和规划及监督作业者的总经营收入（包括损害保险费）。"（同上）

马霞尔把生产费分为二种：实质的生产费（Real cost of production）和货币生产费（Money cost of production）。前一种他了解为"除了直接或间接含于其制作的一切种类劳动的操作之外，还有用于制作的资本积蓄所需的节欲——或毋宁说是期待"。第二种，他是这样了解的，"为这些努力和牺牲而支付的货币额"（同上）。马霞尔以为决定价格有重大作用者为实质生产费，"当从社会的立场考察生产费的场合，当考察造成某种结果的费用随经济条件之变动而增加或减少的场合，我们所关注者是各种性质的努力之实质费和期待的实质费"（《原理》第五篇第三章结论）。依他的理论，实质生产费又有两个基本的因素：劳动与期待。他就根据这个理论去批判认为价值光由耗费劳动量决定的那种价值论，"满足的延期一般地必需延期者的牺牲，正如努力的增加必要劳动者牺牲那样。这种延期使人用新的生产方法，采用新方法时，最初的费用虽大，但享乐总量实有增加，与由劳动增加而增加者无异。如果这二点是真的，则认为货物的价值单纯地以所费的劳动量而定的说法就不是真理。凡是欲建立这种理论的企图，必然暗中假定资本所贡献的服务，是一种自由财并无牺牲，因而毋须利息以为资本继续服务的报酬"（《原理》第六篇第六章）。这种见解不过是西尼尔（Senior）节俭论的复述，在此是用不着做深入的论究的。

依马霞尔的理论，均衡价格是由需求与生产费决定的，而生产费又由劳动与期待这两个因素构成。所以，可以说价格的终极基础是需求、劳动与期待。需求，我们已在前面研究过了。劳动与期待，设能成为生产费之构成因素而为价格之终极基础，只有在它们间有共同的尺度才可以。"在无共同尺度的事物间，我们不能说其间有比例的关系。"（Sidgwick: *The principle of political economy*，1878 年版 191 页）。然而在客观上，劳动与期待间的共同尺度是不存在的。所以，马霞尔不能不跟耶方斯与何森一样把耗费在生产上的劳动，加以主观的了解。只有如此，才能把劳动与期待连接起来相提并论。"在一方面，需求是以取得货物的愿望为基础；在他方面，大部分系于非货物的忌避的克服。非货物一般可分为二项：劳动与消费延迟的牺牲。"（《原理》

第四篇第一章）他又复述了耶方斯劳动论（Theory of labour）主要思想，研究工作中正、负因素的均衡。结果，劳动与期待乃表现为构成生产费的两个平等因素：贡献的两种形式，资本主与工人双方共同努力的两种形式。这种把劳动与期待当作同一主观的概念而建立主观一元论的理论，只有在孤立生产的条件下，即只有在并无价值法则发生作用的条件下，才能自圆其说。假使以社会生产——即使是无组织的社会生产为研究对象，则这种理论就毫无意义了。因在社会生产的条件下，由劳动过程或由期待而获得的各商品生产者的主观经验，是没有什么作用的。在这种情形下，营业一开始，就面对着客观的事实——商品生产时的劳动耗费。

　　总之，实在生产费是不足为均衡价格之基础的，其实马霞尔在其《经济学原理》上论述的，可以当作均衡价格之基础的不是生产费之物质因素而是其价值因素。这可以在其熟练劳动论上看出来。他对于李嘉图关于异质劳动的理论，曾这样解释："倘若一珠宝匠的工资为一普通劳动者的工资之二倍，则前者一小时的作业等于后者二小时的作业。如他们的相对工资变化，则他们的制作物的相对价值的变化当然会发生。"（《原理》附录九第二节）他认为相同的熟练劳动，即是劳动力（依他的术语说，叫作劳动）的相等代价。所以，在他看来，能影响商品价值的是劳动的价值即工资。那么，我们要问，工资的大小又如何决定的呢？根据他的理论，这是在对劳动的需求价格与供给价格之均衡点上决定的，劳动的需求价格又由界限工人的生产率决定，"各劳动阶级的工资当常等于这阶级的界限劳动者劳动所增加的纯生产物"（《原理》第六篇第一章）。这是因为企业主对于劳动的需求与对于其他生产要素的需求一样，是以代替原则为依归的。马霞尔的代替原则在形式上与何森的第二个法则很相似。假使企业家预期生产一定量的商品，他就以用极少的支出能获得该项商品为有利，因此他努力使其生产的组织合理化，设某生产因素以别种因素去代替——例如以过去的劳动去代替现在的劳动，在技术改良的时候，或以现在的劳动去代替过去的劳动，在生产技术比较落后的企业——为有利的话，就实行代替原则了。而供给价格是为劳动力再生产所必需的种种条件去决定。"工资趋于与劳动的纯生产物相等，劳动的界限生产力Marginal productivity 决定其需求价格。在他方面，工资常会与有效率的劳动的养育养成费及劳动精力维持费保持虽间接而密切和错综的关系。"（同上第二章第二节）

　　这里，马霞尔把不统一的东西统一起来了，如果工资是由对于劳动的需求价格决定的，那就与劳动力的再生产无关了；反之亦然。在这里他犯了逻辑上所谓二元论法的错误了。

马霞尔的经济理论建立在两个前提上面：1. 需求与供给法则之制约的作用；2. 最初的生产因素（劳动与期待）不是固定的，而是可变的。第一个前提使马霞尔与主观主义者接近；第二个前提使他与古典派的学者接近。所以，在他的理论体系中汇合了二种互相对立的经济理论。遂使他处在歧途中：一方面，他受古典学派的影响甚深而为古典学派之殿军；另一方面，他又是一个主观主义者。正因为他不能摆脱与古典学派的影响，所以在《原理》第六篇第二章分析供给之原因时，他说李嘉图是对的。在附录九，他又认为李嘉图与耶方斯很接近，而以李嘉图的学说较优。在研究了耶方斯以后，他又说："现在让我们回头来研究李嘉图的学说。他的学说虽是无系统的，而且可非议之处不少，但似乎在原理上比耶方斯的学说较为哲学的，且与人生的现实事实较接近。"（附录九第三节）因此，我们可以把他当作新古典学派的学者。

但马霞尔自己的见解是站在主观主义的立场上的。因此，削足就履地把关于生产因素的供给对于价格的影响强纳于供求论中去，这里削足就履的唯一方法，在乎确立生产因素的供给对于非经济原因的依存性（注）这一点。就是这一点，使他不能建立一元的价格论。

（注）：在第六篇第五章上马霞尔曾如此说："……于是有达于正常均衡的不断的倾向。在这点上，这些因素的各个供给与其服务之需要的关系，对于这供给的准备者的努力和牺牲予以充分的报酬。如果国民经济久在静止状态中，这倾向之实现，使供给适应了需求，俾机械以至于人，可得与其养育成费不仅算入严格的必须品，而且计及习俗的必需品大略一致之数额。但是，即使经济状况本身是静止的，习俗的必需品亦会因为受非经济的原因的影响而变化。这变化可左右劳动的供给，致国民分配额减少，且略使其分配变动。"

赫尔岑与奥加略夫的经济思想[*]

一、赫尔岑与奥加略夫时代的俄国社会经济

赫尔岑与奥加略夫所处的时代，正是俄国从封建农奴经济转化为资本主义经济的时代。也就是俄国封建农奴经济崩溃和资本主义经济产生的时代。

19 世纪初，分工与交换已相当发展，1818 年，俄国国内市场上的商品流转额已达九亿卢布；这就带动了商品生产的发展。地主也为出卖而生产一部分农产品。到 19 世纪中叶，地主经济已占商品谷物的十分之九，这种情形已表明封建农奴经济开始崩溃了。列宁曾说："地主之为了出售而进行的谷物生产，在农奴法存在底最后时期是特别发达的，已经是旧制度崩溃底预兆。"[①]但是在农奴法的条件下，地主经济之卷入商品流通，并没有使它转化为资本主义经济，而只是引起对农民的剥削的加强。不仅货币贡赋的增加，致使农民不能不到城市去找工作，从事手工业等等，以寻找纳缴贡赋的来源；甚至劳役也不断增加了。1797 年的法律规定劳役为每周三天，而到 19 世纪，地主于夏天把劳役增加为四天、五天、甚至六天！有时，农民甚至连星期天也不能在自己经济中工作！结果是农民生活状况极端恶化，他们不能正常地更新劳动工具。因此，不但农民经济衰落了，连地主经济也衰落了，因为地主的耕地也要由农民用农民自己的农具去耕种的。农民的生产率一年比一年降低。由此可见，农奴制度阻碍了生产力的发展，使农民经济和地主经济都受其害，除非消除农奴法，是没有别的出路的。

封建农奴制度的崩溃过程也就是资本主义关系的发展过程。从农业方面

---

[*] 本文选自《新建设》1955 年 6 月号。

① 列宁：《俄国资本主义的发展》，人民出版社 1960 年版，第 161 页。

来看，改革前的俄国已经发生农民分化，一部分农民破产了，不得不为取得工资而受雇于其富有的邻居——他们也是农奴农民，唯因其富有，所以能剥削别人的劳动。到 19 世纪中叶，已经有一部分农业生产是以雇佣劳动为基础。在工业方面，俄国资本主义工业先是从农民工业发生的。在自然经济条件下，农民工业原来是家庭工业，随着分工与商品货币关系的发展，一部分家庭工业的产品已在市场上出售。到 19 世纪上半纪，农民的家庭工业已日益转化为市场而生产，这就促成了工业与农业的分离。但是工业主依然是农民，而且也发生分化了。富有的农民用购买和贩卖其他农民的工业品、贷款等办法，逐渐掌握了农民工业；许多富有的农民的工业开始采用雇佣劳动。农民工业中逐渐发生资本主义的简单的协作，又由于分工的发展而转化为工场手工业。资本主义的家内作坊则更为发展。可是在以雇佣劳动为基础的这种种企业中，企业主和雇佣工人都是农奴。

俄国许多资本主义的工业企业都是从农奴农民的企业发展来的。例如，莫罗佐夫（С. Морозов）于 1820 年才向封建地主楼民（Ры-мин）赎得人身自由，在 1861 年改革以前，他已经由农奴转化为在那时候可以说是最大的一个企业主了。在他的企业中有些企业完全可以叫作资本主义的工厂。例如，他的尼可尔斯卡亚纺织厂有四架蒸汽机、六三二架纺纱机和七四架织布机。在 19 世纪 40 年代，俄国的棉纺织业已开始从工场手工业到工厂的过渡，开始工业革命；工业革命也逐渐扩及于其他工业部门。商人资本在俄国资本主义工业发展上也有相当作用，它使小生产者隶属于自己，使他们变成为雇佣工人，虽说这种工人同时又是缴纳贡赋的农奴。

但是，"工业在农奴制度下不能有真正的发展"[①]。因为首先，发展工业必须要有足够的自由劳动者，而在农奴制度下，是不可能造成为发展工业所必要的劳动者的。其次，封建农奴制度也妨碍了工业中的资本积累。因为雇佣工人所创造出来的一部分价值，用作缴纳给地主的贡赋了。由此可见，农奴法已成为俄国工业发展的障碍物，势必取消它不可。再从国际经济方面来看，18 世纪末俄国黑色金属的生产原占世界第一位，但在 19 世纪 60 年代，它已降为第八位；而棉纺织品的产量也已落于英、法、德诸国。由于经济落后，它就成为外国资本底有利投资场所，因此，它就有被外国资本所奴役的危险。总而言之，生产关系一定要适合生产力性质的法则已在发生作用，农

———————————

① 《联共（布）党史简明教程》，莫斯科中文版，第 13 页。

奴法实有废除的必要。

但是，"……在经济学领域中，发现和应用那些触犯社会衰朽力量的利益的新法则，却要遇到这些力量极强烈的反抗"[①]。这种衰朽力量就是农奴主地主。他们以保存农奴法为有利。沙皇政府是地主赖以压迫农民的工具，是农奴法的保卫者和俄国人民的死对头。尼古拉第一就是以迫害十二月党人开始其血腥统治的。

俄国的资产阶级虽也有其进步的一面，但在政治上是软弱无能的。而且在 19 世纪上半期，西欧无产阶级之反对资产阶级的尖锐斗争，也引起了俄国资产阶级的恐惧。因此，取消农奴法虽有利于资本主义的发展，但俄国资产阶级终于不能成为革命阶级，没有为取消农奴法而奋斗。

农民就完全不同了，他们由于几百年来受农奴制的压迫，恨透了封建地主和官僚。所以，当时俄国社会的主要矛盾是农民与农奴主地主之间的矛盾。斗争就是在他们之间展开的。农民运动一年比一年发展，而在克里米亚战争及其以后的年代内，更为高涨，并且提出取消农奴法作为他们斗争的目的。后来农民不但要求取消农奴法，并且还要求取得土地。至于工人，也遭受农奴制的剥削，因为工业劳动者一部分是农奴，而自由雇佣的工人也是对地主缴纳贡赋的农奴工人。因此，他们也要为废除农奴法而斗争。就在这种情形下，加以克里米亚战争的失败，沙皇政府乃不得不取消农奴法。"沙皇政府既因在克里米亚战争时期遭到军事失败而势力大减，同时又慑于农民反对地主的'骚动'，乃不得不于一八六一年废除农奴制度。"[②]

1861 年改革的结果，农民名义上是解放了，但农民的土地则被剥夺了五分之一以上，所付的赎金以及为支付赎金而借款的利息共达 20 亿卢布之巨。农民起事遂因而更高涨了。结果当然是遭到沙皇政府的血腥镇压。例如，安东·彼得罗夫（Антон Петров）所领导的，有三县农民参加的起义，农民被杀者五十一人，受伤者数百人，彼得罗夫本人也被枪决。工人也以愤怒的心情来对待 1861 年的改革，工人运动也因而高涨。但是，大部分工人都与农村有密切联系，因此工人不仅为提高工资和工人的其他利益而斗争，并且也为土地而斗争。因此，遂造成一种错误的见解：俄国与西欧不同，没有使无产阶级发生的条件，俄国的将来是属于农民的。

[①] 斯大林：《苏联社会主义经济问题》，人民出版社 1952 年版，第 6 页。

[②]《联共（布）党史简明教程》，莫斯科中文版，第 13 页。

农奴法取消以后，俄国就开始了资本主义发展时期，但农奴制度的残余又妨害了资本主义的发展。因此，从封建农奴经济到资本主义经济的转化就不能迅速地完成了。

这个时期，是俄国文化、文学艺术、科学、哲学空前昌盛的时期，也是俄国经济思想方面的民主主义的派别形成的时期。赫尔岑与奥加略夫就是这个新的民主派的杰出代表。

二、赫尔岑与奥加略夫的生平和活动

亚历山大·伊凡诺维奇·赫尔岑（Александр Иванович Герцен，1812—1870）和尼科拉·布勒多诺维奇·奥加略夫（Николай Платонвич Огарев，1813—1877）都出生于地主的家庭。他们在童年时看到农民的痛苦，就很同情他们。1812 年的卫国战争对于他们的影响很大，他们在年轻时就已有爱祖国的热情。对于他们的影响最深的是十二月党人。赫尔岑曾说：十二月党人"是些从头到脚都用纯钢炼成的闯将，是些奋勇的战士，他们自觉地赴汤蹈火，以求唤醒年轻后辈走向新生活，洗净那些在刽子手和卑鄙奴才中间生长出来的子弟身上的污垢"[1]。赫尔岑和奥加略夫是在十二月党人起义以前不久，在 1825 年夏天初次会见的，以后即成为终身的知交。他们从十二月党人学到爱国主义，并且曾言誓要继承十二月党人的遗志，献身于反对沙皇和农奴法的斗争。

赫尔岑（于 1829 年）和奥加略夫（于 1830 年）都进过莫斯科大学；在那里曾组织秘密的政治小组，开始研究政治经济学。学校虽在讲授庸俗经济学，但他们自己也研究古典经济学；他们总是以批判的态度对待资产阶级政治经济学的。在大学中，他们也开始认识西欧乌托邦社会主义者的思想，那种思想也使他们有深刻的印象。

1834 年，他们被捕了。赫尔岑的罪名是"对社会极为危险的人胆的自由思想者"，奥加略夫的罪名为"危险和隐藏的盲从者"。第二年，他们被流放。在流放期间，他们反对农奴法的思想更为坚决了。赫尔岑于 1840 年被准许回莫斯科，可是第二年又因一封私人信件而被流放。1843 年再回莫斯科，一直

---

[1] 《列宁文选》两集卷，第一卷，莫斯科中文版，第 785 页。

住到出国（1847 年）时为止。奥加略夫在流放期间，曾在高加索会见被流放到那里的十二月党人，留下很深的印象。1838 年放逐期满后在莫斯科居住二年，接着有五年在意、法、德等国研究自然科学和社会科学，特别是从事政治经济学的研究工作。

19 世纪 40 年代是赫尔岑和奥加略夫创作丰富的时期。赫尔岑主要以小说，而奥加略夫则以诗作为反对农奴法的斗争工具。

他们在这个时期都注意哲学问题。列宁予赫尔岑的哲学见解以很高的评价。他说：赫尔岑"在十九世纪四十年代农奴制的俄国，竟能达到了与当代最大思想家并驾齐驱的高度。他领会了黑格尔的辩证法。他懂得辩证法是'革命底代数学'。他超过黑格尔而跟着费尔巴哈走到了唯物主义。一八四四年写的第一封标题为《经验与唯心主义》的《论自然界研究的信》，向我们表明出，这位思想家，甚至在今日也比无数现代经验主义的自然科学家和一大群现时哲学家，唯心主义者和半唯心主义者高出一头。赫尔岑已走到辩证唯物主义跟前，而在历史唯物主义前面停住了"[1]。奥加略夫的唯物主义世界观，也是在 19 世纪 40 年代形成的。

19 世纪 40 年代，赫尔岑与奥加略夫都积极参加民主主义阵营进行反对农奴主自由主义者阵营的思想斗争。赫尔岑在反对斯拉夫派的斗争中，明白了思想斗争之不可调和的性质以及斯拉夫派之反动的本质。奥加略夫也得出同样的结论，并且指出斯拉夫派是向后回顾的。在反对西欧派的斗争中，他们特别批判西欧派的世界主义思想。赫尔岑讽刺西欧派乃西方资产阶级的崇拜者、削足就履。奥加略夫则指出西欧派与斯拉夫派反动本质的一致性。他挖苦地说，就连斯拉夫派也是用德国文字来写俄文的。他们在斗争中巩固和发展了民主主义的思想。赫尔岑在这个时候，已经提出俄国进步的人士应当与农民建立联系的问题。他感觉到他自己是脱离民众的。列宁曾说："赫尔岑不能在四十年代的俄国内部看见革命民众，这并不是他的罪过，而是他的不幸。"[2]赫尔岑，在 19 世纪 40 年代，由于脱离民众而失望和怀疑。但坚强奋斗的精神则未稍懈。1847 年，他去国外，依然进行着反对农奴法和专制制度的斗争。

奥加略夫于 1846 年回国以后，曾经营酿酒业和造纸业，企图把劳役制改

---

[1]《列宁文选》两集卷，第一卷，莫斯科中文版，第 785-786 页。
[2]《列宁文选》两卷集，第一卷，莫斯科中文版，第 790 页。

为工资制。1850 年曾被捕，罪名是组织"共产主义小组"，因查无实据而释放，但已处在警察监视之下了。1855 年结束其企业活动，次年出国，与赫尔岑一直寄住在国外。他们的大部分时间住在伦敦。

赫尔岑在巴黎亲眼看见 1848 年的革命。这次革命失败使他非常痛苦。列宁曾说："赫尔岑在一八四八年以后的精神破产，他当时所抱的深沉的怀疑态度和悲观态度，是表明资产阶级社会主义幻想之破产。赫尔岑精神上的悲剧，乃是资产阶级民主派底革命性已在衰亡（在欧洲），而社会主义无产阶级底革命性尚未成熟的那个全世界历史时代底产物和反映。"①赫尔岑对西欧革命失望以后，乃重新把希望寄托在俄国。为了寻找社会主义的科学基础，他创立了"俄国社会主义"的错误的乌托邦理论。这种理论也为奥加略夫所大事宣传。1852 年，赫尔岑移住伦敦，他的有名的自传体的长诗《已往与所思》，就是从这时候开始写，经过 15 年以上的时间完成的。

赫尔岑于 1853 年在伦敦设立"自由俄文印刷所"，于 1855 年出版《北极星》历书，于 1857 年又与奥加略夫出版《钟声》杂志。他们出版和发表进步的书籍和作品，在鼓吹解放农奴和反对农奴法的斗争中起过很大的作用。在《钟声》上也发表过一些关于经济问题的文章，这主要的是出自奥加略夫的手笔，例如《俄罗斯问题》《俄国的财政改革》《澄清一些问题》《财政上的争论》等等。

在准备改革时期，他们常在民主主义和自由主义之间动摇，例如，他们错误地认为可以由沙皇政府用改革的办法来消灭农奴制度和实行彻底的社会改革。赫尔岑曾经在《钟声》上发表过几封给亚历山大第二的信，表示这种意思。"……现在来读这些书信，真是令人作呕。"②1861 年改革的反人民的性质，改革后国内农民运动的高涨及其遭受专制政府的血腥镇压，使他们明白：专制制度是人民的死敌。他们因而更加关心农民起义，相信人民的革命力量。

19 世纪 60 年代初，"土地与自由"这个秘密的革命组织在俄国成立了。奥加略夫曾为它草拟过许多传单。他在《人民需要什么》一文中指出，"土地与自由"的目的是号召人民准备武装斗争。在《军队需要什么》一文中，他号召军队转到人民方面去，号召人民有组织地同时举行起义。这些号召并未

①《列宁文选》两卷集，第一卷，莫斯科中文版，第 786 页。
②《列宁文选》两卷集，第一卷，莫斯科中文版，第 788 页。

实现，而革命形势低落了，"土地与自由"也于 1864 年停止其革命活动。《钟声》在俄国的影响也下降，遂于 1867 年停刊。

赫尔岑于 1869 年发表了一部极重要的著作：《致老同志书》。这表明他企图从革命的民主主义转变到无产阶级的立场上来。列宁曾说："赫尔岑与无政府主义者巴枯宁决裂了。……赫尔岑在这里又重复了旧的资产阶级民主主义的词句，似乎社会主义者应当'同样向工人和雇主、向农夫和市侩作宣传.'但是，赫尔岑与巴枯宁决裂时，他的视线并不是萦注于自由主义，而是萦注于国际，萦注于马克思所领导的国际……"①

赫尔岑与奥加略夫的生平和活动贯穿着为祖国和人民而奋斗的精神。他们的活动在俄国民主主义革命的准备时期起过很大的作用。列宁曾说："赫尔岑就是用鼓吹自由的俄罗斯言论向群众号召，掀起伟大斗争旗帜来反对这个毒物（指沙皇专制制度——达）的第一人。"②

三、赫尔岑与奥加略夫对封建农奴经济制度的批判

列宁曾说："不可忘记：……在我们四十——六十年代的启蒙者写作的时候，一切社会问题都归结到与农奴制度及其残余作斗争。"③因为，反对农奴制度的斗争是这个时代俄国社会的中心问题，所以，就在这个问题上，赫尔岑与奥加略夫发表了其最早的经济思想。他们多方面地批判俄国的封建农奴经济制度；他们不仅论证了农奴制度必须消灭，而且还指出应当在什么条件下和用什么方法来消灭它。

在赫尔岑看来，农奴制的剥削是以地主占有土地为基础的，因此，他认为土地问题具有特别重大的意义，而把反对农奴法的斗争与反对封建的土地所有制的斗争结合起来。同时，他又指出，不仅土地，还有"受过洗礼的所有权"——即农奴——也为地主所有。除开不能杀戮农奴以外，地主对农奴有一切权力：可以任意鞭策、出卖农奴，甚至可以将农奴禁闭和流放。因此，他已看出封建农奴制度的超经济的强制。

赫尔岑也注意到农奴制剥削的三种形式，并且指出，货币贡赋占主要地

---

①《列宁文选》两卷集，第一卷，莫斯科中文版，第787页。
②《列宁文选》两卷集，第一卷，莫斯科中文版，第791页。
③ 列宁：《我们究竟拒绝什么遗产？》，人民出版社版，第19页。

位。依照他的估计，在 19 世纪 50 年代的俄国，三分之二的农奴属于大地主，并且都是缴纳货币贡赋的。只有三分之一农奴属于小地主，这是采取劳役地租和产物贡赋的剥削形式的。他说：贡赋的多少并非由农民所使用的土地多少来决定的。地主分给农民的不过是"为维持他的可怜的、苟且偷安的生活所必要的一小块土地"①，所以，他已看出，份地只是再生产农奴劳动力的条件，而贡赋则为地主剥削农奴的形式之一。

他还看到：由于商品流通和工业的发展，对于农民的剥削加强了，一种新的剥削方式——工业中采用农奴劳动——出现了；农奴制的矛盾因而加深，阶级斗争更加尖锐了。

赫尔岑的这种见解，曾由奥加略夫加以补充。19 世纪 40 年代，奥加略夫就曾经发表过文章，论证自由劳动之优越于农奴劳动。在 19 世纪 50 年代后半期，他在《北极星》和《钟声》上发表了许多文章，尤其是《俄罗斯问题》一文，展开了对农奴制度的批判。他证明：农奴制度使地主经济和农民经济都必陷于停滞和衰退。农具不好、技术落后、三圃制、农民在残酷压迫之下既不关心自己劳动的成果，地主则终日无所事事，在这种情形之下，劳动生产率势必下降。他指出，这就是俄国肥沃土地比欧洲的贫瘠土地出产得反而更少的原因。

他还指出：农奴法妨害了贸易的发展。由于农奴制度所引起的国内市场的狭窄，也阻碍了农业中生产力的发展。

赫尔岑也看出：农奴制度是俄国所以落后于其他国家的原因。他说："最低限度，在目前，全部俄罗斯问题是关于农奴法问题。在俄国还没有消灭农奴制度时，它就不可能前进一步。"②他认为，不取消农奴制度，俄国就不能成为独立的伟大国家。

总而言之，赫尔岑和奥加略夫从各方面批判了农奴制度，而且论证了消灭这种制度之必要。

关于消灭农奴制度的条件问题，他们主张：农民固然应当迅速地从农奴制的依存性中解放出来；更重要的是，农民应当连带土地解放出来。他们认为：只有这样才能消灭一切形式的农奴制剥削。

至于消灭农奴制度的方法问题，他们的见解，前后显然不同，这表明了

---

① 费拉托娃：《赫尔岑与奥加略夫底经济观》（俄文版），第 133 页。

② 费拉托娃：《赫尔岑与奥加略夫底经济观》（俄文版），第 140 页。

他们从贵族革命者的立场进步到革命民主主义者的立场的过程。

赫尔岑与奥加略夫，作为贵族的革命者和十二月党人遗志的继承者，把改革俄国社会的希望寄托在一部分贵族身上。在 19 世纪 40 年代，赫尔岑虽然已提出俄国进步人士应当与农民建立联系的问题，但还没有看出人民的力量。19 世纪 50 年代，他看到农民运动的高涨，克里米亚战争的失败，认为农奴法非废除不可了。可是，这时候，他向自由主义者摇摆，在最初几期的《北极星》和《钟声》上，向亚历山大第二摇尾乞怜，希望实行自上而下的改革来改造俄国社会。迨至改革时期，封建贵族之反动本质，1861 年改革之有害于农民的性质，农民骚动的增长及其被沙皇政府之血腥镇压，他才明白自己原来的主张的错误，而认识到：贵族地主是农奴制的支柱，人民的死敌；亚历山大第二也和其他沙皇一样是专制魔王；因此，要消灭农奴制度，必须同时消灭沙皇专制制度和地主贵族阶级。在这个时候，他已相信，人民而且只有人民才能解放自己。列宁曾说："赫尔岑不能在四十年代的俄国内部看见革命民众，这并不是他的罪过，而是他的不幸。当他在六十年代看见了革命民众时，他就大胆地站到革命民主派方面来反对自由主义了。"①所以，赫尔岑的革命民主主义的思想在 19 世纪 60 年代形成了。

奥加略夫在 19 世纪 40 年代也期望少数开明人士来进行俄国社会制度的改革。到 19 世纪 60 年代，他才把全部希望寄托在农民的革命斗争上。有时候，他甚至比赫尔岑更进一步：参加和草拟秘密革命组织的纲领，写传单，号召农民和士兵举行起义。

由此可见，在关于消灭农奴制度的方法问题上，他们已比自己的先辈——十二月党人前进了一大步，从贵族的革命者进步到革命的民主主义者了。

可是，赫尔岑和奥加略夫不是也不可能是工人阶级的思想家。他们的思想只是反映了为反对封建农奴制度而斗争的农民的利益。因此，他们就不能以唯物主义的观点来解释社会现象。他们虽已正确地注意到俄国必须从封建农奴制度转化为新的经济制度，但是，他们不能正确地认识这种新的经济制度究竟是什么制度，而错误地认为俄国已处在向社会主义过渡的前夜了。同时，他们虽然正确地认识到人民群众在社会制度转变中之重大作用，但是，他们错误地把农民运动看成社会主义运动；他们也没有看出，在那时候，农民已在发生分化，而错误地认为农民将是俄国未来的主人翁。

---

① 《列宁文选》两卷集，第一卷，莫斯科中文版，第 790 页。

虽然如此，他们对于俄国封建农奴经济制度的批判，还是具有很重大的意义。他们的批判反映出为消灭农奴法而斗争的千百万农民的利益。他们思想的演进，标明着俄国一般社会思想和经济思想发展的痕迹。

四、赫尔岑与奥加略夫的经济纲领

他们的经济纲领内容非常广泛，举凡工商业问题、财政问题、信用制度问题等方面都论述到了，而以土地问题占最主要的地位。这是因为土地问题是当时民众斗争的中心问题。因此，我们首先来研究他们的土地纲领。

赫尔岑与奥加略夫在 19 世纪 40 年代，就注意土地问题。但是在 19 世纪 50 年代后半期，在农民运动高涨时，他们才把这个问题提高到首要的地位。他们站在农民的立场来论述这个问题，主张农民应当连带土地解放出来；并且认为这是根本问题，一切其他问题之解决都以此为转移。他们之所以如此主张，其理由如下：第一，如果农民解放而未取得土地，则农民将依然处于农奴地位而依附于地主，只有把土地交给农民，农民才能真正获得解放。第二，他们认为，为地主的利益而剥夺农民的土地，则会引起资本主义而使农民转为无产者；如果农民连带土地解放，那他们就不会变成无产者了。这种见解是错误的，是与他们的"俄国社会主义"的乌托邦理论相联系的。他们既不了解剥夺农民的土地会阻碍资本主义的发展①，也不理解农民连带土地解放会促进资本主义之更迅速的发展，而错误地认为，把土地交给农民，就成为俄国社会主义的始基了。

总而言之，在改革以前，他们是主张农民连带土地解放的。可是，在改革以后，他们关于土地问题的见解曾经发生显著的变化。

在改革以前，他们要求转交给农民的只是原来为农民所耕种的土地。赫尔岑曾说："农夫只想得到他们所灌溉和取得神圣工作权的那些土地，他们并不要求更多的土地。"②奥加略夫也主张，农民应当取得在改革以前所使用的全部土地。凡是在农奴法的条件下没有土地的农民，则应当分到土地。赫尔岑和奥加略夫都容许把一部分土地留给地主。

---

① 列宁：《社会民主党在一九〇五至一九〇七年第一次俄国革命中的土地纲领》，莫斯科中文版，第31-32 页。

② 费拉托娃：《赫尔岑与奥加略夫底经济观》（俄文版），第 175 页。

在这时期，奥加略夫还讨论到赎金问题。他主张，住宅、院落的土地应当无代价地交给农民。而耕种的土地则应由农民支付赎金给地主。赎金的数额则以既可使地主满意而又不使农民负担太重为度。他认为这对于地主和农民都是有利的。对地主说来，赎金可以使他们去扩大耕地，发展生产力，所以，这是地主的唯一出路。至于农民之所以同意支付赎金，是因为用这种和平的办法来解决问题，比之起义，可以使农民支出较少的代价。由此可见，他这时候还没有从那种认为可能用和平的办法来解决阶级矛盾的自由主义幻想中解放出来。至于人身的赎金，他是极端反对的。

1861 年 2 月 19 日法令的公布，给赫尔岑和奥加略夫底自由主义幻想以沉重的打击。他们看出：根据这个法令，农民的最好的土地被地主所割去，原来的剥削形式则依然保留着。奥加略夫气愤地说："旧的农奴法为新的农奴法所代替。总而言之农奴法并未取消。沙皇欺骗了农民。"[1]于是他们开始清醒过来了。在改革以后农民所展开的争取土地的残酷斗争影响之下，他们遂提出新的要求：把全部土地都交给农民。奥加略夫关于赎金问题的见解也改变了。他原来主张农民取得自己的耕地而支付赎金，现在，他却主张一切土地都毫无代价地交给农民。他并且把土地问题与用革命的办法来改变俄国当时政治制度问题联系起来，号召农民用革命办法来解决土地问题。

赫尔岑与奥加略夫还曾论述过土地所有制形式问题。起初，他们认为，地主和农民都可以私有土地。后来，当他们主张，不仅农民原来耕种的土地，连地主的土地都应当交给农民的时候，他们就反对任何形式的土地私有制了。他们以为，取消土地私有制，建立土地公有制是俄国走向社会主义的第一步。这种见解当然是错误的，因为如果不消灭生产资料私有制而取消土地私有制，绝不会动摇资本主义的基础，而只会使资本主义更加迅速发展起来，所以，不可能直接走向社会主义。

他们所主张的土地公有制是一种什么制度呢？并不是土地国有，而是土地为村社所有。奥加略夫曾企图证明：土地只能有二种所有制：第一，土地为"国王"所有，他说，土地国有必然会变成为土地为"国王"所有，这是为人民所不能同意的；第二，土地为"人民"所有，即为村社所有。他与赫尔岑都认为，俄国与西欧各国不同，可以沿着非资本主义的道路发展；土地为村社所有就是社会主义的胚胎。这种见解当然是非常错误的。俄国不可能

---

[1] 奥加略夫：《社会政治与哲学论文选集》（俄文版），第一卷，第 478 页。

略过资本主义而走向社会主义，土地为村社所有也不可能成为社会主义的胚胎。村社的土地所有制，不仅不能成为社会主义的胚胎，而且会妨害资本主义经济的自由发展，因为它乃是中世纪土地占有的残余。列宁曾说："只有土地国有才是真正的解放办法，它能造成出法麦尔（Фермер），能使法麦尔经济完全不受旧经济的束缚，完全不与中世纪份地占有制发生任何关系而独立形成起来。"[1]由此可见，他们所主张的村社土地所有制的见解是错误的、乌托邦的、甚至是反动的。但是他们根据这种理论来论证，必须彻底消灭俄国土地关系上的农奴制度，因此，从当时的具体情况来说，它也还有进步的作用。

现在我们来研究一下他们关于工商业方面的纲领。赫尔岑与奥加略夫都积极主张用一切办法来发展俄国的生产力。他们认为俄国之所以落后于西欧各国，人民之所以贫苦，是由于农奴制度在作祟；可是俄国已处在经济繁荣的前夜——"春天的泥泞时期"。一旦废除农奴法，俄国就会繁荣起来，"开辟历史的新纪元"。他们特别重视发展俄国工业。赫尔岑曾经指出，居民的物质福利是以工业发展的程度为转移的。奥加略夫也以为发展工业能够提高人民的生活水平。

他们也主张发展贸易。奥加略夫特别注意市集。他认为城市使农村涸竭，而在市集上则使农产品和工业品都汇集在一起，参加市集的人可以出卖自己的产品而购得自己所需要的商品。所以，市集就是真正的贸易。他之所以会有这种幼稚的见解，是由于当时俄国经济的落后，市集的确在贸易中起过很大的作用。

他们也认为建筑铁路有很大意义。奥加略夫曾指出，建筑铁路是为发展贸易所必要的。他批判沙皇政府的筑路政策时曾说，莫斯科与彼得堡之间的铁路，不能算作真正的商业铁路，因为还没有连接莫斯科与国内其他地区之间的铁路。

在对外贸易问题上，奥加略夫在原则上是赞同自由贸易的。但他注意到俄国经济的落后，认为可以运用关税政策，以促进本国生产力的发展和巩固其经济上的独立性。他指出沙皇政府的关税政策不但不能达到这个目的，反而妨害了俄国国民经济的发展。例如，他指出：谷物的进口税不会促进俄国农业的发展，因为谷物仅在荒年才进口；而谷物的出口税，会使国内谷价格

---

[1] 列宁:《社会民主党在一九〇五至一九〇七年第一次俄国革命中的土地纲领》，莫斯科中文版，第76页。

停留在低水平上，妨害了农业的发展和造成农民更大的贫困；碳酸钾、猪鬃等等的出口税会妨害农民工艺的发展。

赫尔岑和奥加略夫也很注意财政问题。他们看出：俄国在 19 世纪中叶国家预算赤字的不断增加，是农奴制的租税制度和沙皇政府底巨额不生产支出之结果。在税收方面，他们非常激烈地反对人头税和酒专卖制度。因为人头税是农奴制的租税：它只向农民和城市的小市民征收，地主贵族是不缴纳这种税的；而酒专卖则是掠夺人民的一种制度。根据奥加略夫的计算：仅值二卢布的燕麦，酿成酒以后，可以卖得四十九卢布；人民是被掠夺了，但国家的收入并不太多，因为人民买酒时所支付的比国家靠酒专卖的收入大三倍。1860 年的财政改革，并未取消人头税，酒专卖制度虽已取消而改为消费税，但税率很高，以致酒的价格毫未下降，因此也为他们所反对。他们建议实行财产税和所得税。奥加略夫指出，不仅向农民，而且也应向地主按地亩征税。不过，他认为，只有在改变俄国政治制度以后，才能实行有利于人民的租税政策。

在国家预算支出方面，他们极力反对不生产的开支。例如，奥加略夫曾经指出：加冕的巨额开支，皇太后的浪费——她到意大利去旅行每日要花费二万五千卢布——使他非常惊愕。

赫尔岑和奥加略夫批判了沙皇政府的财政制度和租税政策以后，得出结论：沙皇俄国已处在经济和财政破产的前夜。他们认为，出路是：消灭农奴制度，发展生产力，扩大商品流转，取消农奴制的租税，大大缩减不生产的开支。他们还建议财政公开。

在信用政策方面，赫尔岑与奥加略夫都反对沙皇政府的外债。奥加略夫曾指出，由于外债，大量黄金流到国外去以偿付债息。赫尔岑看出，外债债息支付加重了人民的负担。他讽刺地把国债叫作沙皇政府的唯一的财源。

改革前的官办银行制度，也为他们所反对。奥加略夫看出了这种银行制度的农奴制的性质，因为它是为地主服务的，而地主则把从银行借到的资金挥霍掉了。1860 年的信用改革，也引起他们的批判。这次改革的要点是：结束官办银行，设立国家银行“以繁荣贸易流转和巩固货币信用制度”。奥加略夫指出，国家银行是政府的奴仆，因为它为沙皇政府服务：它贷给沙皇政府以无利的放款，沙皇政府利用国家银行来发行纸币，以弥补赤字。结果是，货币购买力下降，对一切经济生活都发生有害的影响。

奥加略夫曾经草拟信用的乌托邦计划：设立“人民”信用——即没有剥

削的信用。他建议创办"公共银行"，这种银行贷款给农民村社，使后者可以发展生产。他认为，这样一来，农民就会走向集体劳动，走向社会主义。这种乌托邦计划是与其"农民"社会主义的思想有关的。奥加略夫底这个乌托邦计划，在形式上，与普鲁东的无偿信贷的乌托邦，颇有相同之处。其实不然，普鲁东是在欧洲资本主义发展的条件下提出他的乌托邦的，因此具有改良主义的、反革命的本质。奥加略夫是在俄国农奴制的条件下提出他的计划，目的在于使农民免受农奴制的压迫，所以，它虽然也是乌托邦的，但在当时来说，也还是进步的。

总而言之，赫尔岑与奥加略夫一方面批判了沙皇政府在农业、工业、贸易、财政和信用等方面的政策，另一方面则提出他们自己的主张：彻底消灭农奴制度，发展生产力，扩大商品流转，改革财政制度和信用等等，以巩固和发展俄国的经济力量。起初，他们认为可以用自上而下的改革办法来实行他们的经济纲领和改变社会制度。可是，在19世纪60年代，他们已经理解到：他们的这些主张，只有在人民革命胜利以后，才能实现。

五、赫尔岑与奥加略夫对于资本主义制度和资产阶级政治经济学的批判

赫尔岑与奥加略夫不仅反对俄国的农奴制度，而且也批判西欧的资本主义制度。在他们所处的时代，西欧资本主义社会内部的对抗性矛盾已充分暴露出来。因此，他们在寻求俄国发展的道路时，不会把资本主义制度理想化，而是予以批判。这是他们的经济思想的特点之一。

当他们在国内时，他们是在书本上认识西欧的。他们虽已看出资本主义的矛盾，但不很深刻。出国以后，他们亲眼看见西欧资本主义及其种种矛盾，因此也就予以更坚决的批判。"……巴黎的一年使我清醒过来了——这一年就是一八四八年。"[①]正是这一年，赫尔岑看到西欧革命极其悲惨的结局，使他大吃一惊，他对于资本主义制度的批判也就更坚决了。

工人阶级的贫穷化是在资本主义一切矛盾中最引人注意的问题。赫尔岑认为这是一个最重要的社会问题，这个问题的解决是与绝大多数人民的利益攸切相关的。他正确地指出：人民群众之所以贫穷，是资本剥削劳动的结果，

---

① 费拉托娃：《赫尔岑与奥加略夫底经济观》（俄文版），第238页。

人民群众是贫穷了而资产阶级则发财致富。他还因此看出阶级矛盾的尖锐化："一方面劳动，他方面资本；一方面工作，他方面机器；一方面饥饿，他方面刺刀。"①他又指出，资产阶级利用国家机关、警察来进行反对工人阶级的斗争。他认为这个问题，在资本主义制度下是不能解决的，只有用社会主义去代替资本主义的革命办法，才能予以解决。可是，在这个问题上，也暴露了赫尔岑的弱点，他认为，一旦人民群众不愿为别人多做工作时，则资本主义的剥削和贫穷也就都可以消灭了。这当然是乌托邦，因为人民群众为别人工作不是愿不愿的问题，而是由于生产资料被剥夺，势非出卖劳动力为别人工作不可。

奥加略夫对资本主义制度的批判，也是先从贫穷问题开始。他指出：资产阶级是剥削人民而发财的阶级，他们越富，则人民群众就越穷。在他看来，资本主义国家的人民之所以贫穷是生产者与土地分离的结果，俄国的优点是在于村社的土地所有制——这是使群众免于贫穷的手段和社会主义的胚胎。

他们对于资本主义制度的批判，是当时俄国经济思想中之进步现象，它号召俄国的进步社会思想家，不要停留于反对农奴制度的斗争，还要继续进行反对一切剥削制度的斗争。

赫尔岑在批判资本主义时，还指出无政府状态在资本主义生产和分配中的统治。"很多的物质资料缺乏人手来处理，许多人由于没有物质资料而死亡，巨额财富没有生产率，大量存货没有销路，多余与饥饿，最后，正是由于经济力和工具之偶然的分配，使大多数人民遭受贫穷和愚昧的痛苦。"②他认为，这种偶然的分配，是当代资本主义制度从以前时期继承下来并且以一切办法加以巩固的。赫尔岑把资本主义生产无政府状态归因于偶然的分配，这当然是错误的。但是，在上述的引文中，可以看出，他已正确地指出资本主义的这些现象：商品生产过剩、失业等等。

赫尔岑时常谈到资本主义历史地位问题。在 19 世纪 40 年代，他把资本主义制度看成人类社会历史上发展的结果。他认为，资本主义制度比封建制度进步；同时又看出，资本主义制度是从君主专制制度到社会主义民主制度的中间环节。因此，他已理解到，资本主义必然会灭亡而让位给社会主义。他曾企图从经济上来论证资本主义灭亡的必然性，可是没有成功。因为他不

---

① 费拉托娃：《赫尔岑与奥加略夫底经济观》（俄文版），第 243 页。
② 费拉托娃：《赫尔岑与奥加略夫底经济观》（俄文版），第 258-259 页。

正确地以分配的观点来批判资本主义，以"偶然的分配"来解释资本主义的矛盾。这种论证之所以不能成功，因为它把生产和分配机械地割开了，好像只有分配才是历史范畴，生产方式好像并不是历史范畴。他既不能理解生产和分配之正确关系，也就不能理解资本主义生产方式的特点，不能理解资本主义的历史作用。唯其如此，他就不能明白，社会主义革命和社会主义建设的前提条件——大机器工业和无产阶级——都是在资本主义社会内创造出来的。因此，他认为资本主义并不是一切国家在历史上必须经过的阶段，俄国是可以沿着非资本主义的道路发展的。就在这种情形下，他于19世纪50年代初开始建立"俄国社会主义"的错误的乌托邦理论。

在19世纪60年代，赫尔岑关于社会发展和资本主义历史地位的思想，已前进了一步。他开始怀疑俄国非资本主义的发展之可能性了。1869年他在《致老同志书》中提出：必须从现存制度本身去寻求资本主义必然会为社会主义所代替的问题。但是，他终于没有完全放弃关于俄国非资本主义发展之可能性的错误见解。

奥加略夫也曾研究过资本主义历史地位问题。与赫尔岑一样，他也认为，资本主义是历史上的过渡形态，俄国有非资本主义发展的可能。但是与赫尔岑不同，他一生从来没有怀疑过，而是始终主张，俄国是可能避开资本主义发展的道路的。这一点是和他的"俄国社会主义"乌托邦以及他不认识资本主义乃是人类社会发展之合法则的阶段有关的。

赫尔岑与奥加略夫虽然批判了资本主义制度，指出劳动与资本的矛盾、资本主义的无政府状态及其过渡性。但是，他们都不是无产阶级的思想家，不可能创立科学的资本主义理论。他们都不了解，资本主义的生产方式才是它的一切矛盾的根源。同时，他们还有一些错误论点。但是，他们对资本主义的批判是当时一种进步的经济思想，因为：第一，他们指出资本主义是历史上的一种过渡制度，这就比古典派经济学家们认为资本主义是自然制度的见解，前进了一步；第二，他们以向前展望的眼光来批判资本主义，这就比小资产阶级的经济学家们往后看的反动见解进步了；第三，他们指出资本主义社会的阶级矛盾和阶级斗争的必然性，这就比西欧乌托邦社会主义者反对阶级斗争的见解进步得多了。

赫尔岑和奥加略夫又是资产阶级政治经济学的批判者。他们为消灭对劳动人民的一切剥削一切压迫而斗争，同时，他们又要建立自己的革命理论，作为这种斗争以及改造俄国社会制度的理论武器，因此，就尖锐地批判资产阶级政治经济学，尤其是批判庸俗经济学。

赫尔岑对资产阶级政治经济学的批判，主要的有下列二点：第一，资产阶级政治经济学是反映资本家的利益，对劳动者来说，却是有害的。他曾说：资产阶级政治经济学对于商人、资产者是有很大贡献，但是对于劳动者来说，这种科学却毫无用处且反而有害了。第二，他指出：资产阶级政治经济学企图证明资本主义制度是永久的，而它们自己则是绝对的；这都是不对的，因为资本主义制度只是人类社会历史发展中的一个阶段，而绝对的科学事实上是没有的。在他看来，资产阶级政治经济学是在资本主义条件下所产生，因而其意义是有一定限度的。

赫尔岑曾经把古典派和庸俗经济学家加以区别。他把古典派学者叫作有思考能力的人，而把庸俗经济学家叫作"庸夫俗子"。他批判庸俗政治经济学主要的有下列三点：第一，庸俗"学者"使政治经济学退化了。他说：最早接触政治经济学诸问题的是最有思考能力的人，"庸夫俗子"后来才附和进去的，在他们手中，亚丹·斯密的科学衰落了（奥加略夫也有同样的见解，他曾说，斯密远比其后辈高明）。赫尔岑认为，资产阶级政治经济学所以会退化，是由于资产阶级已经丧失其原先的进步作用。第二，庸俗政治经济学的反动性质。他说：资产阶级科学与当权者结成"违法的同盟"而坐在"御座跟前"。第三，庸俗政治经济学的反科学性质。他说：资产阶级政治经济学已丧失与科学的一切联系，它已不能觉察到新的生活现象，因而不但不能解决问题，而且也不能提出问题。

赫尔岑在《已往与所思》一书中曾以整章的篇幅来谈论约翰·弥尔。一方面，他承认弥尔是一个批判资本主义的有名经济学家；另一方面，更重要的是，他指出，弥尔依然是资本主义制度的拥护者。谈到弥尔号召"改善"当时的英国资本主义而且回念英国以前的光荣时，赫尔岑很幽默地说：在健康的祖先身上来诊断病症是可笑的，这好像责备蜥蜴太小，而它的祖先——龙——要大得多，是一样可笑的。问题不在于"改善"，而在于人民是否还能容忍被压迫和饥饿。人民一旦掌握力量，则"社会的变革是不可避免的"①。从这点上来说，奥加略夫就不如自己的朋友了。因为奥加略夫没有看出弥尔是资本主义的拥护者，而只是把他当作伟大的经济学家。

赫尔岑与奥加略夫都曾谈到乌托邦社会主义者与资产阶级政治经济学家

---

① 赫尔岑：《已往与所思》（俄文版），第 551—552 页。

之间的斗争。赫尔岑认为资产阶级政治经济学已被乌托邦社会主义者的批判所粉碎了（这当然是错误的，因为只有马克思列宁主义的经典学者才能真正粉碎资产阶级的政治经济学），但乌托邦的理论不能成为社会主义的科学基础。他说："政治经济学已被粉碎了，地位已经清除出来，但是由什么东西来代替它呢？……愤怒……和批判不会构成积极的学说。"①奥加略夫也有相同的见解。因此，他们认为，必须创造为劳动者服务的、新的政治经济学。

奥加略夫曾经企图给政治经济学下一个定义。他说："在我们这个时代，科学已明显地指出，国家底物质力量构成它的文明底基础，政治经济学已取得真正的意义、真正的重要性。它已摆脱过去所处的狭窄框子，而以研究国家财富——包括公民生活的一切问题——的科学这个定义充实起来了。"所以"政治经济学是研究公民的一切问题而且完全是社会科学"②。当然，说政治经济学是社会科学，这是对的，但太笼统，至于说它要研究公民的一切问题，这就不对了。

赫尔岑并没有给政治经济学下定义，而是提出他认为政治经济学必须予以满足的各种要求。其中主要的是：政治经济学应当反映劳动者的利益，它应当成为为人民的利益、首先为提高人民的物质福利而斗争的工具，它应当批判现存的社会制度和论证向社会主义过渡的必然性。他与奥加略夫都不理解，政治经济学是研究人与人之间生产关系的科学。

总而言之，他们批判了资产阶级政治经济学，指出庸俗政治经济学的反动本质和反科学性，论证建立新的为人民的利益服务的政治经济学的必要。这一切在俄国经济思想发展上都有很大的意义。

六、赫尔岑与奥加略夫的乌托邦社会主义

赫尔岑与奥加略夫是俄国最早的乌托邦社会主义者。

赫尔岑在《已往与所思》中曾经说到他的社会主义思想之形成过程。19世纪30年代初，他和奥加略夫的"幼稚的自由主义"被波兰起义遭受镇压和法国七月王朝时期资产阶级政权的巩固这两件事变所粉碎；因而他们就开始

---

① 费拉托娃：《赫尔岑与奥加略夫底经济观》（俄文版），第295页。
② 奥加略夫：《社会政治与哲学论文选集》（俄文版），第一卷，第94页。

萌发社会主义的思想。后来,在被流放期间,他们就自命为社会主义者。赫尔岑在回忆时曾说:"我们在被流放的五年中是同情圣西蒙主义的。"①他们都曾经研究过西欧乌托邦社会主义者的著作,这对于他们的乌托邦社会主义思想之形成也有影响。

可是,1848年法国工人起义的失败,使赫尔岑遭受精神破产。由于他不理解1848年革命之资产阶级的性质,错误地把它看成社会主义革命,因此,他就把这次革命的失败看作社会主义理想的破产。他经过相当长时期的悲观和怀疑,乃转而批判西欧乌托邦社会主义和寻求社会主义的科学根据。

赫尔岑在批判西欧乌托邦社会主义者时,指出他们的主要缺点是:第一,他们向社会上一切阶级呼吁。他讽刺地说:只要乌托邦社会主义者一旦想改造世界,似乎"牧师与宪兵、官僚与高利贷者、法官与贵妇人,都会立刻抛弃乡村与城市、教堂与戏院、饭馆与宫廷,而奔向法郎格,每人都依照自己的情欲去工作"。第二,他们脱离群众,他说:"最近二十年来,一切荒唐无稽的乌托邦,都是为群众所不愿闻的。"②第三,他们企图把"个性溶解于公社中"。他把法郎斯脱尔叫作工人的营房、军事殖民地。他认为,因为西欧乌托邦社会主义者有这些缺点,所以他们的理论是不能实现的。同时,他又看出西欧乌托邦社会主义理论的历史意义。他认为,这种理论的出现,表明资本主义应当被社会主义所代替,而乌托邦社会主义者的贡献则在于他们批判资本主义,在于他们提出资本主义必然会被社会主义所代替的问题。

奥加略夫也曾经指出西欧乌托邦社会主义的重大意义。他认为,西欧乌托邦社会主义者的学说是在西欧培养社会主义的温床。他批判乌托邦社会主义者的见解,大体上与赫尔岑的批判相同。此外,他又指出,乌托邦社会主义者的主要缺点之一,是他们很少谈到经济问题。

赫尔岑与奥加略夫明白了西欧乌托邦社会主义理论不能实现以后,乃力图寻求社会主义的科学根据。他们认为,西欧社会主义所以是乌托邦的,因为它还没有与现实生活相联系。因此,他们就企图从客观的现实中去寻求社会主义的基础。从这一点上来说,他们已比西欧乌托邦社会主义者进步了。他们的社会主义观念是在反对农奴制度斗争中成长起来,而且与民主主义、与对于人民革命的信心相结合。因此,他们认为群众在历史发展中有很大作

---

① 费拉托娃:《赫尔岑与奥加略夫底经济观》(俄文版),第308页。
② 费拉托娃:《赫尔岑与奥加略夫底经济观》(俄文版),第312页。

用，而主张与群众密切联系。他们又以为，西欧社会主义所以是乌托邦，是因为它没有与阶级斗争联系起来；而他们自己则主张，必须经过阶级斗争，使劳动者掌握政权，然后才能实现社会主义。

西欧乌托邦社会主义者曾经草拟将来社会制度的细节。赫尔岑与奥加略夫则不然，他们只是说明社会主义的一般特征。他们认为，社会主义首先应当解决的是经济问题。奥加略夫曾说：经济问题自然会成为社会主义学说的基础。赫尔岑把经济问题首先了解为人民的物质福利问题。他们认为，要提高人民的物质福利，必须消灭一切剥削现象和私有制。在他们看来，只有在把私有制转化为公共所有制的情形下，才能过渡到社会主义社会。其次，社会主义不以解决经济问题为限，也应注意政治问题。他们所设想的将来社会的政治制度是政权属于人民的民主共和国。

总而言之，他们与西欧乌托邦社会主义者不同，他们认为人民群众、阶级斗争、革命、政治制度的变革在向社会主义转化时都有很大的作用。这些都是在社会主义观念发展中很宝贵的思想。他们指出在社会主义制度下必须消灭私有制，这也比法国乌托邦社会主义者前进了一大步。

现在我们来研究一下所谓俄国的农民社会主义理论。这种理论是赫尔岑建立而由奥加略夫加以发展的。其根据是，似乎在俄国有社会主义的胚胎——俄国的农民村社。赫尔岑在出国以前，虽已注意村社，但还没有把它看作社会主义胚胎。那时候，赫尔岑认为社会主义可以在西欧得到胜利。奥加略夫也还没有把俄国村社理想化。

1848 年革命的失败，使赫尔岑对西欧社会主义胜利丧失信心，对西欧无产阶级的力量表示失望。因而提出俄国发展的特殊性问题，注意俄国村社；认为村社是社会主义的胚胎。因为，在他看来，村社可以略过资本主义的发展道路而直接走向社会主义；村社可以把俄国从穷困中拯救出来，使无产阶级的存在成为不可能。他说："难道农民连带土地解放，这不是社会变革吗？难道村社占有土地和取得地权不就是社会主义吗？"[1]列宁在揭露"俄国"社会主义的本质时曾说：其实，在赫尔岑的学说中"没有丝毫社会主义成分。它也如西欧'一八四八年社会主义'底各种形式一样，是包裹着俄国资产阶级农民民主派底革命性的一种虚幻辞句和善良幻想"[2]。

---

① 费拉托娃：《赫尔岑与奥加略夫底经济观》（俄文版），第 346 页。
② 《列宁文选》两卷集，第一卷，莫斯科中文版，第 787 页。

赫尔岑的关于俄国非资本主义发展道路和把俄国村社理想化的理论，是极错误的。因为，第一，农民连带土地解放，即把土地交给农民，并不意味着社会主义的开始，而是意味着为资本主义的迅速发展创造条件。因为农民获得土地越多，就越破坏了农奴主地主的权力，越能使资本主义自由而迅速地发展。第二，村社是中世纪社会形式的残余，不可能成为社会主义的胚胎，俄国也不可能略过资本主义而转变到更高的社会经济形式上面去。但是，这种"俄国"社会主义的错误的乌托邦形式中也包含着在当时来说是进步的内容——农民争取土地的革命纲领。列宁曾说，赫尔岑所提出的"'地权'和'平分土地'的思想，不过是表现着农民力求平等而完全推翻地主权力，完全消灭地主土地所有制的那种革命愿望而已"①。

赫尔岑的"农民"社会主义理论，曾由奥加略夫加以发展。但是奥加略夫在这方面的研究方向则与赫尔岑不同。他曾草拟在村社土地所有制的基础上建设"社会主义"经济的乌托邦计划。这个计划值得注意的有如下二点：

第一，他认为群众的土地之被剥夺是西欧一切灾难的主要原因之一。因此，他想在俄国建立这样的社会，这种社会使每个人在村社中都有耕地。他在纪念赫尔岑时曾说："俄国的一切土地是人民的土地、农夫的土地、耕耘它的人的土地。依靠别人劳动为生的人我们是不需要的，让他们滚开去吧。如果不愿意滚，那就让他们参加农民村社，并且像所有的农民一样，分给他们一块耕地。"②他认为集体劳动和社员之间"分配收益"是村社可能发展的道路。

第二，他在说明贸易、市集和银行在改造俄国社会关系和创造社会主义社会中的作用以外，还特别提到社会主义社会的国家组织。根据他的计划，中央政府无权过问地方的许多经济事务。但是下列各部门则由中央政府管理：

其一，交通运输：

甲　铁路、公路以及内河和海洋航船的建设和保养；

乙　邮电；

丙　商品的运输。

其二，货币的发行和信用的设施。

其三，各区域之间贸易的监督。

---

① 《列宁文选》两卷集，第一卷，莫斯科中文版，第787页。

② 费拉托娃：《赫尔岑与奥加略夫底经济观》（俄文版），第354页。

其四，国外贸易的监督。

其五，国家预算和租税。

可见，在奥加略夫看来，将来社会中的国家机关只管理交通、运输、财政、信用以及贸易监督；生产并不包括在内。因为根据他的计划，生产是地方自治机关的事务，中央政府是不应予以干涉的。这就暴露出他的弱点——他不懂得：对于已取得胜利的人民来说，强有力的中央政府机关是必要的；社会主义要求在全国规模内生产的社会化，把生产资料转化为社会主义所有制。

赫尔岑和奥加略夫的关于俄国略过资本主义、经过农民村社向社会主义转化的学说，是一种乌托邦。列宁曾经指出，劳动不可能经过村社而社会化，只有在大工业的基础上，只有在由资本主义所造成的那些物质条件的基础上，劳动才能社会化。资本主义还造出使它自己灭亡和建设新社会所必需的社会力量——无产阶级。可是，赫尔岑的"俄国"社会主义的乌托邦，也有其客观原因；那时候，关于俄国农村经济的正确资料还不多；村社内部的农民分化也尚未明显地暴露出来；在农奴制摧残之下，资产阶级社会的阶级对抗也还不显著。赫尔岑的关于将来俄国的主人是农夫的这个错误的论点，也说明了当时俄国资本主义关系尚未发展。他和奥加略夫不理解工人阶级的作用，因为俄国的产业无产阶级在那时候刚开始发生。因此，他们遂错误地认为，俄国建设社会主义的责任落在农民肩上了。

但是，他们不仅是乌托邦社会主义者，而且又是革命民主主义者。他们把村社的发展与把村社从地主的权力下解放出来、与把全部土地都交给农民这个革命的要求相结合起来。他们把社会主义与革命民主主义合而为一了。列宁曾说：这是"……民主主义和社会主义溶合为一个不可分离不可分开的整体……那个俄国社会发展时期。"[①]在他们的乌托邦社会主义形式中包含有在当时说来是进步的思想——把土地交给农民的思想。列宁曾说：在当时，"俄国社会主义"的理论"……原是颇为一贯的，——其所持的出发点是认为人民生活有其特殊的结构，它曾相信'村社'农民具有共产主义的本能，因此它就认定农民是直接为社会主义奋斗的战士"[②]。赫尔岑和奥加略夫对于农民社会主义革命的可能性的信念就是建立在这上面的。

---

① 列宁：《什么是"人民之友"以及他们如何攻击社会民主党人？》莫斯科中文版，第176页。
② 列宁：《什么是"人民之友"以及他们如何攻击社会民主党人？》莫斯科中文版，第181页。

小结

一、列宁在《俄国工人出版物的过去》一文中指出：俄国革命运动分为三个时期：第一，贵族阶级时期，约自 1825 至 1861 年；第二，平民知识分子时期，或资产阶级民主主义时期，约自 1861 至 1895 年；第三，无产阶级时期，自 1895 年起。而赫尔岑与奥加略夫正是贵族时期的最后代表。他们是在上述第一、第二两个时期的交替期间活动的。这期间俄国封建农奴制度危机已加深，农民运动不断高涨。因此，他们从看不出俄国革命民众（在 19 世纪 40 年代）到看出革命民众并且勇敢地站在民众方面（在 19 世纪 60 年代），而彻底地形成他们的农民民主主义的世界观。所以，他们是站在农民民主主义立场上的、贵族革命家的唯一代表，成为农民革命的理论家。马克思曾说："……在阶级斗争接近决战的那些时期，统治阶级内部，整个旧社会内部瓦解的过程便来得非常强烈，非常尖锐，致使统治阶级中有一小部分人脱离出去而归附于革命阶级，即归附于未来主人翁阶级。"[①]在俄国在这样的时期起来进行反对农奴制度而斗争的阶级就是农民。赫尔岑与奥加略夫就是在那时期克服自己原来阶级的局限性而站在农民方面、代表农民利益的思想家。

二、他们都是热爱祖国的。他们关于经济诸问题的种种见解，都是与改造俄国的社会制度（这是为俄国的迅速发展和克服俄国的落后所必要的）有密切联系的。因此，他们多方面地批判封建农奴制度和沙皇政府的经济政策；提出他们自己的经济纲领，尤其是土地纲领，主张彻底消灭农奴制及其经济基础——封建地主的土地所有制。他们站在农民民主主义立场上对封建经济制度的批判，比之西欧资产阶级政治经济学的批判，更全面、更高明。

三、他们不仅批判封建农奴制度，而且也批判资本主义制度；不仅主张消灭农奴制剥削，而且主张消灭资本主义的剥削。因此，他们的思想不但反映出俄国农民的利益，而且也反映出西欧劳动者大众的利益。他们对资本主义制度的批判，一方面给对西欧卑躬屈节的人以沉重的打击；另一方面，也促进了俄国经济思想的独立发展。

四、他们对资本主义制度的看法，不仅与庸俗经济学家，而且与古典经

---

① 《马克思恩格斯文选》两卷集，莫斯科中文版，第 18 页。

济学家都是原则上不同的。庸俗经济学家是替资本主义制度辩护、掩蔽资本主义矛盾的，古典经济学家把资本主义制度看成"自然的"制度；赫尔岑与奥加略夫则指出资本主义的矛盾，看出资本主义制度在历史上的过渡性及其灭亡的必然性。所以，他们的经济思想比资产阶级经济学家高明得多了。

五、小资产阶级经济学家，例如西斯蒙蒂，虽也批判资本主义，但是他们是以过去的眼光来批判的。赫尔岑与奥加略夫则不以过去而以将来的眼光来批判资本主义。因此，他们虽然是代表农民的利益，可是比西欧小资产阶级经济学家要进步得多。

六、赫尔岑与奥加略夫固然也是乌托邦社会主义者，但是，他们也比西欧乌托邦社会主义者前进得多。首先，因为他们企图发现现实生活的发展法则，从现实性去寻求社会主义的科学根据。虽然由于他们代表农民利益，没有找到社会主义的真正科学根据，但是，他们提出了这个问题，就使他们的社会主义思想比较与现实生活相接近。其次，西欧乌托邦社会主义者都没有看到群众的力量，不主张阶级斗争与革命。而赫尔岑与奥加略夫则看出：群众是主要的动力，看出资本主义社会阶级斗争和革命之不可避免，而且欢迎他们。

由此可见，等尔岑与奥加略夫的经济思想，标志着在马克思以前俄国乃至世界经济思想史上发展之新阶段。

学习马克思对约·斯·穆勒的一些经济观点的评论*

　　严格地说，本文还说不上是科学论文，它只不过是个人重读马克思的一些著作的体会，说它是读书笔记，比较名实相符些。

　　马克思并没有对约·斯·穆勒的经济理论做全面的评论，而只是对后者某些方面的经济观点做过评价或批判。因此本文所涉及的也以此为限。至于对小穆勒的全部经济理论的评述，当另找机会。本文准备谈谈下列诸问题。

一、在马克思笔下的约·斯·穆勒

　　约·斯·穆勒是英国的一个哲学家逻辑学家和经济学家，这是大家都知道的。对我们来说，问题是他究竟是一个怎样的经济学家？且来看看马克思是怎样说的：

　　1. 马克思在《一八四四年的英格兰银行法》这篇论文里谈到一国黄金的流出或流入同该国一般价格水平的关系时，曾说："……如果假定价格的这种急剧波动是纯金属货币流通所固有的，那末约·斯·穆勒先生向委员会说，纸币流通的目的是纠正和防止这种灾难性的变化而绝不是模仿它，这无疑是正确的。"①这就是说，小穆勒的这个见解是为马克思所肯定的。

　　2. 马克思在《政治经济学批判》里讲到詹姆斯·穆勒时指出他是"著名的英国经济学家约翰·斯图亚特·穆勒的父亲"②。这里马克思只是说，小穆勒是英国著名的经济学家，没有做进一步的评述。

---

　　* 本文选自《马克思主义来源研究论丛》第 4 辑，商务印书馆 1983 年版，写成于 1982 年 6 月 21 日，为纪念马克思逝世 100 周年而作。

　　①《马克思恩格斯全集》第 12 卷，第 577 页。

　　②《马克思恩格斯全集》第 13 卷，第 87 页。

3. 马克思在《国际工人协会总委员会关于柯克作在下院的演说的声明》中曾说：约·斯·穆勒是福塞特（Fawcett Henry，1833—1884）先生的理论问题的老师。又说："政治经济学大专苓福塞特先生渴求获得学术上的声誉的奢望完全是以供中小学生用的约翰·斯图亚特·穆勒先生的政治经济学简明教程的通俗本为基础的。"①这里仅仅指出小穆勒经济著作的影响，而主要的则是讽刺福塞特。

4. 马克思在《资本论》第一卷《第二版跋》中说："……以约翰·斯图亚特·穆勒为最著名代表的毫无生气的混合主义产生了。"又说："另一派是以经济学教授资望自负的人。他们追随约·斯·穆勒，企图调和不能调和的东西。"②马克思在这里指出小穆勒是一个企图调和那些不能调和的东西的毫无生气的折中主义者。

5. 马克思在《资本论》第一卷第一篇脚注（80）里曾说："约·斯·穆勒先生凭他惯用的折中逻辑，懂得既要赞成他父亲詹姆斯·穆勒的见解，又要赞成相反的见解。他在自己的教科书纲要《政治经济学原理》的序言（第一版）中，以当代的亚当·斯密自居。如果把该书的正文同这篇序言比较一下，真不知道究竟应当赞扬这个人的天真呢，还是赞扬那些诚心诚意地承认他是当代亚当·斯密的公众的天真。"③马克思在这里是讽刺小穆勒自命不凡之可笑。

6. 马克思在《资本论》第一卷第七篇脚注（41）里曾说："约翰·斯图亚特·穆勒先生一面同意李嘉图的利润理论，同时又接受西尼耳的'节欲报酬论'。他对于黑格尔的'矛盾'，一切辩证法的源泉，虽然十分生疏，但对各种平庸的矛盾却很内行。"④这就是说，小穆勒的观点往往是自相矛盾的。

7. 马克思在《资本论》第一卷第七篇脚注（237）中曾把小穆勒称为"英国的博爱主义经济学家"⑤。

8. 马克思在《资本论》第二卷第十九章末尾曾说："约翰·斯图亚特·穆勒以他惯有的妄自尊大，重复亚·斯密传给他的后继者们的理论。"⑥这就是说，小穆勒不过重述其先辈的理论而已。

① 《马克思恩格斯全集》，第18卷，第75、76页。
② 《马克思恩格斯全集》，第23卷，第17、18页。
③ 《马克思恩格斯全集》，第23卷，第144页。
④ 《马克思恩格斯全集》，第23卷，第654页。
⑤ 《马克思恩格斯全集》，第23卷，第817页。
⑥ 《马克思恩格斯全集》，第24卷，第434页。

9. 1866年4月23日马克思致恩格斯的信中说:"你对世界上'第八号'明哲之士——穆勒有什么看法?"①

10. 1867年8月24日马克思致恩格斯的信中谈到《资本论》第一卷出版的情况时,曾说:"……迈斯纳上星期写信告诉我,他把我的序言的某一部分单独付印(而他确实选择了需要的东西),以便送登德国各报。我去信叫他立刻寄给我几份样本,我打算让你把这个东西译成英文(我将把它寄给《峰房》,它是穆勒……等人都订阅的)。"②由此可见,马克思是很希望约·斯·穆勒能看到有关《资本论》第一卷的文章的。不然,为什么要请恩格斯把这种文章译成英文而且要在小穆勒订阅的杂志上发表呢?

11. 1870年8月8日马克思致恩格斯的信中曾说:"约翰·斯图亚特·穆勒先生十分赞赏我们的宣言。"③(指马克思写的《国际工人协会总委员会关于普法战争的第一篇宣言》,以下简作《宣言》——引者)可见马克思是很注意和重视小穆勒的意见的。其实,一个人对《宣言》的态度,也可以作为评价他的一个因素。

12. 马克思在《资本论》第一卷第七篇脚注(65)中引证小穆勒的《政治经济学原理》一书中关于劳动产品分配同劳动成反比的一段话之后说:"为了避免误解,我说明一下,约·斯·穆勒之流由于他们的陈旧的经济学教条和他们的现代倾向发生矛盾,固然应当受到谴责,但是,如果把他们和庸俗经济学的一帮辩护士混为一谈,也是很不公平的。"④可见,马克思对于一个人的评价是很客观而实事求是的,即使对于一个有错误而应受谴责的人,也并不把他一棍子打死。

上述这些就是我能找到的马克思笔下的小穆勒。从这些资料应当得出怎样的结论,这就用不着我来费笔墨了,大家都能各自很好地得出结论。我再提供一种情况供大家参考。那就是在《马克思恩格斯全集》《人名索引》里,编者对小穆勒有三种提法:第一种提小穆勒是英国经济学家、政治经济学古典派的继承者;第二种提……古典派的追随者;而绝大部分则提……古典派的模(也作摩)仿者,唯独没有提他是……古典派的庸俗化者。回忆二十多年前我自己主编《资产阶级庸俗政治经济学选辑》时,没有做深入研究和考

① 《马克思恩格斯全集》,第31卷,第212页。
② 《马克思恩格斯全集》,第31卷,第331页。
③ 《马克思恩格斯全集》,第33卷,第34页。
④ 《马克思恩格斯全集》,第23卷,第670页。

察，随便把小穆勒不加区别地和一般庸俗政治经济学家们并列，这种做法既不是实事求是，更说不上是严肃的科学态度。万一该书能重印，我一定恳请出版者给我改正的机会。

二、关于生产

约翰·斯图亚特·穆勒在其于 1848 年出版的《政治经济学原理及其对社会哲学的某些应用》（*Principles of Political Economy, with Some of Their Applications to Social Philosophy*）——一般简称《政治经济学原理》——第二卷《分配》中说："在本书第一卷里所说明的原理，在某些方面同现在将要考察的一些原理是大不一样的。生产的规律和条件具有自然科学所说的真理性质。在这方面，既不能任意选择，也不能随便改变。人们所生产的一切，都是根据外部自然环境和人们自己的物质和精神情况的内在性质所规定的方法和条件生产的。不管人们愿意或不愿意，他的生产规模都是由他的事先储蓄量所决定的。在该储蓄量内，他的生产规模应同其能力、技巧、所用工具的优点，以及明智地利用联合劳动的优点相一致。不管人们愿意或不愿意，如果不改进农业生产过程，则投入加倍劳动决不能在该耕地上获得加倍的粮食。不管人们愿意或不愿意，各个人的非生产性的开支都要引起社会相应的贫穷；只有生产性的支出才能使社会富裕。不管人们对这种事物的意见和愿望如何，他们不能改变这种事物的性质。"①接着，小穆勒又说，"财富分配的原理就不是这样的。分配，这纯粹是人类社会制度的问题"②。

马克思屡次提到这个问题。例如，他于 1857 年 8—9 月间所写的《导言》中就曾说："现在时髦的做法，是在经济学的开头摆上一个总论部分——就是标题为'生产'的那部分（如见约翰·斯图亚特·穆勒的著作③）用来论述一切生产的一般条件。""这个总论部分包括或者好象应当包括：（1）进行生产所必不可缺少的条件。因此，这实际上不过是要说明一切生产的基本要素。"④"但是，经济学家在这个总论部分所真正要谈的并不是这一切。相反，

① 车尔尼雪夫斯基：《穆勒政治经济学概述》，苏联国家政治书籍出版社 1949 年版，第 9-10 页。
② 车尔尼雪夫斯基：《穆勒政治经济学概述》，苏联国家政治书籍出版社 1949 年版，第 9-10 页。
③ 指小穆勒的著作《政治经济学原理》。
④《马克思恩格斯全集》第 12 卷，第 736 页。

照他们的意见，生产不同于分配等等（参看穆勒的著作①），应当被描写成局限在脱离历史而独立的永恒自然规律之内的事情，于是资产阶级关系就被乘机当做社会 in abstracto［一般］的颠扑不破的自然规律偷偷地塞了进来。"②我们如果用一句话来概括马克思所说的这些话的意思，那就是：他在这里指责小穆勒把在人类社会发展到一定阶段的生产关系——资产阶级的生产关系永恒化了，认为是超历史的了。

又如，在《马克思恩格斯全集》第二十六卷 III 第 86 页上马克思说："约·斯·穆勒等把资产阶级的生产形式看成绝对的，而把资产阶级的分配形式看成相对的，历史的，因而是暂时的，这是多么愚蠢。……分配形式只不过是从另一个角度看的生产形式。"在《马恩全集》第四十七卷第 179 页上他又讲到这一点。他在那里说："例如，约·斯·穆勒……就是这样，他们把生产关系看作是自然的、永恒的规律，而把分配关系看作是人为的、历史上产生的和受人类社会控制等等的关系。"

在《马克思恩格斯全集》第二十五卷 993 页上，马克思曾经说：更有学识、更有批判意识的人们，虽然承认分配关系的历史发展性质（约·斯·穆勒《略论政治经济学的某些有待解决的问题》，1844 年伦敦版），但同时却更加固执地认为，生产关系本身具有不变的、从人类本性产生出来的、因而与一切历史发展无关的性质。

在 1857—1858 年《经济学手稿》中，马克思似乎带有一点愠怒的语气说："所有的资产阶级经济学家都有一种荒谬的观点，例如约翰·斯图亚特·穆勒也是这样，他认为资产阶级的生产关系是永恒的，而这种生产关系的分配形式则是历史的，这种荒谬观点表明，穆勒既不懂前者，也不懂后者。"③

综上所述，马克思指责小穆勒的主要是这几点：第一，生产关系是一种社会性的、历史性的经济范畴。在人类社会发展的不同阶段具有各不相同的生产关系，例如奴隶制的、封建制的、资本主义的、社会主义的生产关系，彼此是极不相同的。小穆勒把生产关系看作超历史的一种自然关系，所以他不懂生产关系。第二，生产关系同分配关系是有密切联系的。一方面，某种生产关系是以一种特定的分配关系为前提的；另一方面，分配关系又是由特

---

① 指小穆勒的著作《政治经济学原理》。

②《马克思恩格斯全集》第 12 卷，第 737 页。

③《马克思恩格斯全集》第 46 卷下册，第 279 页。顺便说说：马克思对同一个问题在不同场合发表的意见，并不完全雷同。这一点也是非常值得我们认真学习，并不断地努力于写作时实行的。

定的生产关系决定的。小穆勒认为分配关系和生产关系完全不同，而且彼此没有什么关联，所以他也不懂分配关系只不过是从另一角度看的生产关系。第三，从外表上看，好像小穆勒只是把资产阶级的生产关系或资本主义的生产关系一般化、绝对化了。究其实，他是把这种关系永恒化了。这种观点不仅在经济理论上说是错误的；而且更重要的是，从政治意义上来看，这种观点是极不利于无产阶级作为资本主义制度的"掘墓人"的历史使命之完成的。

不过，我有时这样想：如果我们运用抽象法，暂不过问生产的各种形式，而只从一切生产所必须具备的各种要素来说，那的确具有自然科学上所说的真理性质。不论在原始社会、奴隶社会、封建社会、资本主义社会或社会主义社会，人活着离不开衣、食、住、行，因而一定需要各种物资，这又非进行生产不可。只要你生产，你就不能没有劳动工具和劳动对象，从远古时代的石器到现代的各种机器，一言以蔽之都是劳动工具；从渔猎社会的鱼和野兽到现代的棉、麻……也都是劳动对象。劳动工具随着社会发展而日益进化，它本身并没有阶级性，谁都可以利用它。唯其如此，所以我们要努力实现四化，要设法引进对我们建设社会主义祖国有利的各种先进科技和设备——这种想法可能是错误的，但既已想到了，也就写出来，供大家批评。

三、对小穆勒关于利润的见解的批评

在《马克思恩格斯全集》第二十六卷 III 第二十章《李嘉图学派的解体》第七节《约翰·斯图亚特·穆勒》中，马克思着重批判了小穆勒关于利润的观点，并且在批判过程中逐步发展了他自己的经济理论。

马克思认为小穆勒于 1830—1831 年间写成而到 1844 年才发表的《略论政治经济学的某些有待解决的问题》实际上包括了约翰·斯图亚特·穆勒先生关于政治经济学问题的全部创见（这与他的大部头的概论不同）。这里所说的大部头概论是指小穆勒于 1848 年出版的二卷集《政治经济学原理及其对社会哲学的某些应用》。

甲　剩余价值率和利润率的混同

马克思在这里精细地批评了那本小册子的第四篇题为《论利润和利息》的论文。

一开头，马克思即引了这篇论文的这一段话："工具和原料象其他物一样，最初除劳动外并不花费别的任何东西……制造工具和原料所耗费的劳动，加上以后依靠工具加工原料所耗费的劳动，就是生产成品所耗费的劳动总量……因此，补偿资本无非是补偿所耗费的劳动的工资。"①

马克思指出，"补偿资本无非是补偿所耗费的劳动的工资"这句话是错误的。因为耗费的劳动既包括有酬劳动也包括无酬的劳动，而工资则只表示有酬劳动。在这里，小穆勒把"耗费的劳动"同有偿劳动、即资本家付酬的劳动混同起来了。如果是这样，就无法说明利润的产生。其实，"所耗费的劳动"大于资本家付酬的劳动。其差额构成了资本家没有付酬的劳动——这就是利润的源泉。

马克思又说："穆勒没有把剩余价值同利润区别开来。因此他宣称，利润率（这对于已经转化为利润的剩余价值来说是正确的）等于产品的价格对花费在产品上的生产资料（包括劳动在内）的价格之比。②（同上，第92—93页）同时，他又想直接从李嘉图关于'利润取决于工资，工资下降则利润提高，工资提高则利润下降'（同上，第94页）的规律得出利润率的规律，而李嘉图在他的这个原理中把剩余价值同利润混淆起来了。"③

马克思在批评中指出：剩余价值同利润、从而剩余价值率同利润率是不一样的。剩余价值是由劳动者生产而被资本家无偿地占有的那部分劳动产品的价值，这就是说，它是无偿劳动对有酬的劳动的一种关系；利润则是指无偿劳动所生产的价值对资本家的支出资本总额来说的。所以，剩余价值率是无偿劳动对有偿劳动的一种比率；而利润率则是由无偿劳动所创造的价值对资本家预付资本总价值的比率。因此，就剩余价值率来说，说它完全"取决于工资，工资下降则提高，工资提高则下降"，那是正确的。对剩余价值量，就不能这样说了。因为剩余价值量是由剩余价值率和被剥削的工人人数这两个因素共同决定的。至于利润率则不仅由剩余价值率而且由资本总额共同决定。

---

① 约·斯·穆勒：《略论政治经济学的某些有待解决的问题》，1844年伦敦版，第94页。

② 这句话是错误的。因手头资料缺乏，无法查明是怎样弄错的。应在"之比"之后添"减一"两个字；或者改为"利润率……等于产品的价格减去花费在产品上的生产资料（包括劳动在内）的价格之差额对后者之比"。比方说：产品的价格为120，而花费在产品生产上的……价格为100，则利润率 $\frac{120}{100} - 1 = 20\%$；或者利润率等于：$\frac{120-100}{100} = 20\%$。

③《马克思恩格斯全集》第26卷 III，第209页。

约翰·穆勒曾说:"尽管工具、原料和建筑物本身都是劳动的产物,然而,它们的价值总量毕竟不能归结为生产它们的工人的工资。……资本家因付出工资而取得的利润必须计算在内。生产成品的资本家,不仅应该用成品补偿他自己和工具生产者付出的工资,而且应该补偿他从自己的资本中预付给工具生产者的利润。"(同上,第 98 页)因此,"利润不单单代表[成品生产者]在补偿费用之后的余额,它还加入费用本身。[成品生产者的]资本一部分用于支付或补偿工资,一部分用于支付其他资本家的利润,这些资本家的协力是取得生产资料所必需的"(第 98—99 页)。"因此,一种物品可能是和以前同量的劳动的产品,如果最后的生产者应付给先前那些生产者的利润的某一部分能够节约下来,物品的生产费用还是会减少的……然而,利润率的变动和工资的生产费用成反比这一点,仍然是正确的。"(第 102—103 页)

约翰·穆勒的这段话,简单地说,是这样的:假定所生产的成品为 A,生产这种成品的资本家支出的总资本为 C,而 C=v(可变资本)+c(不变资本)。c 又等于 v'(表示生产 A 的资本家补偿工具生产者付出的工资)+ p'(表示预付工具生产者的利润)。再假定生产成品 A 的资本家所获得的利润为 p。

本来利润率等于 $\frac{P}{C} = \frac{P}{v+c}$;现在按穆勒的上述说法,由于 $c = v' + p'$,而 p' 又是由工具生产者所得的利润率及其总资本的乘积决定的,所以,结果是:

利润率 $= \frac{p}{v+c} = \frac{p}{v+v'+p'}$。这就是说,生产成品 A 的资本家所得的利润率决定于生产为生产 A 成品所必需的生产工具的资本家的利润率。这样"就会得出一条绝妙的规律:利润率的提高或降低取决于利润的提高或降低"[①]。

至于最后生产者节省应付给先前生产者的一部分利润,从而减少物品生产费用的问题,约翰·穆勒是这样论证的:

首先,假设有 60 个农业工人,他们得到 60 夸特谷物作为工资。他们所用的工具和种子的价值也为 60 夸特;他们劳动的产品为 180 夸特谷物。假定利润率为 50%,则他们所用的工具和种子是 40 个工人劳动的产物。因为 40 个工人的工资(40 夸特谷物)连同其雇主的利润(40×50%=20)20 夸特,总共为 60 夸特谷物。因此,如果产品是 180 特谷物,那就是 100 个工人的劳动的结果。其次,再假定,由于某种发明,不需要任何固定的资本和种子,仍

---

① 《马克思恩格斯全集》第 26 卷 III,第 212 页。

旧是 100 个工人的劳动，以前必须支出 120 夸特才能取得 180 夸特的结果，现在只支出 100 就可以了。就是说：物品生产费用减少了。即：现在一夸特谷物是一个工人劳动的 $\frac{100}{180}=\frac{10}{18}$ 的产品；以前每一夸特谷物则需要把这一劳动量同补偿生产工具和种子的那个资本家的利润 20 夸特的费用结合在一起，因此要多支出 $\frac{20}{100}=\frac{1}{5}$。

本来问题的焦点是：剩余价值率同利润率之不一致是由于不变资本的作用而产生的；如上所述，剩余价值率是剩余价值同可变资本即工资的比率。如上例，工资为 60 夸特，利润即剩余价值也为 60 夸特，所以剩余价值率为 $\frac{60}{60}=100\%$。利润率则是剩余价值量同预付资本总额即工资和不变资本加在一起的总额的比率。在上例为 $\frac{60}{60+60}=\frac{60}{120}=50\%$。

约翰·穆勒不仅是一个经济学家，而且是一个颇负盛名的逻辑学家，居然假设农业工人不用任何生产工具和种子，只用一双空手就可以利用空气、水和土地生产出谷物这样荒谬的空话，这实在是很令人惊奇的！在他的这个荒谬假定下，问题解决了！利润率和剩余价值率没有区别了！在上例中，都等于 100%。这是怎样的证明方法哦！马克思说得好，这是"用假定困难不存在的办法排除了困难。这倒是一个行之有效的办法"①。

乙　利润率不会因成品生产和生产这个成品的不变资本的生产结合在一个资本家手里而受影响

马克思接着进一步指出，即使"成品的生产和生产这个成品的不变资本的生产结合在一个资本家手里"，也"不会影响利润率"。

约翰·穆勒认为：180 夸特产品中有 60 夸特（种子和固定资本），其中 20 夸特为利润，40 夸特为 40 个工作日的工资。如果 20 夸特利润不存在，40 工作日依然存在。这样看来，既然工人取得自己劳动的全部产品，就无法说明 20 夸特利润是从哪里来的。其实，60 夸特在这里不过是不变资本的价值表现。穆勒却把它当作 40 工作日的产品。同时，他既把这 60 夸特认为是 40

①《马克思恩格斯全集》第 26 卷 III，第 215 页。

工作日的产品，这样每一工作日生产$\frac{60}{40}=1.5$夸特；又认为120夸特是60工

作日的产品，即每一工作日生产$\frac{120}{60}=2$夸特。这岂不是很荒谬的自相矛

盾吗？

假定资本家甲不向资本家乙购买他需要的不变资本的物质要素，而是在他自己的企业里生产它们，然后再加工生产出成品。按穆勒的例子来说，资本家甲原来购买的不变资本为60夸特，现在在他自己的企业里生产了。因而可以把它分解为 20 夸特不变资本（为生产原来需要购买的不变资本所必需的）、20夸特工资和20夸特利润。这样，全部成品生产所需的不变资本为20夸特，工人人数为生产不变资本的20人加上生产成品的60人，一共80人。他们的工资即可变资本为20+60=80夸特；剩余价值也为20+60=80夸特。总产品则为180夸特。

工资的实际生产费用、劳动生产率都假定没有变化。总产品也同原来的

一样为180夸特。剩余价值率以前是$\frac{60}{60}=100\%$，现在是$\frac{80}{80}$，还是等于100%。

所不同的只是预付资本从 120 夸特减少为 100 夸特，即减去 20 夸特。而剩余价值量则从 60 夸特增加到 80 夸特，即增加 20 夸特。因而利润率也改变

了，以前为$\frac{60}{120}=50\%$，现在则为$\frac{80}{100}=80\%$。这是因为预付资本以前为120

夸特，现在减去 20 夸特，只为 100 夸特，而利润量则从先前的 60 夸特增至现在的 80 夸特，即增加了 20 夸特。所以，从形式上看，由于成品生产和生产该成品所必需的不变资本的生产结合在同一个资本家手里，利润率发生变化了。其实，只从外表上看来才是如此的。如果从整个社会来看，却并没有什么变化。要知道，资本家甲多取得的 20 夸特利润是由于他自己的企业生产不变资本；如果他购买这些不变资本，则这 20 夸特利润就为其生产者所得。他预付资本总额所以能减少 20 夸特，则是由于不用支付这些不变资本生产者的利润。资本家甲的所得恰恰等于资本家乙的所失。所以从社会全体来说，利润还是那些利润，预付资本还是那些预付资本。因而利润率其实并没有发生变化。从此，就逐步发展了马克思自己的关于平均利润和生产价格的理论。

丙 不变资本价值的变动对于剩余价值、利润和工资的影响问题

1. 剩余价值是由剩余劳动决定的。利润也如此。工资是由必要劳动即资本家对工人付酬的劳动决定。所以只要每个劳动日的必要劳动和剩余劳动都没有变动，不管不变资本的价值如何变化，剩余价值、利润和工资都不会发生变化。

2. 但是如果不变资本的价值变动了，必然会引起利润率的变动。这是因为利润率不仅由可变资本即工资，而且由资本家预付的总资本（可变资本加不变资本）的价值决定。如果别的条件都不变，假使不变资本价值增加了，利润率必然会下降；否则，假使不变资本价值减少了，则利润率就一定会提高。

比方说：棉纺织厂中的工资等于 10 小时劳动，剩余价值等于 2 小时劳动。假设籽棉由于丰收而落价。同量棉花以前要花费 100 元，现在只花费 50 元。同量棉花所吸收的纺纱和织布的劳动都跟以前的一样。因此，资本家现在在棉花上只用去 50 元，就能得到同以前花 100 元时一样多的剩余价值。或者他花费 100 元在棉花上却可以吸收比以前多一倍的剩余劳动。在这两种情况下，剩余价值率没有变化，剩余价值量从而利润量在后一种情形下比前一种情形时加倍了。因为加倍的棉花吸收了加倍的剩余劳动。劳动日的工资没有变化，依然为 2 小时。但工资总额由于工人人数增加而倍增了。在这两种情况下，利润率都提高了。前者由于不变资本价值的减少而提高，后者由于剩余价值量从而利润量的倍增而提高。

反之，倘若棉花的价值由于歉收而提高一倍，因此，以前值 100 元的棉花，现在值 200 元了。再假设其他条件都不变，那么，利润率必然会由于不变资本价值的提高而降低。所以马克思说："总之，在剩余价值率不变，也就是说，劳动的价值不变的条件下，不变资本价值的变动必然引起利润率的变动，而且可能伴随着利润量的变化。"①

丁 不变资本价值的变动在怎样的情形下会影响剩余价值

上面我们曾经说过：剩余价值是由工人的剩余劳动生产的。只要这个剩余劳动不变，不管不变资本价值发生怎样的变化，都不会影响剩余价值的

---

① 《马克思恩格斯全集》第 26 卷 III，第 240 页。

生产。

现在我们假定，平均工资的价值等于 10 小时劳动。这就是说：工人的一个 12 小时的工作日中有 10 小时要用来生产和补偿他的工资。另外 2 小时劳动则生产为资本家所得的剩余价值。

可是商品的价值决定于它所包含的全部劳动时间，而不问这些劳动是花费在原料、机器生产上还是花费在最后成品的制造中。如果这种不变资本构成因素的价值发生永久性的变动（这主要是由于生产它们的劳动生产率提高或降低了），就必须以较少的劳动（假设其生产率提高了）或以较多的劳动（假设其生产率下降了）来生产它们。那么，利用这些不变资本因素来生产成品的工人，一天只要用 9 小时或必须增至 11 小时来为自己劳动，从而剩余劳动就增加到 3 小时，或减少到一小时。其增减的方向，正好同不变资本价值减增的方向相反。所以马克思说：“不变资本的价值的变动，仅仅以这种方式影响劳动的价值，影响工资的生产费用，或者说影响工作日在资本家和工人之间的划分，从而也影响剩余价值。”[①]

从表面上看，这种说法似乎同上面所说的不变资本价值的变化不会影响剩余价值的论点相矛盾。其实不然。要知道，工人的必要劳动时间不仅由他所从事工作的行业中的劳动生产率决定，而且也决定于原料、机器等生产部门的劳动生产率。同样，还决定于生产劳动力再生产所必需的产品（这种产品构成花在工资上的流动资本的一部分）的一些生产部门的生产率，就是说决定于生产食品等等的劳动生产率。马克思曾说：“在某一生产部门中作为产品的东西，在另一部门会成为劳动材料或劳动资料；因此，某一生产部门的不变资本是由另一生产部门的产品构成的。”[②]所以，对全体资本家来说，劳动生产率的变化，从而引起劳动价值的变化，不管发生在自己的部门还是发生在与其有关联的其他部门，都是一样的。

约翰·斯图亚特·穆勒说：“利润规律的唯一的表现……是利润取决于工资的生产费用。”[③]这就是大家都知道的、李嘉图的利润与工资成反比的说法：工资增加则利润减少；工资减少则利润提高。一般地说，这是错误的。只有在利润率等于剩余价值率的条件下，这才有可能。但是要使利润率等于剩余价值率，就必须预先假定，全部预付资本都用于支付工资，也就是说，没有

---

① 《马克思恩格斯全集》第 26 卷 III，第 248 页。

② 《马克思恩格斯全集》第 26 卷 III，第 249 页。

③ 约·斯·穆勒：《略论政治经济学的某些有待解决的问题》，第 104—105 页。

不变资本参加，工人们可以利用空气和水，光靠两只空手进行生产，或者说，全部不变资本的物质因素，例如原料、工具、机器等等都不是劳动的产品，从而没有价值。这种种前提条件都是不可能实现的。因而利润率绝不能等于剩余价值率。所以，穆勒的上述说法是错误的。

如前所说，利润率等于剩余价值量对预付资本总额之比。

假设剩余价值为 M，预付总资本为 C，可变资本为 v，不变资本为 c。则 $C=v+c$，剩余价值率为 $\dfrac{M}{v}$，利润率 $=\dfrac{M}{C}=\dfrac{M}{v+c}$。

但是剩余价值量、即 M 却不仅决定于剩余价值率和可变资本这两个因素，而且也由被资本家所剥削的工作日数决定。如果剩余价值率是既定的，那么，剩余价值量即决定于所雇用的工人人数，就是说取决于花费在工资上的资本绝对量，即取决于可变资本，即：$M=\dfrac{M}{v}\times v$。

当然，如果 $\dfrac{M}{v}$ 和 v 这两个因素发生相反的变化，它（指剩余价值即 M）也可能保持不变。比方说：由于某种原因，剩余价值率由 20% 下降为 10%，即下降 1/2；同时，可变资本却由原来的 1000 元增为 2000 元，即增加一倍，则剩余价值量不变。即：

M=1000×20%=200 和 M=2000×10%=200

反之，如果剩余价值率增加一倍，即由原来的 20% 增为 40%，同时可变资本却从 1000 元减至 500 元，则：

M=1000×20%=200；和 M=500×40%=200，剩余价值量仍然没有变化。

剩余价值率终究是由无偿劳动对有酬劳动之比，即 $M{:}v$ 决定的。而利润率则决定于剩余价值量对预付资本总额之比，即 $M{:}C$（$=v+c$）。但是在各生产部门中，v 与 v+c 之比即 $\dfrac{v}{v+c}$ 是极不相同的。如果剩余价值率是既定的，则利润率等于 $\dfrac{M}{v+c}=\dfrac{M}{v}\times\dfrac{v}{v+c}$。所以，在这种情况（即 $\dfrac{M}{v}$ 为既定的）下，利润率就决定于 $\dfrac{v}{v+c}$，即取决于可变资本对全部资本总额之比。

总之，决定利润率的是 M 和 $\dfrac{v}{v+c}$ 这二个因素，而 M 的决定因素之一则是剩余价值率。所以利润率首先决定于剩余价值率。而剩余价值率的高低则同劳动生产率成正比，而同工资的生产费用即同可变资本的绝对量成反比。

其次，利润率决定于可变资本对全部资本之比，即决定于 $\dfrac{v}{v+c}$。

假定剩余价值率为 50% 即 1/2，v 和 c 都等于 10，则 $\dfrac{v}{v+c} = \dfrac{10}{10+10} = \dfrac{10}{20} = \dfrac{1}{2}$。如果剩余价值率为 50%，则利润率为 $50\% \times \dfrac{1}{2} = 25\%$。现在假定不变资本增加一倍，即从 10 增至 20。那么 $\dfrac{v}{v+c} = \dfrac{10}{10+20} = \dfrac{1}{3}$。如果剩余价值率仍为 50%，则利润率应为 $50\% \times \dfrac{1}{3} = 16\dfrac{2}{3}\%$。就是说，由于不变资本从 10 增至 20，利润率就相应地从 25% 下降至 $16\dfrac{2}{3}\%$；反之，如果不变资本从 10 减至 5，则 $\dfrac{v}{v+c} = \dfrac{10}{10+5} = \dfrac{2}{3}$，而利润率就等于 $50\% \times \dfrac{2}{3} = 33\dfrac{1}{3}\%$，就是说，利润率从 25% 增至 $33\dfrac{1}{3}\%$。所以，在剩余价值率不变的条件下，利润率随着不变资本的增加而下降，随着不变资本的减少而提高。

在同一生产部门的不变资本的价值由于其本身的生产费用变贵或变贱而提高或降低时，这种情况对利润率的影响，同某一生产部门在支出相同工资的条件下，对一种商品比另一种商品采用较贵或较贱的原料时对利润率的影响是一样的。

马克思根据这个理论，首次①表述了关于平均利润和生产价格的概念。他的表述是这样的：

假定工资支出相同，某个资本家所加工的原料比另一个资本家的贵（比方说小麦对燕麦或银和铜、羊毛和棉花），他们所用资本的利润率都应当同原料价格的高低成反比。就是说，这两个资本家所获得的利润率应当是不相等的。但是事实上，他们都取得了相同的利润率。这是因为剩余价值在这些资本家之间的分配，"不是根据每笔资本在它的特殊的生产领域内生产的剩余价

① 《马克思恩格斯全集》第 26 卷 Ⅲ，第 615 页注释 85。

值,而是根据所使用的资本的大小"①。这就是说,某些资本家所得的利润多于在其企业中所生产的剩余价值;而另一些资本家则相反,他们所得的利润少于在其企业中所生产剩余价值。前者所"多"的正等于后者所"少"的。从资本家全体来看,其剩余价值的总量仍然等于其利润的总额。这样就形成了一般利润率,即所谓"平均利润"。与此相适应,价值也就转化为"生产价格"了。

学习了马克思批评约翰·穆勒《论利润和利息》的著作以后,我有两点极粗浅的体会:1. 这是马克思在批判中发展他自己的经济理论的显著实例。本来他是批判穆勒的利润也是一种生产费用的谬见,由于批判的一步一步深入,结果终于发展了马克思自己的经济理论——首次提到平均利润和生产价格的概念。

2. 马克思是于 1862 年撰写《约翰·斯图亚特·穆勒》这篇著作的。②这时马克思 44 岁,正是人的一生最年富力强的黄金时代。在学习过程中,我深深感到他的思考之敏捷。现举一例如下:

在《马克思恩格斯全集》第二十六卷 III 第 251 页上有这样一段话:"剩余价值率等于剩余劳动在一个工作日中所占的比例,也就是等于一个工作日所生产的剩余价值。举例来说,如果一个工作日等于 12 小时,剩余劳动等于 2 小时,那么这 2 小时就等于 12 小时的 1/6,或者⋯⋯"

这段话,初看起来,很不好理解!怎么剩余价值率等于⋯⋯也就是等于⋯⋯剩余价值?我想原来的想法,恐怕是这样的:剩余价值率等于剩余劳动在一个工作日里所占的时间同必要劳动在同一个工作日中所占的时间的比例,也就是等于一个工作日所生产的剩余价值同工资的比例。举例来说,如果一个工作日等于 12 小时,剩余劳动等于 2 小时即等于 12 小时的 1/6,其余 5/6 就为必要劳动。所以剩余劳动为必要劳动的 1/5,或者⋯⋯因为马克思思索得很快,而当时所写的又主要是为了"备忘"的草稿,并未加推敲,所以就飞速地写成上面所引的那样——这种想法不一定对,特提出,请大家指正!

---

① 《马克思恩格斯全集》第 26 卷 III,第 256 页。
② 《马克思恩格斯全集》第 26 卷 III,第 243 页。

四、对穆勒《政治经济学原理》的评语

恩格斯于 1873 年 12 月 5 日致马克思的信中曾说:"关于法文翻译……。到现在为止,我发现凡你加工过的东西①的确比德文的为好。……最好的是关于穆勒的评语,我所指的是体裁方面。"②这里是指马克思对穆勒《政治经济学原理》一书的评语。

马克思在《资本论》第一卷法文译本中最早评论了约翰·穆勒的《政治经济学原理》。他所评论的是该书第二卷论工资部分的如下引文:

> 利润产生的原因是劳动生产出来的东西比维持劳动所需要的东西多。农业资本提供利润是因为人们所能生产的粮食比用来在粮食生产期间……供养他们所必需的东西多。……换句话说,这条公理可表达为:资本提供利润是因为粮食、服装、原料和工具的存在时期比生产它们所需要的时间长。……正如我们所看到的,利润的产生并不是由于交换的这种偶然情况,而是由于劳动生产力。因此,一个国家的总利润是由劳动生产力决定的。即使没有发生交换,也必然如此。如果没有划分行业,就是说既没有卖、也没有买,利润仍然会存在。如果一个国家的全体工人所生产的东西超过了他们工资总额的百分之十,那么利润将为百分之十,而不论商品价格的水平如何。

他又说:"我假定在一切由工人和资本家组成不同阶层的社会中,除少数例外,事物的现状到处都占统治地位,这就是说,资本家预付一切费用中也包括工人的工资。"③

上引恩格斯所说的"最好的是关于穆勒的评语"就是指马克思对刚才引证的约翰·穆勒在《政治经济学原理》中提出的那种观点的评语。这些评语已由恩格斯译成德文登载在《资本论》第一卷里了④。我在这里只是把这些评语的要点归纳如下:

① 引文根据《马克思恩格斯全集》第 33 卷,第 105 页的译文稍加更动。
②《马克思恩格斯通信集》第 4 卷,第 473 页。
③ 车尔尼雪夫斯基:《穆勒政治经济学原理概述》第 222-223 页。
④《马克思恩格斯全集》第 23 卷,第 564-566 页。

1. 说劳动生产的东西比维持劳动所必需的东西多，这是早已周知的常识，所以只不过是"旧话重提"。

2. 把资本提供利润归因于食物、衣服、原料和劳动资料等的存在时间比生产它们所花费的时间长，这是非常错误的。大家都知道，面包存在的时间是很短的，最多也不过存在几天，而机器则可以存在几年、十几年甚至几十年。依照穆勒的这种说法，面包业主永远不可能从他的工人那里获得和机器制造业主相同的利润。他的这种说法把劳动的持续时间和劳动产品的持续时间相混同了。所以马克思说："自然，如果鸟巢存在的时间不比造巢所需的时间长，鸟只好不要巢了。"①

3. 认为利润不是由于交换而发生，这一点表明穆勒毕竟比重商主义者高明些。但把交换看作偶然发生的事情，而且又认为即使没有分工，没有劳动力的买和卖，利润依然存在，则是非常错误的。

4. 穆勒同李嘉图一样，把利润和剩余价值从而把利润率和剩余价值率混同了。说一个国家全体工人所生产的东西超过了他们的工资总额20%，这是指剩余价值率为20%。可是穆勒却认为，在这种情况下，不论商品价格的水平如何，利润率总是20%。这是非常错误的。在上述条件下，利润率永远低于 20%。因为 $\frac{m}{v}$ 只表示剩余价值率。$\frac{m}{v+c}$ 才表示利润率。假定该国全体工人的工资总额为100，他们所生产的东西值120，工人生产时所使用的原料、工具等等为 400。这就是说：$v=100$，$m=20$，$c=400$。故剩余价值率即 $\frac{m}{v}=\frac{20}{100}=20\%$；而利润率即 $\frac{m}{v+c}=\frac{20}{100+400}=\frac{20}{500}=4\%$。

5. 约翰·斯图亚特·穆勒把资产阶级的生产关系一般化、永久化了。"资本家预付一切费用，其中也包括工人的工资"，这种状态不过是人类历史发展到特定时期的一种现象，穆勒却把它看成"到处占统治地位"的状态了。

---

① 《马克思恩格斯全集》第 23 卷，第 564 页。

约翰·穆勒在经济学说史上的地位*

1983 年，为了纪念伟大的无产阶级革命导师马克思逝世一百周年，我写了一篇学习札记，题目是《学习马克思对约·斯·穆勒的一些经济观点的评论》。写这篇文字的目的，主要是学习马克思怎样在批评小穆勒①经济观点的过程中发展了他自己的理论。

可是在学习过程中，我发现了自己在 20 世纪 60 年代初主编《资产阶级庸俗政治经济学选辑》时所犯的一个很大的错误，因此该文也具有自我批评的性质，并表示如有机会，一定要争取改正自己的错误——这个错误就是我未加深入研究，粗枝大叶地片面理解马克思的话，而把小穆勒纳入资产阶级庸俗经济学家的行列。

在讨论该文时，有的同志很自然地提出这样一个问题：以往谁也没有把小穆勒当作英国古典经济学家的一分子，而是把他作为庸俗经济学家讲授的。现在你在这篇文章中又否定他是一个庸俗经济学家了！试问小穆勒究竟属于古典派呢？还是一个庸俗的学者？说他是属于古典派吧，那么，王亚南教授主编的《资产阶级古典政治经济学选辑》中为什么没有挑选他的著作呢？说他是属于庸俗派吧，虽然你自己过去也是这样认为的，但是现在却被你自己在这篇文章中否定了！

这个问题是很重要的。可是之所以会提出这个问题是有一个不言而喻的前提条件的。这就是在讲经济学说史这门课程时，是要讲小穆勒的经济观点的。因此，才出现究竟把他作为古典派还是庸俗派来讲的问题。其实，事实上还有一个比这更为重要的问题。即：在经济学说史这门学科上究竟要不要讲小穆勒呢？如果都像苏联科学院院士卢森贝那样，根本不言及小穆勒，那

---

* 本文选自《马克思主义来源研究论丛》第 8 辑，商务印书馆 1987 年版，写成于 1984 年 8 月 31 日。

① 穆勒有两个：一个是詹姆斯·穆勒，这是父亲，以老穆勒名之，还有一个是本文所讲的，他是前者的儿子，为简便计，以小穆勒名之。

么，上述问题也就自然而然地消失了。卢森贝院士不管在他于 20 世纪 30 年代出版的三卷本《政治经济学史》，还是于 20 世纪 40 年代编著的一卷本《政治经济学史》中，都没有把小穆勒列为一章；甚至一小节加以评述！

可是其他许多关于经济学说史的著作，例如英国的英格拉姆和埃克里·罗尔，法国的季德和李斯特，日本的小川市太郎和河上肇等等所著的有关这门学科的著作，却都讲到小穆勒，尽管他们对小穆勒经济理论的评价不尽相同。即使在苏联，除卢森贝外，其他人的著作（例如鲁平的《经济思想史》）就是把小穆勒放在"古典派的崩溃①"这一篇中加以评述的。

卢森贝院士这种并未说明理由而断然地把小穆勒从经济学说史上开除出去的做法，是不值得我们去盲从的。这样一来，又发生了一个问题，在经济学说史这门学科上应当讲怎样的经济学家呢？

我个人初步这样设想：凡不是文抄公，自己有一定见解，而且那种见解还起过一定作用的经济学家，都应讲到。

那么，小穆勒有哪些创见呢？

一、小穆勒指出生产法则与分配法则的区别

1848 年以前的英、法经济学家们，早已有人把生产和分配分别加以论述了。例如，法国的萨伊把其所著的《政治经济学概论》分为生产、分配和消费三部分来分别加以论述，而把销售、货币等等与流通领域有关的问题，包括在论生产的第一篇内；又如老穆勒把他的著作《政治经济学纲要》分为生产、分配、交换和消费四部分。政治经济学的四分法就是由他开始的。但是他们都没有明确地指出生产和分配是按不同的法则进行的。明显地论述这种区别则首推小穆勒。这可以说是他的一种创见吧。他在 1848 年出版的《政治经济学原理》一书的《绪言》中已提到这个问题，而第二篇《分配》的第一章第一节《绪言》对此说得更详细也较具体。他是这样说的：

> 财富的生产法则与条件具有自然科学的真理性质，其中没有任意选择的要素。人类所生产的物品，无论是什么，其生产方法与条件，都是外界的物质以及人类的体力和脑力。无论人们喜欢不喜欢，他们的生产

---

① 沈韵琴译为"古典派的没落"。

必须受限制于他们先前的积蓄额。如果先前的积蓄额是已定的，他们的生产就须比例于他们有怎样的能力与熟练，他们的机械的完善程度，以及他们怎样利用合作的利益。无论人们喜欢不喜欢，投入加倍劳动，总不能在同一土地上，生产加倍的食品，除非在耕种过程已实行了某种改良[1]。无论人们喜欢不喜欢，个人的不生产支出，总会有使社会贫乏的趋势；只有生产的支出，才能使社会富裕。……我们不能改变物质或精神的最后性质。我们只能相当地运用这种性质，来生产出我们所欲得的物品。

财富的分配却不是这样的。那完全是人类社会的制度问题。……财富分配乃依存于社会的法律与习惯。分配所由而定的规章制度是由社会统治阶级，按照他们的意见及感情制定的（黑体字是引者标出的），那是随时代不同和地区不同而很有差别的。如果人们愿意，其变异程度还可更大些。[2]

可见，小穆勒把生产法则看作为超历史的范畴，认为只有分配法则才是历史的。其实这些并不是小穆勒的创见，其他资产阶级经济学家早已这样看了。小穆勒所增加的新东西，只是明白指出它们之间的区别而已。马克思在1857—1858 年《经济学手稿》中曾说："所有的资产阶级经济学家都有一种荒谬的观点，例如约翰·斯图亚特·穆勒也是这样，他认为资产阶级的生产关系是永恒的，而这种生产关系的分配形式则是历史的。"[3]可见，这种荒谬观点是所有的资产阶级经济学家都具有的，马克思只是以小穆勒为这种观点的代表人物而予以严厉的批判。这是因为这种观点，以小穆勒表达得最完善，其影响也最大。

大家知道，不论从历史上还是从小穆勒当时的实际情况来看，生产和分配都有极其密切的关系：一方面，某种生产方法是以生产诸要素的已定的分配为前提。例如，为小穆勒所称赞的自耕农制度，是由既有土地又有农具和种子的生产者，依靠他们自己及其家属的劳动来进行农业生产的。而资本主

---

① 小穆勒在这里所举的种种理由，唯有这一条是错误的。在他看来，只是在耕种条件未改善的条件下，土地报酬递减律才能发生作用，可是问题是，假设耕种条件并未改变，则在同一土地上如何能投入加倍劳动呢？

②《穆勒经济学原理》上卷，郭大力译，世界书局 1935 年版（下同），第 187-188 页。引文的文字译法稍有更动。

③《马克思恩格斯全集》第 46 卷下册，第 279 页；马克思对这种观点的分析批判，请参看拙作《马克思对约·斯·穆勒一些经济观点的评论》。

义的农场是土地为地主所有，农业资本家则占有农具和种子等等，雇用农业工人进行农业生产。另一方面，某种分配方法却是由同该企业相对应的生产方法决定的。自耕农的生产决定了农产品完全归他自己所有；而资本主义农场的生产，则决定了农产品按工资、利润和地租这三种形式，分别为农业工人、农业资本家和地主所分有。可见生产与分配、生产方式与分配方式之间的关系是很密切的。

小穆勒认为，分配是由法律和习惯决定的，所以在不同的历史时期和经济情况不同的各地区分配方式是不同的。这一点是没有什么可以非议的。毋宁说，他指出决定分配的法律是由占统治地位的人们根据他们自己的利益决定这一点，正表明他是一个追求真理的学者。在这个问题上，他的缺点是，不曾同生产密切联系起来而孤立地论述分配方法。

问题在于小穆勒对生产法则的理解基本上是错误的。生产和生产法则都有它自己的历史性和社会性。小穆勒却只是说，它具有自然科学的真理性。更明白一点说，在他以及一般资产阶级经济学家看来，生产（实质上是指资本主义的生产）和生产法则从来如此，以后也永远如此。就是说，把资本主义的生产绝对化、永久化了，这一点正好是马克思所痛斥的。

小穆勒抱有这种错误观点并非偶然，而是有其原因的。

第一，这同小穆勒写《政治经济学原理》这本书的研究对象有关。在该书卷首的《绪言》中，他明白指出：他这本书的研究对象是财富，是财富的生产和分配的法则。所谓"财富"就是指经过自己的劳动、或在市场上购买或由于别人的赠予而取得的，可以满足人们某种欲望、即具有一定使用价值或效用的物质生产物。人想活着，就必须消费各种生活必需品，而维持人们生命的生活必需品是最重要的财富。这样看来，财富本身既没有历史性，也不具备什么社会性，而是同人类的生存相始终的。所不同的不过是满足人们需要的各种财富的不同形式。远古野蛮时代的茹毛饮血同现代人们所吃的饭菜当然是不同的，但是它们皆为人们维持生命所必需的财富这一点，却并无本质上的区别。

大家知道，政治经济学虽然必须研究财富，但研究的目的在于由此揭示出财富所体现的人与人的关系。马克思所着重研究的就是这种关系，对资本主义的生产关系来说，那就是人剥削人的关系。这种由物物关系体现出来的人与人之间的关系，是具有历史性和社会性的。小穆勒由于不以这种关系为其著作的研究对象，而只是一般地研究物质财富，这种物质财富又是与人类生存相始终而没有时间和空间的限制的，他就把财富生产绝对化、永久化了。

第二，小穆勒在其经济学著作《政治经济学原理》第一篇《生产》中，又把生产资本和生产资料等同起来。我们都知道，生产资本只是生产资料在特殊历史时代、特定社会制度，即资本主义时代的社会制度下所采取的一种形态。小穆勒把这种特殊形态永久化了①。由于小穆勒把资本这个概念绝对化，从而把资本主义生产也绝对化了，但是谁如果根据这一点而匆忙地得出结论说，小穆勒是在为资本主义制度辩护，论证资本主义制度可以万古长存，那却是不合事实的，也是不公道的。这一点拟在后面加以说明。

二、小穆勒对共产主义的评论

英、法两国的资产阶级取得政权之后，资本主义经济迅速发展起来，无产阶级与资产阶级的矛盾和斗争也随之发展。在这种社会背景下，代表无产阶级利益的英、法两国的空想社会主义学说先后产生，这些共产主义者所实验的合作运动也不断发展。小穆勒就是在这种现实情况下评论共产主义的，1848 年以后，他还不止一次地予以修改。在 1852 年 7 月写的《第三版序》中有这样一段话：“……我希望，把社会主义当作人类进步的最后结果，这种议论，不致被视为反对社会主义。”这一版认为对于社会主义的重要的唯一的反对，是人类一般尚无准备，特别是劳动阶级尚无准备②。

小穆勒在其所著《政治经济学原理》第二篇第一章第二节《问题的提出》中，从反对私有制谈到共产主义。

他说：“攻击私有原则的人，可分为两类：其一，提倡一种制度，要使生活及享乐的物品，得到绝对平均的分配；其二，承认不平等，但要依据某种公道的或一般便利的原则……不象现在许多社会不平等那样，只依据于偶然。在前一类中，我们可以欧文及其信徒为领袖，在现代，他们是最先提出这种制度的。……这种经济制度的特别名称是‘共产主义’。这个词是从大陆方面来的，以后才导入英国。‘社会主义’这个词则起源于英吉利的共产主义者，被他们用来指示他们自己的学说。但现今（1849 年）在大陆方面，已被用在

---

① 小穆勒不仅是一位很负盛名的经济学家，而且是相当著名的哲学家—逻辑学家，居然会出现这种以局部概括全体的错误，是很奇怪的！

② 《穆勒经济学原理》上卷，第 3 页。

更广的意义上。这个词不一定包括共产主义的意思，也不一定包括私有财产完全被废止的意思。它所指示的制度，只要使土地及生产工具不为个人所有，而为社会、团体或政府所有。在这一类学说中有两个最负盛名的是圣西门主义和傅立叶主义。"①

他在第三节《共产主义的检讨》中接着说："以上各种计划的功过，无论如何，我们都不能正确地指责其不能实行。设有一村落共产体，有数千居民，共有一块土地，从事耕拍，以维持现有人口，并联合劳动，使用最优良的方法，来生产他们所必需的制造品。任何有理性的人，也不可能怀疑，这个村落共产体能生产充足的物品，舒舒服服地维持他们，并可从社会内能工作的各个人取得（必要时还可征取）必要的劳动量，以从事这个目的。"②

然后，他比较详细地探讨了反对共产主义的各种意见。

反对共产主义的第一种意见是：在共产主义社会"每个人都会不断地想躲避他们份内应做的工作"。穆勒完全不同意这种反对意见。他指出：第一，如果说在共产主义制度下有这种缺点，也绝不会像在资本主义社会里所具有的同样缺点那么严重，因为为资本家工作的工人工资是预先规定的，而劳动的产品则全归资本家支配，同工人自己是毫无直接关系的。在共产主义制度下，工人究竟还是多少同自己工作的成效有联系的。第二，在资本主义农场或工厂里有专门监督人员代替"主人的眼睛"监督工人们的劳动，而在共产主义制度下不会有这种专门监督人员，但工人们的劳动将受共产主义社会其他共同工作人员的监督。第三，这种缺点是可以通过对工作人员的教育来纠正的。他说："历史证明了，要训练大群人民，使他们认公众利益为自己的利益，不是不能成功的，而最适于培养这种感情的地方，就莫过于共产主义社会。"③

反对共产主义的第二种意见是：在共产主义社会，每个人只要愿意工作，他自己及其子女的生活资料都将得到保障，一个人不管生育多少儿女，都不用为他们的生活发愁，这样，人们就会缺乏节制生育的远见，甚至会尽量发挥动物性而无限制地繁殖人口。结果人口日益增多，人民的幸福水平就难免日益下降，最后终于不免陷于饿死的境地！小穆勒认为这种考虑是有道理的。不过他指出，在共产主义制度下，人们将强烈反对这种自私的不节制，而且

---

① 《穆勒经济学原理》上卷，第191页。
② 《穆勒经济学原理》上卷，第191-192页。
③ 《穆勒经济学原理》上卷，第193页。

共产主义社会必然会发展教育事业，使人们自觉地节制生育。万一这种办法没有效果，还可用某种刑罚来强制实行。所以他说："共产主义制度，不但不会有使人口过剩的危险，而且特别有防止这种祸患的好处。"①

在小穆勒看来，在共产主义社会，最困难的问题是怎样安排人们的社会劳动。他说："劳动的种类甚多，我们有什么标准可以使它们互相较量？谁去判断：多少纺织劳动，多少分配货物的劳动，多少砌砖的劳动，多少扫烟囱的劳动，等于多少犁田劳动呢？"接着他指出：共产主义的著作家，为了避免这个实在的困难曾经主张：使每个人轮流担任各种有用劳动。但这样就不能进行分工，劳动生产率必将大为下降。"何况，即使劳动的种类相同，名义上的平等乃将成为实际上的大不平等，……一切人不是同样适宜于一切劳动的；同量劳动，对于衰弱者和强壮者，粗野者和细巧者，敏捷者和迟钝者，愚笨者和聪明者，又将成为不平等的负担。"②不过，小穆勒又认为，这种困难虽然实在而又不容易解决，但并非绝对不能克服。而且，在共产主义社会，劳动的安排即使有不良和不公道之处，可是同资本主义社会里的劳动分配比起来，终归要公平而平等些。"此外，我们还须记着，共产主义作为一种社会体系，尚只存在于观念中；在现今，我们更了解了它的难点，而更不了解它的好处。关于共产主义社会应如何组织，以克服困难而取得最大的利益，人类理智的思维也还不过刚才开始。"③

那么，共产主义同当时在西欧各国实行的资本主义制度究竟孰优？孰劣？小穆勒认为，把理想的共产主义同当时西欧各国实行的私有制的社会相比较，当然共产主义更好些。可是私有制还大有改善的余地。至于改善以后更臻完美的私有制同最好的共产主义相比较，究竟哪种制度更好些，则只有待到将来才能解决。在他看来，究竟私有制好？还是共产主义更好些？这主要取决于这样一种考虑：首先，何种制度能容纳最大量的个人自由和发挥个人的积极性。其次，在生活资料有把握之后，人类最强烈的个人欲望当为自由。自由的欲望不同于生理的欲望；生理的欲望，由于文明的进步而趋于缓和，受到更大的控制。自由的欲望则随着智育、德育的发展而增加（不是减少）其强度。完善的社会制度与实践道德，必须保证一切人完全独立，完全

---

① 《穆勒经济学原理》上卷，第 194 页。
② 《穆勒经济学原理》上卷，第 195 页。
③ 《穆勒经济学原理》上卷，第 195 页。

行动自由，除不许伤害别人，即不受其他的任何限制①。

小穆勒最后说："在共产主义之下，性格上的个别性有存在的余地吗？舆论不会成为残暴之轭吗？个人绝对依存于全体，个人受全体监视的事实，不会把一切人压下，使之有驯顺地一致的思想感情与行为吗？……这却尚待研究。"②

小穆勒发表的这些意见，实质上都很平凡，但是，作为一个资产阶级经济学家，小穆勒在当时西欧资本主义社会群起攻击共产党和共产主义的狂热中，能够对各种对共产主义的非难提出比较客观、中肯的见解，以至提供若干有价值的东西，例如，肯定在共产主义制度下，人们会自觉地控制人口的繁殖，应当说还是相当高明的。

马克思在《资本论》第一卷《第二版跋》中一则曰："那些还要求有科学地位、不愿单纯充当统治阶级的诡辩家和献媚者的人，力图使资本的政治经济学同这时已不容忽视的无产阶级的要求调和起来。"再则曰："另一派是以经济学教授资望自负的人，他们追随约·斯·穆勒，企图调和不能调和的东西。"③

马克思在这两段话里提出了如下两点：其一，以小穆勒为代表的一些经济学家是"要求有科学地位"的"以经济学教授资望自负"的人；其二，他们"企图调和不能调和的东西"，"力图使资本的政治经济学同这时已不能忽视的无产阶级的要求调和起来"。

上述第二点即所谓小穆勒的折中主义问题，上面讲到他对比共产主义和私有制之优劣问题时所表露出来的改良主义就是以这种折中主义为理论基础的。折中主义是小穆勒经济理论的一个特点。正是由于这个特点，他的理论充满着矛盾。他的折中主义不仅有社会根源，还有他所固有的思想方法的特点。关于这一点，他自己曾经这样说：自从1826年起，他的思想发生危机。根据他自己的分析，这是由于：第一，他没有可以向之倾诉衷曲的知心朋友；第二，对此，他的父亲也无能为力；第三，过于重视分析能力的培养，而忽视感情方面的发展，因而就发生前后思想不同的矛盾。他说："我觉得，我过去的旧思想在许多新事物方面逐渐地消失着。我从来不让它自行消灭，而继续不断地把它织成新的东西。我无时不因思想的游移不定而感觉不安。当我

①《穆勒经济学原理》上卷，第197页。
②《穆勒经济学原理》上卷，第198页。
③《马克思恩格斯全集》第23卷，第17、18页。

采纳了任何新观念时，除非把这种新观念同我旧观念思想的关系安排妥当……我是不会心安意宁的。"①小穆勒的折中主义很可能就是在这种情形下逐渐形成并发展起来的。

这种折中主义导致了他的著作充满矛盾。例如：马克思在《资本论》第一卷第143页脚注（80）中就曾经很明确地指出："约·斯·穆勒先生凭他惯用的折中逻辑，懂得既要赞成他父亲詹姆斯·穆勒的见解，又要赞成相反的见解。"小穆勒的著作把各种不同的见解都加以吸收，赫然并列，因而充满各种各样的矛盾，这是一个很明确的特点，其实是一个很大的缺点。

至于"要求有科学地位"的"以经济学教授资望自负的人"，究竟是指的什么样的人？我想，无论是科学家还是经济学教授都必须具备尊重真理，从而热爱真理的品性。这种品性小穆勒是具备着的。有下列事实可资佐证：

1. 小穆勒不但没有上大学，而且连中、小学的校门也没有进去过。他是在他老子亲自教导下自学成才的学者，受他老子的影响很大。从三岁起举凡外文（希腊文和拉丁文）以及后来逐步增加的有关历史、哲学、经济、数学等学科的知识，都是在他老子亲自教导之下学得的。

可是，从他二十岁，即1826年，他的思想发生危机了。有些他过去没有接触过或没有注意的新思想闯入了他的脑袋里。特别是柯尔利治派的史特林在辩论会上的精彩发言吸引了他。这就使他的思想发生显著的变化。

这时，《爱丁堡评论》刊登了马可莱批判老穆勒的文章。小穆勒认为这篇指责他老子的文章的确言之有理，并感到他老子对马氏评论的态度绝对不能令人满意。他说："这使我想到，在父亲的哲学方法的概念中，真正有几处在根本上比我以前所设想的错误更为厉害。"②这样一来，老穆勒在他儿子脑袋中的偶像形象完全垮了。后来，他们的父子关系相处得很不和谐。小穆勒曾说："这时候，我自己觉得，我已远离父亲的思想、感情的节拍了。……我们很少谈论我们之间意见不同的问题，他知道由他的教育方法培植起来的我的思想习惯，有时，使我得到的意见和他的意见不同；他还时常觉得，我不常告诉他怎样不同；讨论我们之间的不同意见，没有什么好处，只能说使我们自己痛苦。我从来不表示我们不同的意见，除非他发表的思想与我的思想完全相反；发表的感情与我的感情完全相反。在这场合，我还是沉默不说，那

---

① 《穆勒自传》，第134页。
② 《穆勒自传》，第135页。

我就不诚实了。"①

"我爱父亲，但我更爱真理"这句名言，似乎可以用来说明小穆勒的那种思想感情。

2. 大家知道，小穆勒受边沁的功利主义哲学的影响很深。边沁是老穆勒的好朋友，小穆勒也亲自接受过他的教诲。当他接受这种思想时，他曾组织讨论小组，并以功利主义者自居。他在《自传》里说，功利主义者这个词还是由他首创的。可是在他的思想发生变化后，他也亲自宣布自己不再是功利主义者。是否可以根据这种情况而说，他表现了"吾爱吾师，吾更爱真理"。这是不是科学家和教授们所必须具备的品德呢？

3. 马克思曾经讽刺地指出：小穆勒是以那时（1848 年）的当代亚当·斯密自居的。事实正是如此，小穆勒在《政治经济学原理》这部著作的《原序》中就曾这样说："一本著作，如其目标及一般概念与亚当·斯密的相似，但适应于现代的更推广的知识及更改良的思想，则在本书著作者看来，也是对经济学必要的贡献。《国富论》在许多方面已经过时，就全体来说，又不是完全的。"

小穆勒不但以当代的亚当·斯密自居，而且还要纠正之，补足之。现以工资问题为例加以说明。

根据小穆勒的工资论，工资的水平决定于一国用来雇佣劳动的资本总量和这个国家寻找工作的劳动者人数之间的比例。这个论点来源于亚当·斯密的如下观点，即："对工资劳动者的需求，必随一国收入和资本的增加而增加。收入和资本没有增加，对工资劳动者的需求决不会增加。"②

但小穆勒并没有因袭亚当·斯密的说法，而是往往加以补充，有时甚至干脆提出同亚当·斯密相反的意见。

例如，斯密著作的第一篇第十章《论工资与利润随劳动与资本用途的不同而不同》中的许多论点，小穆勒都加以补充或表示异议。斯密在这一章里，曾提出"卑贱的职业"、最可嫌恶的职业，其报酬比任何普通职业的报酬更高。对此，小穆勒正确地指出："如果认为这是适意职业与不适意职业间一般存在的关系，却是对事实的误解。真正费力和真正讨厌的劳动，不仅不会比别人受更优的报酬，而且几乎一定会受最劣的报酬。"他的结论是："工资的不均

---

① 《穆勒自传》，第 153-154 页。
② 斯密：《国民财富的性质和原因的研究》上卷，第 63 页。

等，往往与公平的报酬原则（亚当·斯密误认这个原则是劳动报酬的一般法则），正好相反，困难与报酬，不成正比例（在社会的公平制度下，二者将成为正比例），却通常成反比例。"①

可见，小穆勒对待经济理论的态度是认真、严肃的。他持有自己的独立见解，决不盲从。研究小穆勒的著作，记着这一点是很重要的。

4. 小穆勒并不知道马克思对资产阶级经济学所做的科学分类及其对古典政治经济学和庸俗政治经济学的不同态度。但如上所述，他对亚当·斯密这样的古典经济学家采取了一定的科学态度；实际上，他对庸俗经济学家也持有这样的态度。这可以他如何对待马尔萨斯为例。

在《原理》第一篇《生产》讲到劳动增加法则即人口法则时，他很重视马尔萨斯的人口原理。在这一篇第十章第二节《人口法则》里，他说："马尔萨斯《人口论》所激起的讨论，已经引出了真理。"接着他讲了这样一大段话："一切有机生命固有的繁殖力，都可认为是无限的。假设全地球让给一种植物或动物和它营养所需的物品去繁殖，它就会在少数年内，布满于气候适宜的各地。可能的速度，虽然因物种不同而不同。但随便什么物种，也能在迅速的期间内②，把全地球充满。有许多种植物，一株就可在一年内，生产一千株的种子；如果当中有两株成长，则在十四年内，这两株就可繁殖到一万六千株以上。一年四倍繁殖的动物，只可说有中平的繁殖力，但就令按这倍数繁殖，也只要半世纪就会膨胀到一万。两世纪，就会膨胀到二百五十万。增加率必然是几何级数率，不是算术级数率。"③这说明，他虽然重视马尔萨斯的人口原理，但对它所据以建立的前提——生活资料按算术级数增加，人口则按几何级数增加——坚决地加以批驳。我们知道，如果上述前提不能成立，这一谬论就无从立足。

由上所述，我们似乎可以初步得出这样一个结论：小穆勒是真诚追求真理的科学家和经济学教授。卢森贝那种把小穆勒排斥在政治经济学史之外的做法，是不能令人信服的。

四、小穆勒虽然是一个名实相符的科学家、经济学教授，但由于当时社会上阶级矛盾的发展，他自己思想方法的特点，以及他的思想不断变化，他的这部著作充满着矛盾。这种矛盾在其价值论中很明显地表现出来。在第三

---

① 《穆勒经济学原理》上卷，第二篇，第 14 章。

② 原译文如此，似应改为"在不太长的时间内"。

③ 《穆勒经济学原理》上卷，第 146-147 页。

篇讨论交换问题时，他用了五章的篇幅来说明有关价值的问题，而在第六章中加以总结。我们就从第六章来评述他对于价值的见解。

在题为《价值学说之摘要》的第六章里，他总结出十七条意见。

第一条，他自己是这样说的："价值是一个相对的名词。一物的价值，意即指该物交换到某种其他物品或一般物品的数量。所以，绝不能一切物的价值同时提高或下降。价值一般腾贵或一般跌落的事情是没有的。价值的腾贵必暗示降落；价值的降落必暗示腾贵。"——这一条是完全错误的。错误的根源是他混同了价值和交换价值，而且以"价值"这个术语去代替交换价值。

我们知道，商品的"价值"只是指这个商品本身的价值，并不指示它同其他商品的价值关系。例如，商品 A 每单位是由 X 量社会必要劳动生产出来的，而商品 B 每单位则是由 Y 量社会必要劳动生产出来的。假定 X=2Y，则 A=2B。这就是它们的交换价值。如果 A 的交换价值增大了，比方说，A=3B，B 的交换价值就减少了。所以 A、B 的交换价值既不能同时都增加，也绝不可能同时都下降。至于它们的价值，则是可以同时增加（假定生产它们所花费的劳动量都加倍），也可能同时下降（如果生产它们所必要的劳动量同时并成比例地减少）。在这种情形下，它们之间的交换价值都是不增不减的。如果生产它们所花费的劳动虽同时增加或同时减少，但增加和减少不成比例，则它们价值的变化同时会引起它们之间交换价值的变化。

小穆勒提出上述错误观点，同他否认普遍生产过剩的经济危机有关。

第二条，一物的暂时价值或市场价值，决定于需求与供给，需要增则腾，供给增则落。但需求随价值而变化，物品便宜时比昂贵时，通常有更大的需要。价值常依这种方法调整其自身，以使需要等于供给。——这里，小穆勒又把价值和价格混同了。他所说的市场价值其实就是价格。他在这里讲的，就是一般经济学著作所常说的"供求论"。大家知道，供求关系只能说明价格的变化，但不能说明在供求相等时价格究竟如何决定。

第三条，物品除有暂时的价值，还有一个经常的价值或自然的价值。市场价值在每次变动后，常有归返自然价值的趋势，多次变动相互补正，所以，平均说，商品大约是按自然价值交换。——这里所说的"经常价值"或"自然价值"就是价值本身，而"暂时的价值"或"市场价值"其实就是指价格。这是亚当·斯密和李嘉图关于价格环绕价值而上下波动的理论的复习。也就是说，在价值论上，小穆勒主要是继承亚当·斯密和李嘉图的理论。

第四条，有若干种物品的自然价值是稀少性价值。但大多数物品自然会按照生产费的比例，或者说按照成本价值来互相交换。——很明显，这又是一种生产费论或生产成本论。生产费论或生产成本论是一种没有出路的循环论。

第七条，能由劳动及资本无限地生产供给量的商品，其交换与成本最大的那部分必要供给量被生产出来并送往市场所必要的成本成比例。自然价值即成本价值。一物的成本价值，即是该物成本最大部分的成本价值。——这也是一种生产费论。它是在说明级差地租时发展起来的。小穆勒在说明级差地租时把马尔萨斯的人口理论和土地报酬递减律都用上了，因此，有些资产阶级经济学家夸张他的功绩。

可是小穆勒在说明这套理论时，又陷入他自己无法解决的矛盾。他认为，土地报酬递减律发生作用，是以农业的生产技术不变为前提的。可是试问：如果农业生产技术不变，在原有的耕地上如何能投下加倍的劳动与资本？这个问题，他怎么也不能解答。

第八条，生产费由各种要素构成。有些要素是不变的、普遍的，有些则是偶然的。生产费的普遍要素是劳动的工资和资本的利润。偶然的要素是赋税及某种生产要素因有稀少性价值而引起的额外费用。——在其书第二篇中小穆勒曾把利润作为生产品价值的分解因素，这里他却又把利润看作生产费从而又是价值的构成因素，这岂不又是前后矛盾了吗？其实，小穆勒在这里是以后继者的资本家对先行者的资本家支付的利润，作为他自己产物价值的构成因素了，比方说，甲资本家的利润成为支付这种利润的乙资本家的生产费了。

第十一条，比较工资额不定于工资本身。高工资不会把价值提高，低工资也不会把价值降低。比较工资额一部分定于必要的比较劳动费，一部分定于比较的劳动报酬率。

这一条有二点值得我们注意：第一，有些资产阶级庸俗经济学家往往把物价上涨归因于工资太高，小穆勒的这条意见，是对这种谬论的有力批驳。第二，小穆勒在这里运用"劳动费"这个术语反映了他的经济理论的一个特点。在他看来，工资和劳动费是两个不同的概念。"工资"是工人领受资本家所付给的，而劳动费则是这种工资所费于资本家的。工资高，劳动费不一定高；反之，工资低，劳动费也不一定低。例如，熟练工人的工资比普通的不熟练工人高得多，假定高三倍吧，但在同样的劳动时间内，熟练工人所创造的价值却比普通工人的大五倍。在这种情形下，付给熟练工人的劳动费要比付给普通工人的便宜得多。这是由于，熟练工人的劳动生产率不只三倍而是五倍于普通工人的劳动生产率。根据小穆勒的理论，劳动费是由工资额和工人们的劳动生产率这两个因素决定的。

我常想：这是否可以说是小穆勒对劳动价值论的一种发展？

第十三条，设二物由等量劳动造成。劳动又按等率计酬，工资垫付的时间也一样长，职业的性质又使各职业无须在利润率上有经常的差异。则无论工资与利润的厚薄，所用劳动量的多少，这二物，以平均计，将互相交换。——这里是指决定二物交换比率的诸因素：劳动量；劳动报酬；工资垫付的时间。

第十四条，如二物中有任何一物，以平均汁，能比它物支配更大的价值，其原因必定是它的生产须有较大量的劳动；或所使用的劳动有较高效率的付给；不然就是支付劳动的资本部分，须垫付较长的时间；再不然，就是生产上伴有某种事情，必须有较高的利润率来赔偿，——这里是在说明决定价值的各种原因，可以称之为多元论。这也是他的折中主义理论的一种表现。

第十五条，在这诸种要素中，生产上所必要的劳动量是最主要的，其余诸要素虽不是无意义的，但影响较小。——由此看来，小穆勒基本上还是继承劳动价值论的。

第十六条，利润率越低，生产费内几种比较小的要素就越不重要。商品的价值，将越与生产上必要劳动的分量与品质成比例。——这基本上也是劳动价值论的一种说法。

第十七条，但利润率每次下降，由较多或较耐久机械制成的物品的成本价值，皆会相当减低；由手工制成的物品的成本价值，皆会相当提高；利润率每次提高，则会发生相反的结果。——这却是生产费论的表述。

小穆勒的这部著作既是阐明经济学各项原理的科学著作，又是处处照顾到实践的书。例如在价值论上就是如此。他在说明劳动价值论、供求论和生产费论等等之后，提出了这样一个问题：在同一生产过程生产出二种或二种以上的产品，这些产品是由共同生产费生产出来的。如果在共同产品中有的因无效用不为人们所需要，这好办，全部生产费都是另一种具有效用而为人们所需要的产品价值的决定因素。问题是：如果这一种产品都有效用，那么，共同生产费如何划分呢？比方说，既然生产稻子是稻草和稻谷一块生产出来的，那么，生产这些稻子的劳动所创造的价值，或者说生产它们所花去的生产费，如何在稻草和稻谷之间划分呢？我讲授政治经济学几十年，从来没有提出过这个问题，更不用说解决这个问题了。不知我们的一些价值问题专家们，对这个问题是怎样考虑的，希望有以教我。

小穆勒在其著作第三篇第十六章第一节《有共同生产费的诸种商品的价值》里，对此问题是这样说的：

> 有时，两种不同的商品，有共同的生产费。两种不同的商品，是同一活动或同列活动的生产物，其支出是由二者共同负担。不是一部分归于此，一部分归于彼。在生产上互相联合的商品是不少的。例如，焦炭与煤气，便是由同一材料，依同一活动生产出来的。……生产费不能决定二商品彼此相对的价值。它只决定它们的共同价值。煤气和焦炭，合起来必须补偿它们的生产费及普通利润，要是这样，一定量煤气及其制造剩余下来的焦炭，与其他物品交换时，自非依照共同生产费的比例不可，但生产者的报酬究有若干得于焦炭，有若干得于煤气，尚是未决定的。生产费不决定它们各自的价格，只决定它们价格的总额。尚须有某种原理，分配生产费于二者之间。生产费论既不能适用，所以我们必须用别一个更根本的价值法则，即供给与需要的法则。这法则是：商品的需要随价值而变，价值将会调整，使需要等于供给。我们现在所需的原理，正是这个原理。①

我感到，小穆勒的这些论述，是值得我们注意的。

五、小穆勒在第二篇比较资本主义和共产主义的优劣时，将当时（1852年）的资本主义制度称为"邪恶的制度"。他指出，在这种制度下，"劳动生产物的分配，必然会与劳动成反比例。使全不劳动者得到最大部分，仅在名义上劳动者得次大部分。依次递降，工作愈困难愈不洽意，报酬即愈降低，一直到最费力的体力劳动，简直确实获得生活必需品也不可能"②。马克思曾根据小穆勒的这段话，实事求是地指出：小穆勒有些错误观点虽然应当受谴责，但如果把他和庸俗经济学家同样看待也是不公道的。

小穆勒真诚地同情工人的困苦处境。他主张一方面发展工人的道德品质教育，另一方面尽可能提高工人的生活水平，使工人能自觉地控制人口的增殖，以提高工资。至于整个社会的改革，他却寄希望于工人自觉组织起来的

---

① 《穆勒经济学原理》下卷，第531–532页。

② 《穆勒经济学原理》上卷，第195页。

合作社。他说："合作社（指工人们自行组织起来的合作社——引者）一旦充分增加，也许只有微不足道的人，才情愿终生为工资而工作。个别资本家及社会，都将逐渐发觉，必须使劳动者全体都成为利润的分享者。结局，也许不必象人们所设想的那样要等很长久的时期，才能从合作社原理，看到我们社会变革的道路。赖有这种变革，个人的自由和独立，将与共同生产之道德的、知识的以及经济的优点结合起来。这种变革，用不着暴动，用不着掠夺，甚至用不着突然地扰乱现存的习惯和期待，就可以在产业方面，使社会不再分**勤劳阶级**和**游惰阶级**（黑体字是引者标出的），使一切特殊的社会地位，非由自己的服务、非由自己努力依适当方法而获利者皆归于消灭，从而实现民主精神的最高的热望。成败所系的这诸种道德的及自动的性质，可以由上述各种合作社（当时在法国和英国实验有相当成就的各种合作社——例如在法国有十四个工人自行组织起来的制造钢琴合作社；在英国有罗虚德尔公平先锋社（Rachdale Society of Equitable Pioneers）的成功，得到一种训练。会社（即合作社）越是增加，它们便越有吸引一切工人（除去智力过低或道德太劣，只能按自私自利的狭隘制度行事的人）的趋势。当这种变革进行时，资本所有者，将逐渐发觉：为他们自己的利益计，与其仅同最劣的工人在一块儿来维持旧制度，还不如把资本贷给会社。贷出利息率将逐步降低。最后，也许只求以资本定期的年金。于是现存的资本积蓄，可诚实地，依一种自动的过程，结局，变成参加生产事业者全体共有财产。这种变革，如此实现的变革（那当然假定男、女两性可平等地享受社会的权利和统治权），将最接近于社会正义。将成为产业上最有益于一般人皆有好处的整顿。这是现今就可以预料到的。"①

这段话是从第四篇《社会进步对于生产与分配之影响》第七章《论劳动阶级之或然的未来》中引来的。

在第五篇《论政府的影响》中讲到"公司法"时，他曾经这样说："我必须再讲我的信念。我认为，把社会绝对地分成二部分——一部分成为工资的支付者，一部分成为工资的领受者。前者以千数计，后者以百万数计——的产业经济，既不宜于无限期地延续下去，也不能无限期地继续存在。我以为变革这种制度使成为大家都独立但又互相合作的制度；变阶级敌视为利害关

---

① 《穆勒经济学原理》下卷，第 730-731 页。

系的一致，是可能的。但这种可能性，完全依存于公司原则的未来的发展。"①

从上面所引证的关于劳动者自行组织起来的合作社以及公司法原则的发展看来，小穆勒虽然不免有些天真的幻想，使得有些经济学说史家认为他有空想社会主义的倾向，但有一点却是可以肯定的，那就是，他对勤劳阶级的同情以及他想改革社会以改变劳动人民的处境的愿望是真诚的。

上面所讲的一切，主要是提供与这题目有关的素材，大家都是理论专家，可以以此得出妥当的结论。如果一定要我说的话，我认为，小穆勒在经济学说史上的地位是非常重要的，因为他的《政治经济学原理》一书的发表，"宣告了'资产阶级'经济学的破产"（马克思语），这里所指的不仅是古典经济学的破产，也包含着庸俗经济学的破产。与此相关联，他的这部著作将各种经济观点，不管是古典的还是庸俗的，凡是在他看来是相当重要的，都兼收并蓄，因而集当时的经济学之大成，而当时的经济学，包括古典政治经济学和庸俗政治经济学有一个不为人们所重视的共同点均从生产出发，因而可以称之为关于生产的经济学。再者这部著作由于体系完整，内容丰虽，说理易为人们所接受而又便于实用，所以从 1848 年出版之后，二三十年间支配着英国的经济学教育。

恩格斯于 1888 年 1 月 5 日致尼古拉·弗兰策维奇·丹尼尔逊的信中说："现在这里最时髦的理论是斯坦利·杰文斯（1835—1882）的理论。"杰文斯的理论是 19 世纪 70 年代发表的。从此，小穆勒著作的影响日渐衰落，而杰文斯的著作则日益时髦起来。小穆勒在经济学说史上所以处于极重要的地位，就是由于他宣告了一代经济理论的结束，即以生产为出发点的经济理论从此每下愈况，而以欲望或消费为出发点的所谓"边际理论"则日益扩大其影响。

至于小穆勒与古典派的关系。可以下图表明：

古典派的升降图

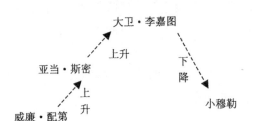

①《穆勒经济学原理》下卷，第 833 页。文字译法稍有变动。

关于车尔尼雪夫斯基的"出色的说明"*

——对《资本论》第二版跋中一段话的理解

1954 年我在南开大学经济系讲《资本论》，在备课中，重读到马克思的《第二版跋》中"这宣告了'资产阶级'经济学的破产，关于这一点，俄国的伟大学者和批评家尼·车尔尼雪夫斯基在他的《穆勒政治经济学概述》中已作了出色的说明"①。当时，我对这个"出色的说明"还毫无所知，因而欠了同学们一笔债。后来因种种原因一直未能偿还。最近我阅读了由乌达利卓夫主编、C. B. 巴西斯特整理的《车尔尼雪夫斯基经济著作选集》第三卷下册——《评穆勒的政治经济学》（俄文版，1949 年苏联国家政治书籍出版社出版），这即《资本论》第二版跋中所说的《穆勒政治经济学概述》，似有所悟，故提笔"还债"。

车尔尼雪夫斯基的这本著作，是评论英国经济学家约翰·斯图亚特·穆勒（John Stuart Mill，1806—1873）发表于 1848 年的《政治经济学原理及其对社会哲学的某些应用》——简称《政治经济学原理》的。穆勒这部著作共五卷，第一卷为《生产》，但车尔尼雪夫斯基的这本书偏偏缺少对《生产》的评论。按序言中说，这是由于对《生产》的评论是早已写成并在《同时代人》杂志上发表了。但 C. B. 巴西斯特在整理出版这本书时，为什么不把关于《生产》的评论编入，使读者得窥全貌，原因不详。因此，我在对车尔尼雪夫斯基的"出色的说明"做介绍时，只能以此书为限，而不包含车尔尼雪夫斯基对约翰·穆勒的全部评论。

车尔尼雪夫斯基（1828—1889）是俄国伟大的学者、作家、文学批评家，杰出的社会民主主义的先驱者之一。

---

* 本文选自《南开学报》1982 年第 4 期。

① 马克思：《资本论》第 1 卷，人民出版社 1975 年版，第 17—18 页。

苏联科学院经济研究所 1959 年编著出版的《俄国经济思想史》第二卷（上册）第一章第三节，是讲"车尔尼雪夫斯基的思想对国际的和俄国的解放运动的影响以及改革时期的经济思想"的。但作者着重说明的并不是车尔尼雪夫斯基的经济思想，因为车尔尼雪夫斯基首先是个大文学家。在《评约翰·穆勒》这部有关经济科学的著作中，车尔尼雪夫斯基以其文学家特有的文艺手笔，讲到了事物的形式与本质的关系。他指出，根据逻辑学，事物的形式应当同它的本质相一致，就是说，要同它的全部根本性质的总和相一致，而不是与其某个外表特征相一致。接着他说："在北美南部联邦，不是以人的性格而是以人的肤色来决定人的法律地位，这种民事安排是否会令人满意呢？不是根据对疾病实质的诊断，而只根据其表面征象的治疗，是否会满意呢？不是按照整个机体的构造，而是按照其某一部分，比方说按照牙齿的构造来进行动物的分类，是否会令人满意呢？所有这些情况都是经不起一丁点儿批评的。"（车尔尼雪夫斯基：《评约翰·穆勒》俄文版，第113页。下面凡引该书，均只注页码。）

车尔尼雪夫斯基是批判自由竞争的。他认为事业应当由里手去办。他说："比我能干的人当我的领导者，这对我有利。"（第120页）可是在竞争的场合下，为了尽可能长时期地取得高利润，对于改进生产技术和创造、发明，必须保密。因为"如果他帮助别的生产者采用他学会的改良程序，他将有害于自己，即将背叛他对自己家庭的义务。他的处境就像我们的巫医，一旦她教会任何别人使用药物，她的灵丹妙药便失去作用了。这样，竞争时，技巧应由生手来完成，知识应由无知来传布"（第120—121页）。他还进一步指出，如果生产技术的改进不困难的话，生产者将关心改进，如果改进很困难的话，"他就会改用最容易的办法——竭力妨碍别人"（第121页）。所以，在车尔尼雪夫斯基看来，竞争有两个缺点：其一是由于生产技术改进的保密因而延缓社会经济的进步。另一个缺点是，竞争"除了是获取利润的好方法之外，它还留给人们相反的坏方法。在竞争中，人们不仅因为自己工作的成就而获胜，而且也由于别人工作的失败而获胜"（第124页）。

在这部著作中，车尔尼雪夫斯基用文学家的手笔，从钢琴与小麦的关系谈到了交换的复杂性。他说："巴黎在一八五九年有一百五十万另一百二十九人，取其整数为一百五十万居民。每个人都是要吃的。可是这一百五十万人吃得很不好，而工作却是很努力的。他们从事制造钢琴、青铜器、香水、化装用香膏等等。而钢琴则是在巴黎著名的钢琴制造商埃拉尔那里制造的，并因此得到货币。埃拉尔把大钢琴发送到喀山，从喀山用钢琴换脂肪，再把脂肪运到伦敦，又从伦敦把硬脂腊腊烛发送到设菲德尔市，在那里用腊烛购买剃刀，……只是请允许我问问你们，最后怎样从埃拉尔的工作生产出他需要的牛肉或小麦呢？难道小麦能从他的工作中生长出来吗？""如果把这架大钢琴烧掉，化成灰，变为肥料，那末毫无疑问，会从它生产出小麦来！除了这个方法，我没有想到使这架钢琴会变得有利于胃的其他方法！"（第 291—292 页）

车尔尼雪夫斯基还认为经济科学是研究经济生活方式的医学。医学当然需要开方、给药以治病，但此外还有一项更重要的任务：向人们说明应当遵守的保健条件，以预防疾病，从而可以不再需要药物。他说："占统治地位的理论①只限于一门病理学。卫生部门——科学的最重要部分——却被它忽视了。"（第 324 页）这一点即使在现在看来，也是很富于启发性的。

车尔尼雪夫斯基虽然是一个文学家，但在该书中，他对用数学的方法以及运用数字的论证是很重视的。比方说，在《论所有制》一章里，他在以大量数字论证保卫村社土地所有制的必要，并列了许多不同表格加以论证之后，他说："想必读者已经非常厌烦数字了。我自己明白，我过分偏爱数学……一般地说，政治经济学家的缺点就在于空话太多而又不核对一下算术。需要有人努力从事被大多数人忽略的工作以克服普遍的缺点。……要是你愿意，当你读完后面几页之后，请问：这人根据什么推理，不完全与我们的政治经济学家一样？只有这时，你可能回过头来再研究它。那时你读翻过去的几页，就会发现是根据什么得出的结论。"（第 92 页）

车尔尼雪夫斯基在用数学方法来说明经济问题时，也时常表现出文学家所常用的夸张手法。例如，他指责李嘉图和斯密学派的任何经济学家都没有重视利息按几何级数增长的特性而产生的结果时，曾说："如果亚当把一个戈比存入银行，那么现在（指 1860 年）我们每个人应从银行得到的金子，比以太阳到海王星的距离为直径的球形口袋所装的还要多得多。"（第 228 页）又说，如果"利润率为百分之四十，刚经过一百年，一百卢布将变为 41,000,950,000,000,000 卢布。为了明确起见，试说出这个数字：四万一千万亿零九千五百亿卢布"（第 229 页）。

车尔尼雪夫斯基对约翰·穆勒的评论，可说是很实事求是的。他既指出

---

① 这里所说的"占统治地位的理论"，不仅包含亚当·斯密和李嘉图的古典部分，也包括马尔萨斯和老穆勒等的庸俗部分。因他写这本书的时候（1860 年）还不知道古典经济学与庸俗经济学的划分与区别。

了穆勒的优点，也不忽略其缺点。在论《所有制》一章中，当论证到共产主义与社会主义问题时，他曾把穆勒同蒲鲁东和路易·勃朗做比较。他认为蒲鲁东是在著作界有显著地位的十分固执的作家，他狂妄地咒骂共产党人、社会党人，但不容别人对这种主义的批评。而且还说："只有我是这样反对极端和乌托邦的，至于新意图的健康部分，我爱得无以复加。"（第28页）车尔尼雪夫斯基在引证这句话之后又指出，蒲鲁东还称赞协会，预言其有远大前程，最后得出这样一个结论："可见，现在评论共产主义的流行腔调是狂怒与甜蜜的微笑，咒骂与恭维的混合物。"（第28页）

车尔尼雪夫斯基指出，约翰·穆勒就完全不同了，蒲鲁东所表现出来的这种东西，约翰·穆勒一点都没有，"他非常冷静地看待使别人非常害怕的理论。并且没有从中看出什么可怕的东西，他在重新考虑了反对共产主义的异议之后，连一条有根据的异议也没有发现。他关于共产主义的最后结论是：如果私有制将是完善的……它可能比共产主义还好呢！不过目前这种形式的私有制远不如共产主义。他对社会主义寄予更多的同情，不但没有从中发现什么不好的，而且也没有发现什么不妥的。他只提出一个问题：当前的社会道德水平非常之低，在目前这种情况下，人们是否有能力接受任何良好的制度"（第28页）。

车尔尼雪夫斯基认为，约翰·穆勒同路易·勃朗一样，并不是第一流的思想家，不过有些才华而已。穆勒比路易·勃朗优越，则在于他具有比较丰富的学识，当然这是因他受过很好的教育，而路易·勃朗则因贫穷未受充分的教育。

接着他指出约翰·穆勒的缺点。他说："正如我们所看到的，穆勒说出对新的分配原则（指社会主义和共产主义的分配原则——引者）犹豫不决的内情之后，又找借口回避它，说什么研究这些为时尚早，而应该深切地注意当前的原则（即在私有制之下的分配原则——引者），能不能把它弄得比新的更好。穆勒承认，它现在的形式远不如新的。"（第49页）要知道，约翰·穆勒的改良主义思想就是从此萌发的。

车尔尼雪夫斯基曾反复批判甚至反对在资本主义制度下，劳动产品的三项（工资、利润和地租）分配。他认为在这种分配制度下，不仅遭受剥削，也阻碍着社会经济进步。因而他积极称赞自耕农制度。因为在这种制度下，劳动者同时又是主人，他所生产的产品完全为自己所有，因而会发挥生产的积极性和促进社会进步。他认为由亚当·斯密所创建的经济理论是"在一个不知道存在自耕农的社会里产生和发展的",因此这个经济理论没有研究过自耕农制度。这是占统治地位理论的一个空白。无论马尔萨斯还是李嘉图都没有填补过这个空白。法国和德国的政治经济学家倒是了解自耕农这种生活方式的,其中还有许多人高度评价过自耕农的生活方式,可是他们都不具备亚当·斯密、马尔萨斯、李嘉图那样的智慧,因而不可能填补这个空白。"他们对自耕农生活方式的同情,好像只是表面的事情,没有深入到理论本身中去。他们只不过是普及工作者(例如让·巴蒂斯特·萨伊)和有经验的编纂者(例如罗和罗雪尔),可是他们没有创造精神,他们只会把别人的思想解释清楚或者给它们选配事实。"(第 176 页)

那么,约翰·穆勒是否能填补这个空白呢?也不能!车尔尼雪夫斯基接着说:"穆勒以其逻辑力量不可比拟地比他们高明。但是,就连穆勒也不是能修正科学的人。他的主要力量在于他是真正诚实的思想家和支持做好事的人。要他摆脱他的导师马尔萨斯,特别是李嘉图①建立的观点,这是办不到的。他只会评价从这个观点观察到的一切美好的东西。在他看来,有这样的思想家,他们把工人——主人的地位看做是唯一正常的。作为善良的人,他深入这个观点并发现它是正确的。因此在任何适宜的场合,他都表示希望工人能为自己工作,从而提高到主人的地位②。但是他不能按照他所赞同的思想重新建立一种新理论,而这种理论却是人们根据其他的原则所创建的。所以他对各种产品分配形式的评价几乎是没有成果的。"(第 176 页)

在这里,车尔尼雪夫斯基又指出约翰·穆勒的矛盾,因为他一方面怀着高尚的喜悦教导英国人了解自耕农生活方式比社会上其他生活方式具有一切经济上的优点;但另一方面,他又着重分析亚当·斯密所认为最完善的分配形式——劳动产品的三项分配形式。后一种观点显然同穆勒自己关于自耕农的思想是矛盾的。

车尔尼雪夫斯基在这部著作中,没有专门论述约翰·穆勒《政治经济学》中有关阶级性问题的篇章,但事实上,他已明确指出,约翰·穆勒只是站在资本家的立场上说话。他的论证既特别而又很有风趣。

他认为对于约翰·穆勒的著作,不仅要注意它说了些什么,还要注意它对什么没有说。他明确地说:如果只以检验穆勒所论述的一切是否正确这样

---

① 车尔尼雪夫斯基还不知道古典政治经济学同庸俗政治经济学的区别,所以他往往把李嘉图同马尔萨斯并列起来。

② 这样看来,把约翰·穆勒同一般庸俗政治经济学家等量齐观,是不公平的。

一种想法去阅读他的作品，则在读完他的分析时，会找不出他的任何错误。如果你用另一种比较广泛的想法再去重读那些篇章，并注意考虑一下，穆勒的分析是否有疏漏？你就会发现重要问题。他曾引证穆勒这样一段话："所生产商品数量的变化不要求任何人改变自己的职业。如果事业进展得非常顺利，可通过加紧利用信贷来扩大生产，万一生产进展不利，则可通过减少业务范围和减少工作时间来缩减生产。"（第280页）他还举例说明：假如有一个制造呢子的工厂，有五百个工人工作。在这个企业获利很大时，不必建造新工厂，从事其他业务的资本家不必成为呢子工厂主，原来的呢子工厂主把生产规模扩大一倍，从而生产出多一倍的呢子就可以了；如果企业没有盈利，他也没有必要抛弃自己的业务，他只要减少自己的业务，只生产一半的呢子就可以了。所以，资本家谁也没有必要去改变自己的职业。车尔尼雪夫斯基根据这种情况，做出结论说："如果我们指的只是资本家，穆勒说得完全正确。可是工人呢？工人也这样吗？如果呢子工厂把产品增加一倍，它将雇佣一千工人而不是原来的五百，新增加的五百工人是从其他行业转到呢子生产上来的，如果工厂的生产缩减一半，它只雇佣二百五十个工人来取代以往的五百——其余二百五十个工人应该放弃呢子生产而转向其他行业。可见穆勒的言论对工人是不适用的。他的'任何人'只指资本家。而他的工人却'一个也没有'！他完全忘记了工人。"（第280页）他还说：在穆勒看来，只注意到资本家便是一切了。"顺便说说，资本家也是真正的生产者；工人只不过是资本家的附属物，看问题还值得涉及他们吗！"（281页）

车尔尼雪夫斯基认为：一个人只有当他为自己而不是为别人劳动时，才会发挥最大积极性，只有独立的主人的地位才具有个人自尊的感情。所以，只有当工人同时又是主人的时候，他才能找到应得的福利。同时，劳动组合的原则和改进了生产过程的性质，则要求生产单位有非常大的规模。而生理的和其他自然条件则要求每个生产单位中组织许多各种各样的生产。因此，这些主人即工人应该联合起来组成协会。他还进一步指出，经济历史前进的方向是向着协会原则发展的。可是占统治地位的所谓政治经济学家，对这种乌托邦主义者组织起来的协会，往往加以咒骂，因循守旧的政治经济学教程却又对乌托邦主义者作了很大的让步。甚至最落后的政治经济学家也不得不承认，经济史是向协会原则发展的，协会在某些场合还非常有利。这就是说，形形色色的各种粗暴的狂妄行为，往往同这种承认联结在一起！真所谓："不愿意做某种承认的人们，自然对强迫他们的必要性发怒；不愿意让步的人们，

在不可避免地不得不让步时，自然会想出故意刁难的谗言。"（第 429 页）

约翰·穆勒却与上述的所谓政治经济学家不一样，他并没有恼火，他还满怀喜悦地谈论新的生活制度。可惜"他不是在未来的学派中培养出来的。所以当他了解该学派的时候，重新建立理论，对他来说已经太晚了。因为旧学派的学说已经在他的思想中扎得根深蒂固了。在他的头脑中给新概念留下的位置太少了。因为它已经被旧概念占满了。然而按照他自己诚实和富有生气的天性，他总同情改进。所以如果他的几乎全部个人智慧都已经消耗在以前的事业上，用在掌握和发展以前的概念上，那么他会愉快地以其余力来掌握新概念。对他来说，重新学习已经为时太晚了——已经定型的人能重新学会什么，他就努力学什么"（第 429 页）。

从上述根据车尔尼雪夫斯基的著作所做的说明，可归纳为这样几点：

第一，约翰·穆勒因其获得充分的教育而具有丰富的学识，这是路易·勃朗之流所不能比拟的。同时因他具有强大的逻辑力量也远胜于法国的让·萨伊和德国的罗雪尔（Roscher）那样的政治经济学家，而从事认真的研究，并没有轻易放弃其科学地位。

第二，他虽然主要是站在资本家立场上说话，但另一方面，他既赞扬自耕农生活方式，而又再三强调工人成为主人的重要性，因此把他包含在单纯充当统治阶级的诡辩家和献媚者的行列，似乎也不公平。

第三，约翰·穆勒并不仇恨共产主义和社会主义，反而承认这种新制度比 19 世纪中叶在西欧实行的资本主义制度好；可是同时他又认为当时实行的资本主义制度是可以改进的。改进以后的私有制同共产主义、社会主义相比较究竟孰优孰劣，在当时是不能判断的。因而他又醉心于改良当时实行的资本主义制度。这实质上是企图把资产阶级的经济同无产阶级的要求调和起来，因而产生了所谓改良主义。

第四，如车尔尼雪夫斯基所说，约翰·穆勒只能阐述他的先辈亚当·斯密、马尔萨斯尤其李嘉图的学说，他的脑子已被这些旧学说占满了，已没有容纳新概念和新学说的余地！这就是说，约翰·穆勒所阐述的先辈的学说，传到他这里停滞不前了，僵化了，因而也就破产了。

1954 年我欠同学们的这笔债今天算还清了！这对我个人来说当然是件快心的事。但在这篇短文中，既不可能把车尔尼雪夫斯基的"出色的说明"全部介绍出来，而且也还难免有不妥甚至错误之处，望读者予以指正。

关于约·斯·穆勒及其《政治经济学原理》*

1934 年我开始在大学里讲授《经济思想史》这门学科时，是采用莫斯科红色教授学院鲁平教授（Рубин，Исаак Ильич 出生于 1886 年，卒年不详）所著、由我翻译、由北平好望书店出版的《经济思想史》作为课本的。这本书虽也讲到古典经济学家和庸俗经济学家（例如在书中指出萨伊就是一个庸俗经济学家），但没有按古典派和庸俗派分篇。把约翰·斯图亚特·穆勒放在该书的第五篇《古典政治经济学的崩溃》的最后一章《古典派的崩溃》里讲。因此，我讲授这门课程 20 余年，从来没有涉及约·斯·穆勒究竟属于古典派还是庸俗派这个问题。

1960 年上半年，我系副系主任去北京参加学部委员会议。会后带回一项任务：要南开大学经济系主编一本《资产阶级庸俗政治经济学选辑》。这项任务当然由我来执行。编辑这本书，是为各大学经济系讲授《经济学说史》用的。所以，首先要解决的问题是：选辑哪些经济学家？约·斯·穆勒算不算一位庸俗经济学家？

为了解决这个问题，我向马克思请教。在《资本论》第 1 卷第 17 页上，马克思写道："1848 年大陆的革命也在英国产生了反应。那些还要求有科学地位，不愿单纯充当统治阶级的诡辩家和献媚者的人，力图使资本的政治经济学同这时已不容忽视的无产阶级的要求调和起来。于是，以约翰·斯图亚特·穆勒为最著名的代表的毫无生气的混合主义（即折中主义——引者）产生了。这宣告了'资产阶级'经济学的破产。"在《剩余价值理论》第 20 章

---

* 本文选自《南开学报》1986 年第 2 期。本文是作者花了五年时间写成的《约翰·斯图亚特·穆勒及其〈政治经济学原理〉》一书的序文，发表时略作删节。

《李嘉图学派的解体》第 7 节①，马克思又讲到约翰·斯图亚特·穆勒。在这一章里所讲到的如罗·托伦斯（Torrens Robert，1780—1864），詹姆斯·穆勒（Mill James，1773—1836），贝利·赛米尔（Bailey Samuel，1791—1870），麦克库洛赫（Mac Culloch，1789—1864）等全是庸俗化古典经济学派的。根据这两条出处，我把约翰·斯·穆勒作为庸俗经济学家选辑了。

1983 年，为纪念马克思逝世一百周年，我写了题为《学习马克思对约翰·斯图亚特·穆勒的一些经济观点的评论》②的文章。写作中发现我在 20 余年前犯了一个很大的错误——给约翰·斯图亚特·穆勒排错了队！原来他并非庸俗化古典派经济理论的学者。何以见得？

第一，在《剩余价值理论》第 20 章中所讲的虽多数为庸俗化分子，但也并非都是庸俗经济学家。除约翰·斯图亚特·穆勒（Mill John Stuart，1806—1873）之外，还有威克菲尔德（Wakefield Edward Gibson，1796—1862）。这说明我自己阅读时体会不周而犯了一个大错误！

第二，马克思在《资本论》第二版跋之中③，明明说约·斯·穆勒是"要求有科学地位、不愿单纯充当统治阶级的诡辩家和献媚者"的著名代表。

马克思在《资本论》第 1 卷第 670 页的脚注（65）中还说："我说明一下：约·斯·穆勒之流，由于他们的陈旧的经济学教条和他们的现代倾向发生矛盾，固然应当受到谴责，但是，如果把他们和庸俗经济学家一帮辩护士混为一谈，也是很不公平的"。这就是说，不能把他排在庸俗经济学家的队列。而我当时没有深刻体会到这一点！而只马马虎虎地抓住"这宣告了'资产阶级'经济学的破产"这一点，把约·斯·穆勒选中了！

隔了 23 年之久，错误终于由我自己发现了。犯了这么大一个错误，应当怎么办呢？首先必须由衷地承认错误，其次向同行们公开错误，最后当然是想尽一切办法纠正错误。这就是我之所以要写《约翰·斯图亚特·穆勒及其〈政治经济学原理〉》这本书的主要目的。

我自学的专业是《政治经济学》和《经济学说史》。我在各大学讲授了几

---

① 《马克思恩格斯全集》第 26 卷，第 III 分册，第 208-259 页。
② 该文发表于商务印书馆出版的《马克思主义来源研究论丛》第 4 辑。
③ 《马克思恩格斯全集》第 23 卷，第 17 页。

十年《政治经济学》，所根据的是三卷《资本论》①。马克思是一个彻底的唯物主义者。他花了 40 多年研究、分析，写成三大卷《资本论》，都是以历史的和当代的经济事实为依据的。《资本论》第 1 卷是由马克思一再加工、修改、定稿，并亲自校样出版的。这一卷不仅是经济理论上空前的创举，是运用唯物辩证法于经济科学上的典范，而且还是一个艺术的整体。如果把经恩格斯整理出版的《资本论》第 2、3 卷，同第 1 卷一起，看作一件精致的艺术珍品，那么，它的"模特儿"就是英国资本主义经济发展的史实。

马克思在讲到"所谓原始积累"时，曾说："在原始积累的历史中，对正在形成的资本家阶级起过推动作用的一切变革，都是历史上划时代的事情；但是首要的因素是：大量的人突然被强制地同自己的生存资料分离，被当作不受法律保护的无产者抛向劳动市场。对农业生产者即农民的土地的剥夺，形成全部过程的基础。这种剥夺的历史，在不同的国家带有不同的色彩，按不同的顺序，在不同的时代通过不同的阶段。只有在英国，它才具有典型的形式，因此，我们拿英国作例子。"②马克思的《资本论》是在英国伦敦写成的。他是以英国作例子解剖资本主义经济的生理构造，说明其发生、发展，而且指出由于它自己准备了掘墓人，必然会趋于灭亡的过程。

同时，我的专业又是《经济学说史》，是研究在历史上占有一定地位的各位经济学家之理论的。各种经济理论都不是经济学家在脑子里凭空想出来的，而是各时期经济发展的事实在理论上的反映。以英国为例来说，在 17 世纪反映英国经济情况的著名经济学家是威廉·配第（Petty William，1623—1687），在 18 世纪为亚当·斯密（Adam Smith，1723—1790），而在 19 世纪初叶则为大卫·李嘉图（David Ricardo，1772—1823）。这三位伟大的经济学家，在他们的著作中所反映的正是英国资本主义经济在同封建主义进行斗争、冲破封建主义的桎梏，一步一步不断地取得胜利的过程。在这 200 多年中，英国资

---

① 自从苏联科学院编辑并出版《马克思恩格斯全集》以来，有一种很流行的说法，说什么《资本论》共有四卷。其实，所谓《资本论》的第 4 卷，无论从其内容还是形式来看，都有它自己的特殊性，实在不宜硬把它同前三卷拼在一起。《资本论》前三卷完全是马克思自己在经济理论创作上的阐述和论证。而所谓"第 4 卷"则主要是对经济学说史料之评述、分析和批判。有些人把"第 4 卷"名之谓《剩余价值理论》，并且以此作为写文章写专著的主题，这很好。但我想，添上"批判史"三个字，名之谓《剩余价值理论批判史》，恐怕会使"名"与"实"更相符合些。第 4 卷还有一个特点，它没有经过马克思自己或恩格斯的校读、整理，因此，错误不少！不但有计算上的失误，还有文字上的错误！希望专门研究第 4 卷的同志们，把这种种错误改正过来，并公开发表，会使后学者获得很大的实惠，其贡献是很大的。不过，最好还指出是谁搞错的？是马克思自己？是编辑者？还是中文的翻译家？

② 《马克思恩格斯全集》第 23 卷，第 784 页。

产阶级具有一定程度的进步性，因而在这几位学者的经济理论中就具有一定程度的科学性。

量变到一定程度，必然会发生质变。资产阶级在对封建地主做斗争时，的确具有进步性，故这场斗争以资本主义的胜利而告终。但新的资产阶级同被资本主义自己"所训练、联合和组织起来的工人阶级"之间的斗争，则不断地增长和强化起来，资产阶级的进步性因而逐渐退化了；而它的反动性却随着历史的进程而日益明显地表现出来。在这过程中，资产阶级经济学的科学性也随之逐渐丧失，而资产阶级经济学的庸俗性却不断地发展起来。这种变化过程的分水岭在 1830 年。马克思曾经很明确地说："1830 年，最终决定一切的危机发生了。"

> 法国和英国的资产阶级夺得了政权。从那时起，阶级斗争在实践方面和理论方面采取了日益鲜明的和带有威胁性的形式。它敲响了科学的资产阶级经济学的丧钟。现在问题不再是这个或那个原理是否正确，而是它对资本有利还是有害，方便还是不方便，违背警章还是不违背警章。不偏不倚的研究让位于豢养的文丐的争斗，公正无私的科学探讨让位于辩护士的坏心恶意。①

约翰·斯图亚特·穆勒的有关政治经济学的著作，正是在这期间写成的。他的第一部经济学论文集《论政治经济学上若干尚未解决的问题》(*Essays on Some Unsettled Questions of Political Economy*) 虽于 1844 年才出书，但它是在 1829—1830 年写成的。他的最主要著作：《政治经济学原理及其对社会哲学的应用》(*Principles of Political Economy with Some of Their Application to Social Philosophy*) 是 1848 年出版的。这一年恰好就是欧洲大陆发生革命的年份。这次革命使无产阶级反对资产阶级的阶级斗争日益高涨，致使当时的资产阶级经济学家分为两派。马克思说："在这种情况下，资产阶级政治经济学的代表人物分成了两派。一派是精明的、贪利的实践家，他们聚集在庸俗经济学的辩护论的最浅薄的因而也是最成功的代表巴师夏 (Bastiat Frederic 1801—1850) 的旗帜下。另一派是以经济学教授资望自负的人，他们追随约·斯·穆勒，企图调和不能调和的东西。"②可见，马克思肯定了约·斯·穆

---

① 《马克思恩格斯全集》第 23 卷，第 17 页。
② 《马克思恩格斯全集》第 23 卷，第 18 页。

勒是同庸俗经济学家不一样的，是以经济学教授的资格和声望自负的人们的代表。他的错误是在于他"企图调和不能调和的东西"。这就是说，他的折中主义导致了资产阶级经济学的破产。

我之所以会犯上述那个大错误，原因之一是我马马虎虎地把"资产阶级经济学的破产"理解为就是资产阶级古典经济学的破产。事实上，约·斯·穆勒于 1848 年发表的《政治经济学原理》（以下简称《原理》），表明不管是古典派经济学，还是庸俗派经济学全都破产了。

约·斯·穆勒曾以当代的亚当·斯密自负。一方面，他对亚当·斯密的学说，固然多有所继承，而予以批评和补充之处也不少。唯独对大卫·李嘉图的理论则颇为尊崇。所以我们要说，他主要是继承古典派的经济理论。但另一方面，对于庸俗经济学家如西尼尔（Senior Nassau William，1790—1864）、萨伊（Say Jean-Baptiste，1767—1832）、马尔萨斯（Malthus Thomas Robert，1766—1834）之流的理论，他也并不歧视，而是兼收并溶合于他的著作中。所以他的著作包含着不少庸俗经济学家的观点。为什么还要把他算作古典派的一分子呢？

要知道，古今中外"人无完人，金无足赤"。同样，在历史上从来就没有过什么百分之百的纯粹的古典经济学家。古典派的老祖宗威廉·配第的著作中仍包含着重商主义的观点；古典派经济理论的完成者亚当·斯密在最重要的经济理论——劳动价值论问题上就含有庸俗的观点；古典派最著名的代表人物大卫·李嘉图也未能幸免，在生产过剩经济危机这个重要问题上，他同庸俗经济学家萨伊站在一条战线上了！

正是由于约·斯·穆勒不但继承了古典派的经济理论，还吸收了当时著名的各种庸俗经济学观点。所以，在欧洲大陆发生革命、穆勒发表其重要经济学著作的 1848 年，才标志着资产阶级经济学的破产。这就是说，以往的各派经济学到此为止，不能再向前发展了。即使从这个意义上来看，也可以体会到约·斯·穆勒在经济理论发展史上所处地位之重要了。现摘录英国两位著名的经济学说史的学者对穆勒的评价，供有兴趣的同志们参考：

第一位是因格拉门博士（Dr. Ingram，1823—1907），他在其所著《政治经济学史》（*History of Political Economy*[①]）中说：约·斯·穆勒"在英国的

[①] 据伊里于 1915 年为该书所写的《序言》中说：该书初见于 1885 年出版的大英百科全书（*Encyclopaedia Britannia*）第九版。后经修改于 1888 年出单行本。中文本于 1933 年由商务印书馆出版，书名改为《经济学史》。

经济学里面，自从李嘉图以后，没有那个学者的势力比他的更大，这是毫无疑义的"①。因格拉门还说："他的书离'近世亚当·斯密'甚远，而实在是一种李嘉图经济学之最明白而且精透的注疏，自然马尔萨斯学说也糅杂其间；……穆勒的努力往往是辩护别人对李嘉图的指摘，……他对李氏在经济学上的贡献，表示一种深沉的尊崇。"②因格拉门接着指出："可是到现在，他所有的见解，我们很可毅然决然地把他列于社会主义徽号之下。"③

第二位是埃里克·罗尔（Eric Roll，1907—）在其所著《经济思想史》（*A History of Economic Thought*）中说："约翰·斯图亚特·穆勒曾是公认的纯古典经济理论和自由主义哲学的一个坚决的阐述人，……对于好几代的学者来说，他的《原理》是经济理论的无可置辩的圣经。这本书代表古典学说和后李嘉图学派作者所引用的精密分析的最后综合。"④罗尔在书中还说："穆勒是李嘉图主义最为完整的发挥者。"⑤穆勒的《原理》在英国风行几十年之后，于19世纪70年代后期杰文斯（Jevons，1835—1882）的边际学说提出之后，才逐渐丧失其声望。所以，罗尔接着说："《原理》从一本必读的教科书的地位，成了主要是有历史意义的读物。"⑥

总之，约翰·斯图亚特·穆勒于1848年出版的《原理》标志着二三百年来英国资产阶级经济学的破产。穆勒在《原理》中所涉及的经济理论（不管古典的还是庸俗的）有一个共同点：即许多经济学家都很重视生产，甚至可以说，是从生产出发，研究并阐述各种经济理论问题的。因此，似乎可以名之谓"生产经济学"，以之同英国杰文斯、奥地门格尔（Menger，1840—1921）和瑞士的瓦尔拉（Walras，1834—1910）差不多先后在19世纪最后25年发表的、以消费为主、并从消费出发的所谓"边际效用"派的经济学相区别。

正是因为约·斯·穆勒及其《政治经济学原理》处在这样一个划时代的历史重要地位——这又是我之所以要写这本书的一个原因。

记得在20世纪50年代我国提出"古为今用""洋为中用"这样两个口号。

约·斯·穆勒是英国人，英国同我国在地理上相隔甚远；他是19世纪中

① 因格拉门：《经济学史》中译本，第170页。
② 因格拉门：《经济学史》中译本，第172-173页。
③ 因格拉门：《经济学史》中译本，第176页。
④ 罗尔：《经济思想史》中译本，商务印书馆1981年版，第345页。
⑤ 罗尔：《经济思想史》中译本，商务印书馆1981年版，第346页。
⑥ 罗尔：《经济思想史》中译本，商务印书馆1981年版，第346页。

叶人，现在已经是 20 世纪 80 年代了，相隔时间也够久了。现在写他及其《原理》，对今天正在建设的社会主义祖国，究竟有什么可资借鉴之处呢？

有！他是一个自学成才的学者。他自学的目的和方法，不乏可供借鉴的东西。

先从学习外文方面看：他 3 岁学希腊文，8 岁学拉丁文，14 岁学法文，后来又学习了德文——这方面就值得我们借鉴了。当然我们不能让 3 岁幼童去学外文。因为我国的情况跟英国不一样：英国用拼音字母，文与言是一致的。小孩只要学会 26 个字母的发音以及拼音的方法，就能阅读书报了。我们中国由于语言和文字的不一致，小孩必须先学习祖国的文字——方块字体的中文（即汉文）。我国的 3 岁儿童不宜学习外文，但学习本国的中文，却是可以的。以我们南开大学来说，满 3 岁的小孩差不多都能上幼儿园。如果一般幼儿，都能在幼儿园老师的教育下，在进小学前，中文学习能打好一定基础，那么，在他们上小学之后，花四五年时间学好第一种外文，在中学再花四五年时间学好第二种外文，在大专院校里又花三四年时间，可以学好第三种外文，而在当研究生时学好第四种外文，是不见得太困难的，经过努力是可以做得到的。从幼儿园到研究院，花了 20 年左右的时间培养出来的人才，懂得并能运用四种外文，他们对祖国的社会主义建设事业，一定可以作出更多的贡献，这是可以肯定的。

马克思曾说，外文是一种斗争的工具。对我国现实的情况来说，外文的的确确又是一种建设的工具。马克思 50 多岁时，还努力学俄文，这是斗争的需要。我们在"四化"建设时期，无论是引进先进的科技，还是进口高效率的各种生产设备，经办和鉴定人员均需精通外文外语，否则，必然要吃大亏，上大当的！

穆勒的学习方法，也很值得我们借鉴。例如，小组讨论——这是参加讨论的人们互相启发、辩论，能使所学的东西理解得更深透的一种好办法。不但各级学校的同学们可以有组织有计划地进行，即使力求自学成才的人们也可以将自学同一科目的人们自行组织起来，进行讨论，其效果一定会比每个人各自单独学习要好得多。参加讲演会、辩论会、写文章等等自学方法，对我们训练青年们的知识水平和提高表达、写作能力，都是很有意义的。

穆勒这部著作所阐述的理论，值得我们借鉴的之处，也不少，现举其比较重要者于下：

1. 强调工人们为了自身的利益，必须要有远见，自觉地节制生育；

2. 重视发明、发现科学上的贡献——他认为，这是生产技术的改进，劳动生产率的提高之最有效的措施；同时，这也是在国际贸易的竞争过程中所以能取得胜利的根本原因。他还一再指出：在国际经济关系中同外国人打交道时，诚实、守信用都是非常重要的。

3. 强调竞争。穆勒所强调的并不是在资本主义社会一般所进行的"大鱼吃小鱼，小鱼吃虾米"的你死我活的斗争，而是指工人们自行组织起来的合作社与合作社之间的竞争。他指出：人们有一种安于现状、因循守旧的惯性。如果彼此之间不进行竞争，则新的生产技术不会发明，即使发明了，也不易推广应用！这对于社会经济的发展，对于合作社事业的发展，都是很不利的。有了竞争，则合作社的社员们才会兴奋起来，努力前进。

4. 穆勒的这部著作，讲到不少我们在《政治经济学》课本中和讲堂上没有看到和听到过的问题。

第一个问题是，在同一生产过程，同时生产出来的两种产品（例如稻草和稻谷；用稻谷加工成的稻米和糠；一起生长的藕和莲子等等），用劳动价值论来说，试问生产它们的社会必要劳动量如何分摊给这两种在同一生产过程同时生产出的商品？如果用生产费论来说，则生产费论只能说明它们共同的价值，可是这些共同的价值如何划分才合适呢？

第二是关于货币流通与信用问题——其中包括各种信用票据的用法，国际贸易与国际汇兑等等。我过去虽在各大学讲过，但不是在讲授《政治经济学》这门课时讲，而是在讲解《货币银行学》时讲的。这些问题虽属于经济理论的问题，但它们的实用性是很强的，无论在国内进行价格改革，还是对外开放，在国际贸易和国际汇兑上同外国人打交道，都是很有用的。

第三，关于经济立法、税收、国债等等，凡是穆勒在该书第四篇《经济进步》和第五篇《政府的影响》中所阐述的许多问题，我过去都从未接触过，其中不少是可供我们在有关的经济实践中借鉴的。

马克思在《政治经济学批判》的《序言》中，第一句话是这样说的："我考察资产阶级经济制度是按照以下的次序：资本、土地所有制、雇佣劳动；国家、对外贸易、世界市场。"①

大家知道：三大卷《资本论》所探讨的只是关于"资本、土地所有权、雇佣劳动"这三方面的问题。马克思关于"国家、对外贸易、世界市场"这

---

① 《马克思恩格斯全集》第 13 卷，第 7 页。

三方面问题的著作，我始终未见到过。这有三种可能性：

第一种可能性是：马克思写过这方面的稿子，只可惜一直没有被发现！但从马克思离开人世时的情况，以及马克思女儿、女婿，尤其是恩格斯对马克思遗著关心备至的事实来猜测，这种可能性是极小极小的。

第二种可能性是：马克思改变计划了，这后面的三部分不搞了。如果是这样的话，那么马克思为什么改变计划？其原因何在？而且马克思曾对谁表示过？或在哪份手稿里提到过？这些都是无法解决的问题。

第三种可能性是：马克思既未留下这方面的手稿，也没有改变著作的计划，而是离开人世太早、太突然了，没有时间和精力来完成这项艰巨的工作。

如果我的这种猜想符合实际情况的话，那么，专门研究"资本论"的同志们！请问我们是否应当把这项工作承担起来，大家努力来完成马克思的遗志？如果能把这项工作执行起来、千方百计地来完成，还可以对祖国"四化"建设的伟大事业，作出很大的贡献。

谁如有此雄心壮志来从事这项极其伟大的工作，我想不妨浏览一下约翰·斯图亚特·穆勒的《原理》，也许能从中找到值得借鉴之处。

概论凯恩斯*

——为纪念凯恩斯逝世 40 周年和《通论》发表 50 周年而作

谁都知道，凯恩斯是一个庸俗经济学家，是为垄断资本辩护而反对马克思的经济学和仇视社会主义苏联的庸俗经济学家。我想：这样说是不可能解决问题的。试问：如果凯恩斯只是一个这样的庸俗经济学家，那么，他同其老师马歇尔和其师兄弟庇古有什么区别呢？为什么唯独凯恩斯在 20 世纪中叶有那么大的势力和影响呢？

凯恩斯究竟是一个怎样的经济学家呢？大家知道：判断一件事评论一个人，都应当以事实为根据。我把凯斯的一些特征列举出来，请大家认真检查我所举的下列事实吧！如果是不符合真实情况，请大家提出来，给我一个改进错误的机会，如果我说的那些特征都是符合事实的，那就不难根据它们做出中肯的结论。

一、凯恩斯是一个爱国主义者

自从《通论》（凯恩斯：《就业利息和货币通论》，以下简称《通论》。该书有徐毓丹的译本，生活・读书・新知三联书店 1957 年版）发表以后，凯恩斯同美国的关系是非常密切的。在第二次世界大战后，美国实行了凯恩斯所提出来的经济政策，得以推迟周期性经济危机的来临；20 世纪 50 年代初又大搞国民经济军事化，并且进行侵略朝鲜的战争。虽然如此，凯恩斯却更爱英国。

大家知道：美国在第二次世界大战时，发了洋财。资本主义世界的黄金

---

* 本文选自《南开经济研究》1986 年第 4 期，原标题为《凯恩斯是一个什么人？》。

储备，绝大部分操纵在美国手中，而英国的黄金存量却极微小。在这种情况下，英国如果恢复金本位制，则在外汇方面难免要受美国的控制，这对于英国是很不利的。凯恩斯因此反对英国恢复金本位制。他说："在世界黄金存量现在的分配情况下，如果恢复金本位制，则关于价格水准的调节与信用伸缩的处理，均将丧失自主权，而屈服在美国联邦准备局的势力之下。"（《劝说集》，商务印书馆 1962 年版，第 162 页）可见凯恩斯是一个真心诚意地爱他的祖国——英国的爱国主义者。

二、凯恩斯自报阶级队列

凯恩斯出生于 1883 年，1946 年去世，死时他才 63 岁。在其一生中，他的积极活动时间，大概 40 年左右。在这些年间，他以各种身份（思想家、作家、教师、公职人员和政治家等）进行多种活动，写作极丰富——他的文集多达 24 卷，从 1971 年起，已由 E. 约翰生主编陆续出版（参看埃里克·罗尔著《经济思想史》，商务印书馆 1981 年版，第 470 页）。

这样一位极其显著的人物，谁还会怀疑他是一个资产阶级的代言人，不！其实他更是垄断资本的辩护者。但他自己却很不放心，于《我是不是一个自由党员》这篇文章中（该文发表于 1925 年），特别声明："在阶级斗争中会发现，我是站在有教育的资产阶级一边的。"（见《劝说集》第 245 页）其实这样的声明，大可不必，因为谁也不会怀疑这一点的。这种声明，不过说明凯恩斯富于心计而已。

三、凯恩斯是一个极其反动的人

第一次世界大战使英国的国力大为削弱。与此同时，1917 年 11 月 7 日，列宁所领导的俄国革命人民，在圣彼得堡（即现在的列宁格勒）一声炮响，取得伟大的十月社会主义革命胜利，建立起全世界第一个社会主义国家——苏维埃俄国。

这件具有伟大历史意义的创举为全世界无产者和被压迫人民所欢呼，同时也为全世界反动统治阶级所仇视，英国和美国的统治者都曾想方设法，把这个新生婴儿（苏维埃俄国）扼杀在摇篮之中。

在这种背景下，凯恩斯献出他的妙计。他这样明确地说，"反对布尔什维克的唯一真正的力量，在俄国内部是反革命分子，在俄国以外是恢复德国的秩序，恢复德国的权威"（《凡尔赛和约的经济后果》第 289 页。引文转引自樊弘、高鸿业、严仁庚、罗志如合编的《当代资产阶级经济学说，第一册，凯恩斯主义》，商务印书馆 1962 年版，第 12 页）。

凯恩斯的这种极反动计策，后来果然为英法帝国主义者头头们所采纳和实行。

就在《通论》发表之后不过二三年，德国以希特勒为首的法西斯已经在恢复元气、壮大力量。这时候英法帝国主义的首要分子，张伯伦和达拉第就利用慕尼黑会议以牺牲波兰为钓饵，引导希特勒搏向东去，妄图毁灭苏联！可是希特勒深知打苏联不如侵犯英法容易，因此开头就把主要兵力西向：炸伦敦，占法国，使这两个帝国主义国家被弄得一塌糊涂。原来趾高气扬的首领们，也只徒唤奈何！结果还是主要依靠苏联红军的力量和美国参战后加入作战生力军，才把希特勒彻底打败。这时候，凯恩斯尚在人间，想来一定会有绝妙的言论和高见发表，如能找到一读，倒是一大快事。

四、反对马克思的经济理论

凯恩斯于 1935 年在给肖伯纳的信中曾说他"写了一本关于经济学的书"，这本书将要击毁"马克思主义的李嘉图的基础"（哈罗德：《凯恩斯传》第 462 页。引文根据樊弘等编《凯恩斯主义》第 15 页）。

这句话根本不通！马克思主义的哪些方面，什么地方是以李嘉图的理论为基础的？这种说法只能暴露出这个狂妄自大的人既不懂马克思主义，也不懂李嘉图的理论，如果他看了《马克思恩格斯全集》第 26 卷第 2 分册，应当脸红。

凯恩斯虽然不懂马克思主义，但也不妨碍他轻蔑马克思的学说。他曾这样说过，"它（指红色的俄罗斯——引者）的圣经，它所奉为至高无上，不容批评的那个学说，只是一册陈腐的经济学教本，我晓得，这本书不但在科学上是错误的，而且与现在世界已经没有关系或不相适应；像这样一个学说，我怎么能接受呢？它认为可取的倒是河底的淤泥，而不是河里的鱼虾，它把粗鄙的无产阶级捧起，抬高到资产阶级和知识分子之上，后两者不管有着什么缺点，总是生灵中的精粹，人世一切进步的种子，当然要他们来传播的；试问对这样一个教义，我怎么能采纳呢"（《劝说集》第 226 页）。

凯恩斯在这里，只是瞎说一气，他所说的毫无事实或科学根据。要知道：马克思的经济理论，不是凭空想象出来，而是从英国的历史和当时的经济事实，经过收集资料、分析研究然后得出科学结论。马克思主义的原理，即使在今天，也仍值得我们认真学习，并根据实际情况，结合起来，加以运用。当然什么问题都想在马克思的著作中找现成的答案，那是不可能的。马克思主义的原理，不要说在凯恩斯尚在人世的时候，就现在——20 世纪 80 年代中叶，也还是必须遵从的。

无知的不是别人而是凯恩斯自己。试举一例以资佐证。他说："经典学派是马克思造出来的名词，用来包括李嘉图、杰姆斯·穆勒和他们以前的经济学家。"（《通论》第 9 页脚注）

这真是胡说乱道，马克思在什么地方说过杰姆斯·穆勒是一个经典派的经济学家？只需看一看《马克思恩格斯全集》第 26 卷第 3 分册，马克思关于杰姆斯·穆勒是怎样说的，就能证明凯恩斯纯属想当然的捏造。

五、缺乏信心

在英帝国主义者企图利用以希特勒为首的法西斯去绞杀苏联的阴谋失败之后，苏联不但是击败法西斯的主力，而且在战后国民经济蒸蒸日上，凯恩斯不能不承认这个事实。他说："有两位共产主义的坚决信徒，与季诺维也夫作了长久辩论以后，到我这里来谈话，谈到最后时，在他们眼中充满了信心的狂热。他们说：'我们可以断言，十年以后，俄国的生活水平将高于大战以前，而欧洲其他地区的生活水平将低于大战以前'。看看俄国所具有的天然财富，在旧政体下的腐败情况，再看看西欧所面临的种种问题，以及我们对这些问题显然无力处理，我们能够确有把握，说这两位同志的话断然不确吗。"（《劝说集》第 230 页）

与此同时，反观英、美等资本帝国主义国家，无论在经济上还是政治上都找不到适当的出路，因而使这个站在资产阶级一边的有名人物失去信心、无所措手足了。还是用他自己的话来说明这个问题吧。他说："促成下一步行动的，决不应当是政治煽动或不成熟的实验，而应当是思想。我们所需要的是在精神上作一番努力，来澄清我们自己的思想。目前我们的同情心和判断力往往没有定向，很容易落到不同的方向，这是一种痛苦的、陷入麻痹状态的心境。主张改革者除非有明确的目标，能够坚决地去追求这一目标，能使他的理智与感情调和一致，否则实际行动中是不会有成就的。依我看来，现在世界上还没有一个政党，能够使用正确的方法，追求正确的目标。由于物质上的贫困，造成了一种动机，想变换局面，而关于所想换成的那个局面，实际上能供作实验的余地却是极少的。而正当时机凑巧，可以试一试革新计划而不致发生危险时，却由于物质上的富饶，打消了这种动机。要采取行动，欧洲所缺乏的是手段，美国所缺乏的是意志。我们内心对于外在事物的感应，如能加以正直坦率的检查，就可以由此自然地产生一套新的信心。我们所缺乏的就是这一套新信心。"（《劝说集》第 242—243 页）

六、凯恩斯的祖师爷

有人会说，谁不知道，凯恩斯的老师是马歇尔（1842—1921），那还用问？同志，我这里所讲的不是业师，而是祖师爷。我读书不多，就我读过的一些书来看，凯恩斯的祖师爷是在他出世之前不久，于 19 世纪 70 年代发表《政治经济学理论》而负盛名的杰文斯（1835—1882，也有人把他译为耶万斯）。

杰文斯所以能一鸣惊人，是因为他在 19 世纪 70 年代所发表的著作，阐述"边际"理论——一般以"边际效用论"为主要中心的理论。在那个时候，发表这个理论的还有奥国的门格尔（1840—1921）和法国的瓦尔拉（1834—1910；一说瓦尔拉是说法语地区的瑞士人）。

何以见得杰文斯是凯恩斯的祖师爷呢？有什么证据呢？有！证据就在于凯恩斯充分应用和发挥了杰文斯所开创的"边际"理论。仍以他自己的话来说明吧。在《通论》这部重要著作的第 11 页上，一则说，"工资等于劳动力之边际产物"，并加以解释说："一就业人员之工资，乃等于因把就业人数减少一人所引起的价值之净损失。所谓净者，即将因产量减少而可避免的其他成本已经减除之谓也。"再则曰："当就业量不变时，工资之效用适等于该就业量之边际负效用。"另外，在第 12 页上，他曾这样说："就业量则决定于一点，在该点上，边际生产物之效用恰等于边际就业之负效用。"这些就是证据，连"负效用"这个术语也是发源于杰文斯的。

七、城府极深，既坑害人又要充作好人

凯恩斯的同门师兄弟庇古认为，商品销售困难，是由于成本太高，而成本则主要是由工资构成的，因此，他主张降低货币工资以提高商品的竞争力。这是明目张胆地加强剥削工人的一种办法。凯恩斯不同意这种意见。他肯定降低货币工资一定会引起工人们的反抗，而应当用提高为工人日用所必需的商品价格的办法，既可以达到同样加强剥削工人的目的，而又不会引起工人的反对。

在《通论》第 19 页上，有这样一段妙文，不可不欣赏一下。他在那里写道："每个工会对货币工资之减低，不管减低程度怎样小，总要作若干抵抗。但是工会却并不想在每次生活费稍为上涨时即行罢工，所以工会没有像经典学派那样，阻挠就业量之增加。"

请看！他那样险恶地力图加强剥削工人阶级，竟会说出这样"赞扬"工会的好话。请大家想一想，是否需要在他的脸上抹上一点白粉，以便让人看得更明白一些？

八、凯恩斯的两大"贡献"

凯恩斯的第一个"贡献"是他为"人力资本"这个颇不平常的概念创造理论根据。他认为，劳动力和劳动工具、劳动对象，都只是为生产所不可缺少的因素，只是前者为工人所有，后两者为资本家所掌握而已。这样一来，就不难推论出：劳动力是一种人力资本。"人力资本"的概念就这样产生而且被广泛地使用。

试看外国经济学说研究会主办的《国外经济学讲座》第一册第十四讲不就是以《人力资本理论》为题的吗？

外国一些资产阶级的经济学家，大力宣扬"人力资本"，好像也说得头头是道，其实宣扬这个概念是包含着不可告人的祸心的。试看：人力既然是资本，其他生产资料也不过是资本。同样是资本，在生产过程中又同样只起生

产要素的作用，它们之间并无原则上的区别！工人是人力资本所有者，而资本家则是其他资本的所有者，他们都是拥有资本的人，彼此，彼此，还会有什么剥削关系存在呢？

请大家仔细想想：这样一来，马克思所发现的剩余价值理论，不是从根本上被否定了吗？！

凯恩斯的第二个"贡献"：为"宏观"和"微观"创造了理论基础。

所谓"宏观"和"微观"只是指经济分析对象不同。所谓"宏观"是指"总量分析"，即全社会的总供给、总需求和总价格的均衡关系；所谓"微观"是指"个量分析"，只限于一个企业单位所生产的商品之供给、需求和价格之间的均衡关系。自从凯恩斯这个论断发表之后，社会上就传说：凯恩斯的经济理论是"宏观"经济学，而他的业师马歇尔的经济学则是"微观"的。

九、奇文共欣赏，多么高明的办法！

在《通论》第 110 页，有这样一段绝妙的文字，不可不仔细阅读一下。妙文曰：

> 设财政部以旧瓶装满钞票，然后以此旧瓶，选择适宜深度，埋于废弃不用的煤矿中，再用垃圾把煤矿塞满，然后把产钞区域之开采权租与私人，出租以后，即不再问闻，让私人企业把这些钞票再挖出来——如果能够这样办，失业问题就没有了；而且影响所及，社会之真实所得与资本财富，大概要比现在大许多。[①]

凯恩斯之所以会在《通论》里写出这样的妙文，是由于他在经济政策上主张实行通货膨胀政策。他曾断言：国家投资可以弥补私人投资之不足，而使生产得以不断地继续发展。

埋在地下的钞票的获得者，利用这些钞票既可得到这样好的效果，如果由国家来实行通货膨胀政策，其结果当然会更大更好些。

这种经济政策为帝国主义国家，尤其为美帝国主义所欣赏，在 20 世纪 50 年代初，它就是实行这种经济政策，使国民经济军事化，发动侵略朝鲜战争，

---

① 文中的"产钞区域"似"埋钞区域"之误；"问闻"似"过问"之误——引者。

还曾妄想把战火引向我国东北来呢！

同时，由于实行这种经济政策，曾使周期性经济危机得以推迟。

在这种种现实情况下，使凯恩斯的声望大大提高，以他为首的学派的势力也大为膨胀。

可是好景不长，不久，在20世纪70年代，美国终于爆发了空前的"经济停滞与通货膨胀"并发症——一般简称"滞胀并发症"，凯恩斯这座金字塔因而倒塌了。

可见，驳倒凯恩斯经济理论的，不是哪个经济学家，而是资本主义经济发生变化的现实。

以上就是我对凯恩斯这个人的各种特性以及他的学说兴衰的简述，请大家检查一下，如有不合事实或不妥当之处，务请指出以帮助我有改正错误的机会。

至于从这些事实应当做出怎样中肯的结论，大家都会有各自的宏见，我就不再多费笔墨了。

最后，我要说：凯恩斯在经济学说史上所处的地位是非常重要的。试看从19世纪70年代到20世纪70年代之间，100年来，有哪位经济学家的声望和势力能和凯恩斯相抗衡？没有！即使他的老师马歇尔和同门师兄弟庇古，在声望和势力上看，也都远不如他！

再从全部资产阶级经济学说史来看，从来没有哪一个经济学家的名字抬高到作为"主义"的名称，凯恩斯主义真正是空前的。重农主义虽有一个学派的组织叫作重农学派，但这个学派的创始人魁奈·弗朗斯瓦（1694—1774）却从未得到过魁奈主义尊称。

教育和学习论文

改革高等院校教学制度的几点建议*

目前，我国高等院校实行的教学制度，有些方面很不利于迅速培养人才。因此，提出几点改革的建议，参加讨论。

第一，废弃学年制，认真实行学分制。

过去，高等院校在教学上虽曾有过种种变化，但在实行学年制方面，却是始终如一的。那就是，不管学生实际上学习的情况如何，只要在校呆够一定年限，一般都可毕业。这种办法的缺点，用不着多说了。现在，有的学校已经开始计算学分，这是一种好现象。希望能够坚决彻底实行学分制：即一个学生只要能完成某一专业所规定的各门课程及学分总数，即可准其毕业，不必一定要学习 4 年，3 年甚至更短的时间都应当允许。这样既可以加快培养人才，也可以提高人才的质量。

第二，让学生选修外系的课程。

现在各高等院校，特别像我们南开大学这样的综合性大学，各系各专业划得太泾渭分明了。其实，各系各专业之间互相有关的边缘课程还是不少的。比方说，经济系政治经济学专业培养出来的学生，如果日后要钻研中国经济思想史或经济史，首先碰到的是看古书。唐宋以前的，尤其先秦的古籍是否看得懂？这是一个问题。无论经济思想史或经济史都不是孤立的，同其他的历史（包括通史和各项专业史）都是有关联的，如果不具备一定程度的历史知识，研究经济史或经济思想史，也必然会发生困难。这又是一个问题。如果允许将来有志于研究这种学科的学生，在中文系和历史系选修某些有关的课程，则这种困难必然会大为减少。因此，不但应当让他们选修文科各系的

---

* 本文选自《人民日报》1980 年 12 月 2 日。

有关课程，理科的有关课程也应当让他们选修。例如，政治经济学专业的学生，毕业后分到企业，或省、地区的管理部门，或在中央计委等机关工作，让他们草拟一个计划或应用投入产出分析法编一个相应计划表，肯定不能胜任。为什么？数学基础太差。虽然经济学专业最近开了数学课，这是一个好现象，但是想应用投入产出法，数学基础还是不够用的。如果让学生在数学系选修相应的课程，例如《线性代数》，那就可以大大提高他们的工作能力。

第三，允许入学后的学生在一定期间内可以转专业、转系甚至转校。

我们现行的大专院校的学制，定得太死板了，连同一学校内转系都不允许，更不用说转校了。我觉得，这样的学制是不利于迅速培养"四化"所必需的人才的。要知道，一般说来，上大学的都是十七八岁或一十来岁的青年，不论男女，在这样的年龄，思想最活跃，但又不够成熟。入学后，他们很可能发现当时所选的专业，所听各门课程对自己并不合适。想转系或转校又得不到许可。怎么办呢？只有硬着头皮勉强学下去！在这种情形下培养出来的学生，其成绩决不会很理想。这怪谁呢？能怪学生么？我想不能。因为他明明提出过，这个专业对他并不合适，曾要求转系或甚至转校，是掌握高等院校大权的同志不允许。但是，也不能怪这些勤勤恳恳一心想把学校办好的领导同志。所以弄得这样事与愿违，追根究源，都是由于学制太刻板造成的。

我想应该松动现行的学制，在必要的时候，应当允许大学生转系甚至转校。当然，在学生提出转系转校时，也不能放任自流，更不准搞不正之风，而应当由转出和转入的校系领导，根据具体情况和国家对各项人才的需要，严格审查批准。

第四，认真贯彻因材施教的教育办法。

1958 年以前，我有过这方面的实践。一般地说，每班学生可以分为三类：一、学习能力强，光靠系里规定的课程，还不能满足他的求知欲；二、学习能力中平，系里规定的课程够他努力学习；三、学习有困难。中间这一类人数最多，教学不太费事，只要教好各门课程，使大多数学生学好就可以了。第三类人数不太多，由各任课教师加强个别辅导，使他们能跟上，不致掉队。真正所谓因材施教，主要是对第一类，即学习能力强的少数学生进行的。那时是试行，工作并不细致，我只是指导少数几个人，阅读一些课外与政治经济学专业有关的书，并答复他们所提出的问题。那时候实行学年制，事实上也只能这样做。这种做法还是因为年限所限,不能迅速培养出优秀的尖子学生。

近来,阅读中国科技大学允许成绩优秀的学生单科升级、跳级和提前毕业的报道,大为兴奋。但是在赞赏之时,仔细一考虑,觉得又有了一个问题:这些成绩好的学生为了单科升级、跳级和提前毕业所需的学习时间是从哪里来的?如果他们平时仍随堂听课,那就只好于课余之暇自学了。这样,必然会延缓他们前进的步伐。因此,我认为,应该允许这样的学生,平时不一定总是随堂听课,可在老师指导下进行自学。这样,其前进的速度一定会更快。硬性规定成绩好的学生同普通的甚至能力很差的学生同上一堂课,就难免延缓其学习进度而浪费了他们的许多宝贵时间。当然,这样的学生必须参加学期、学年考试,某门课程的考试一过关,就给他相应的学分。其实,这正是我在前面所说的学分制。是进行因材施教的一个比较彻底的办法。

同时,有的学生在放寒、暑假前向系或专业领导提出,想在假期中自学某门功课,申请下学期开学初通过考试,系或专业领导应当准许,并告诉他自学这门功课所必须阅读的书目。开学后,老师即根据这些书目出题,让该生参加考试。考试如果及格了,即记上学分,并准予该生免修这门课程。

第五,建立高等教育自学考试制度。

我们国家这么大,人这么多,一定有不少未进过高等院校的人,通过刻苦自学,才学并不一定比高等院校的毕业生差,还可能比有些大学毕业生更好。但是,由于他们没有大学毕业生的文凭,使用时就遇到麻烦。这个问题的产生,有它的历史根源和社会根源。这里想提出的,只是各高等院校似乎可以想些办法,尽快解决这个问题。如果某位自学者对某门或某几门学科有深厚的学识,在独自研究过程发表过比较有分量的论文,或对某些科技有一定的能力,那么,政府有关部门要授权有关院校或有关科系审查他的论文,必要时请他参加考试,论文够学士或博士标准的就给他相应的学位,考试及格的给他一定的学分,总学分够大学毕业生所必需的标准,则发给他大学毕业证书。这样,就可以顺利地解决这个麻烦问题。

自学成才的学者约·斯·穆勒*

一、约·斯·穆勒所处的时代

约翰·斯图亚特·穆勒（John Stuart Mill）所处的时代，正是英国（还有法国）资本主义为开辟自己发展的道路而积极反对封建主义并取得决定性胜利的时代。在这过程中，英国社会主要矛盾从资产阶级和封建贵族、地主之间的矛盾逐渐转化为资产阶级与无产阶级之间的矛盾。因此，资产阶级也从在反对封建贵族、地主斗争中具有进步性的阶级逐步变为反对无产阶级的反动阶级。

代表资产阶级利益的政治经济学的流派，也因而发生变化。关键的时机是 1830 年和 1848 年在西欧发生的革命。

随着资本主义经济的发展，无产阶级的队伍也越来越壮大，代表无产阶级利益的思潮，也自然而然地在英法两国产生了。英国的欧文主义，法国的圣西门主义和傅立叶主义也先后产生了。在实践方面，工人自行组织起来的合作社运动，也不断地产生和发展。这种种现实的情况，终于使约·斯·穆勒的思想从个人主义通过民主主义，而发展到具有明显空想社会主义的倾向。

二、约·斯·穆勒的家世

约·斯·穆勒的祖父是安那斯州北水桥的一个小商人。他的父亲詹姆

---

* 本文选自《约·斯·穆勒及其〈政治经济学原理〉》，南开大学出版社 1989 年版。

斯・穆勒（James Mill，1773—1836）青少年时就显露才智，颇得弗脱尔干地方的斯图亚特爵士的器重。这位爵士拿出他的夫人斯图亚特女士及其他女士为苏格兰教会培植青年而设置的奖学金的一部分，送老穆勒①去爱丁堡大学攻读。在该校学完普通课程，可以特许当传教士。但老穆勒从未干过这行职业。因为他既不信奉苏格兰教会的，也不信奉其他任何教会的教义。毕业后，他有好几年担任各种家庭教师。后来迁居伦敦，从事写作，靠稿费维持生活，一直到 1819 年在东印度公司找到一个位置，才有固定的收入。这时，他的长子小穆勒已经 13 岁了。这就是说，老穆勒是在贫穷时结婚、生育儿女的。关于这一点，小穆勒在其《自传》里曾这样说："他（指老穆勒——引者）除在杂志上有些不稳定的收入之外，并无其他收入。在这样一个处境之下，他居然结婚，并组织大家庭。这种举动在义务和常识两方面，都同他晚年坚持的意见，大相违背。"②

小穆勒是老穆勒的长子，于 1806 年 5 月 20 日出生于伦敦。

三、家教与自学

老穆勒虽然家境不富裕，也还是由于得到奖学金而得卒业于爱丁堡大学。小穆勒不但从未进大学之门，连中、小学也没有念过。他是完全靠自己的父亲和父亲朋友的教导，以及他自己努力自学而成才的。

我们中国人，无论男女老幼，只要学习文化，总是要从学习祖国的文字——中文开始的。可小穆勒却从 3 岁开始就学习希腊文。为什么他不先学习本国的文字——英文或英语，而是一开始就学外国文——希腊文呢？这是由于英文是拼音文字，英文读音和语言是一致的。英国儿童只要学会 26 个字母和拼音的方法，就能阅读英文书籍和报刊。这是拼音文字的大优点，可以使学习的人节省很多时间和精力。

老穆勒教授希腊文的方法是这样的：他用卡片在正面写上希腊文，背面则用英文解释。用这种方法学了一段时间，小穆勒已掌握了不少单字之后，接着就学文法。据小穆勒在《自传》中说：他只学过名词和动词的变化。在

---

① 老穆勒即詹・穆勒。下面所说的小穆勒是指约・斯・穆勒。
②《穆勒自传》，周兆骏译，商务版第 3 页，以后凡从该书引用的文句，都只指明页码。

语汇学得相当多之后，他就开始阅读希腊文原著。他读全部《伊索寓言》和《远征记》。8 岁时，小穆勒已能阅读许多希腊文的著作。从这一年起，他又学拉丁文和算术，当然都是老穆勒亲自教的。之后又学了《几何》和《代数》。

穆勒父子家庭教学的形式有两种：

第一种形式是前面曾提到过的：老穆勒曾经靠稿费维持生活，因此，他必须写作。当他在写字台上工作时，让小穆勒在他的旁边，在同一台桌子旁学习，不懂就问，而由老穆勒耐心地讲解指导。因那时尚无用英文解释的希腊文字典。所以，每个生字都必须面授。只要长辈有耐性，而小孩又肯学，这倒是家庭教育的一个好办法。

第二种形式是在早晨散步时进行。关于这种学习的情况，小穆勒在其《自传》中曾经这样说过："自 1810 年至 1813 年底，我们住在纽温敦格林，在那时，我父亲的身体需要时常运动。在早餐之前，他照例要散步。通常是在向浑稷去的有绿草的小路上。在散步时，我总是跟着他。我回想到当时的草地和野花，同时也记起我每天讲给他听的前一天所读的东西。我还记得，这种学习的工作不是被迫而做，倒是出于我自愿而做的。我读书时，随时在纸条上写下笔记。到早晨散步时，就根据笔记，把前一天学到的东西讲给他听。"

小穆勒运用这种方式，读了很多有关历史的著作。例如胡克（Hook）的《罗马史》（*History of Rome*），罗林（Rollin）的关于希腊《上古史》。在英国史方面，读了伯涅特（Bumet）的《当代史》等等，还读了他父亲从边沁（Bentham，Jeremy 1748—1832）处借来的许多书。唯独关于儿童读物却读得很少！主要的是读了《天方夜谭》以及朋友送来的一、两本书。

8 岁时，穆勒开始学习拉丁文，他的大妹同他一起学。他一方面自己学习，同时还得教大妹。她学会之后，再去读给父亲听。之后，其他弟妹也相继参加学习的行列。因此小穆勒每天要花相当多的时间，准备教授弟妹们的功课。不但他自己的学习，连弟妹们的学习也都要由他负责。这虽使他不高兴，但他觉得，他自己的学习，却因此得到很大的好处：学习得更深透，也记得更久远了。

从这一年起，小穆勒读了很多书：荷马的《伊利亚特》和《奥德赛》，西塞罗的几篇演说，色诺芬的《希腊史》，亚里士多德的《修辞学》以及许多关于历史尤其是上古史的书籍。他曾说："历史依然是我酷爱的，而以上古史为最甚。"

从 12 岁起，小穆勒的学习进步了：以前学习的目的是学好如何运用思想。

老穆勒对他教育的着重点，是启发并鼓励他独立思考，遇着什么难题时，只有在小穆勒实在智穷才尽，毫无办法时，才予以解答。现在不同了，学习的目的在于研究思想本身。这就是说，他要研究思维科学了。在这方面，他首先学习亚里士多德的科学思想方法，一直读到分析论以及霍布斯（Hobbes，1588—1679）的《伦理学》。

1819 年老穆勒在东印度公司获得一个职位。当然要更忙一些，但他并未因此放松对其子女的教育。就在这一年，他教小穆勒学习经济学。小穆勒所学的教本是李嘉图（Ricardo，1772—1823）的著作。老穆勒和李嘉图的友谊很深。小穆勒在其《自传》中曾说："他（指老穆勒——引者）的挚友李嘉图在不久以前（指 1817 年——引者）印了一本新书，它在经济学方面，开辟了这样一个伟大的新纪元。假设没有父亲的要求和鼓励，这本书永远不会出版，或者永远不会写成。因为李嘉图这位极其谦逊的学者，虽然深信他的学理的正确，他却认为自己没有能力把这些学理准确地表达出来。因此没有发表的意思。""李嘉图的伟大著作（指《政治经济学与赋税原理》——引者）虽已印行，但是把这种学理作具体的表现而给初学者以一种方便的论文，则还没有见到。"

李嘉图的著作很不好懂，因此老穆勒于每天散步时，开始用讲演的方法来教授这门科学。老穆勒每天讲一部分学理，小穆勒于第二天把整理好的笔记给他看。每天所讲的要小穆勒重写好几次，一直到文字通顺、简洁完善为止。小穆勒就是用这种方法学完了经济学这门课程。后来，老穆勒就根据小穆勒的每天笔记整理好笔录编写他的《政治经济学纲要》。

小穆勒又用同样的方法，学习李嘉图的关于货币的论文。

小穆勒自己对这种教学方法是这样评论的：

我不相信任何科学的教学法，能比我父亲教我伦理学和经济学时所用的方法更为彻底，或在训练智能上，比较的更为适宜。他极力想使我运用自己的智能，一切事物都让我自己去探求。他对我解释总在我觉得毫无办法之后，事前断不给我一点说明。

大概在 1820 年，小穆勒接受其父亲的教导和自学告一段落。这一年他曾离开伦敦去法国旅行。关于他从 3 岁至 13 岁这些年间的学习，他自己曾经总结下列几点经验教训：

第一，从幼年起就学习外国语文的办法是行得通的。

第二，学习时光凭记忆是不够的，必须开动自己的思维机器，充分理解其所以然。

第三，谨防自满情绪。

当然老穆勒教导其长子的方法也不是十全十美的。他为了把自己的大儿子培养成一个思想家，于哲学和经济学上都能成为一个大有作为的人，使之免受不良的恶习、鄙陋的思想和感情的污染，而把自己的孩子同其他儿童严格地隔离开来。这种做法比我国古代"孟母三迁"更为恶劣。其片面追求智力发达的恶果，连小穆勒自己也深切地感觉到了。他在《自传》中说："我不会玩拳术，也不懂得普通的体操。这种游戏并不是不允许我去做，也不是没有时间去学习。虽然由于恐怕破坏工作习惯及感染懒惰的恶习而不准有休假的日期，我每天倒颇有余暇可以自娱。但因没有儿童做侣伴，我身体上所需要的练习，就只有散步。因此，我的娱乐，大概是孤独的。假使不是书本上的游戏，至少也是静寂的游戏。除了我的功课已经起了心灵上的活动而外，它在我的其他心灵活动上没有什么刺激。因此，凡是需要用手做的工作，我都做不好。我的心和手一样，当它从事于实用的小事情时，便十分迟钝。而这些小事，大多数人都认为是生命中的主要事务。并且他们所有的精神大概都在这些小事情里面表现出来。"

四、去法国旅行

在老穆勒的好朋友中，小穆勒曾去拜访过的首推李嘉图。在小穆勒看来，李嘉图"仪容温和，举止敦厚，极易取得年轻人的喜爱"。在小穆勒勤奋学习经济学时，曾到他家去，并同李嘉图一块儿散步，同时讨论有关经济学的问题。

休谟（Hume）是老穆勒的同乡，他俩都出生于苏格兰的同一个地方。因此，小穆勒于 1817 和 1818 年常去访问他。

边沁是老穆勒第一次去英格兰之后认识的，后来成为很好的朋友，因此，小穆勒也常到边沁家去做客。边沁每年要去在巴罗格林的住宅小住几个月。每年夏天还请老穆勒父子去那里避暑。

边沁有个兄弟名叫散米尔·边沁将军（Samnel Bentham General）的，当他尚在英国福特寺院居住时，小穆勒曾去拜望过他。不久，他迁居大陆——在法国南部住。1820 年，他请小穆勒到他家去做客。这次法国之行，原来只计划游历半年，但事实上却整整花了一年时间。在这一年中，小穆勒除去游山玩水，享受法国各地美丽风景，因而引起对自然美景的欣赏和爱好之外，也还是抓紧各种机会，努力学习各门学问的。例如，他学了法文和法国文学；还在蒙脱比利听过科学讲座的冬季讲演、安格拉特先生（M. Anglade）所讲的化学、普罗冯卡尔先生（M. Provencal）讲的动物学、还有奇戈内先生（M. Gergonne）所讲的"科学的哲学"。此外还从利塞（Lycee）大学教授莱恩塞利克先生（M. Lentheric）学完了高等数学。应当特别注意的是，小穆勒居然在法国学习了各种体操。在往返两次路过巴黎时，他曾先后两次去拜访萨伊先生（M. Say，1767—1832）。萨伊是老穆勒的通讯朋友，曾一度留英。他俩的友谊是很深的。小穆勒在萨伊家里还会见过一次圣西门（Saint. Simon，1760—1825）。

小穆勒自己认为，他这次在法国游历所获得的最大成果是"对大陆自由主义感到一种强烈的永久的兴趣。它象英国政治一样，从那时一直到现在仍然深印在我的心海里。这种自由主义在当时还不是英国人所常见的。它在我的进步上极有裨益，使我不致感染到那种在英国流行的通病。那种专以英国的标准判断普通问题的通病，连我那没有偏见的父亲也不能避免"。

五、功利主义

除老穆勒以外，使小穆勒受影响最深的要算边沁了。边沁是英国资产阶级社会学家，功利主义的理论家。他断言个人利益和公共利益是一致的。他并且还以"最大多数人的最大幸福"这个概念去代替"公共福利"概念。马克思认为，边沁是庸人的鼻祖[①]。在反映英国庸人观点的边沁的唯心主义伦理学中，认为人们合乎道德的行为就是那些满意的总和超过痛苦的总和的行为。马克思曾把为了确定行为的道德性而去无聊地编造满意和痛苦的清单并进行平衡的这种举动，讽刺地称之为"边沁式的薄记"。

边沁的主要著作是在法国大革命及其以后，同时也是英国大工业发展时期写的。关于边沁的功利主义，马克思曾经这样说过："我们第一次在边沁的学说里看到：一切现存的关系，都完全从属于功利关系，而这种功利关系被无条件地推崇为其他一切关系的唯一内容。边沁认为，在法国革命和大工业

---

① 《马克思恩格斯全集》第 23 卷，第 669 页。

发展以后，资产阶级已经不是一个特殊的阶级，而是已经成为这样一个阶级，即它的生存条件就是整个社会的生存条件。"①马克思还指出，老穆勒已经"把功利主义和经济学完全结合在一起"了②。

1821—1822 年间，老穆勒给其长子一部阐述边沁主要思想的书，这就是杜蒙（Dumonf）写的《立法论》。小穆勒认为，读了这部书是在他的生命史上的一个新纪元——他因此而变成一个功利主义者。此后，他还读了一些边沁的其他著作。

小穆勒成了功利主义者之后，还组织过一个功利主义学社，这个学社起初只有 3 个人，其中一个是边沁先生的秘书。社务会议就在这位秘书先生家里召开，人数最多时也不足 10 个人，而且存在的时间也不长——只 3 年半，于 1826 年就解散了。但这个学社对小穆勒的作用也还是不小的。一来他借此练习了辩论的才华，二来通过这个学社认识了一些年轻有为的朋友。

1823 年，老穆勒在东印度公司替其长子找到一个位置。小穆勒因而在那里工作了 35 年之久。开始时，他负责起草文书的工作，几年后，被提升为在地方课充任印度通信事务主任。后来又被任命为审查官。在他当了二年审查官之后，东印度公司废止了，他也因而退休了。

东印度公司的 35 年公务生活，对小穆勒品性的陶冶是相当重要的。他自己也认为，正是这个机会，使他成为当时思想上和制度上理论的改革者。由于他所做的是起草公文的工作，而他所起草的公文，一方面必须经过上级的审批，另一方面还得由别人去执行，因此他体会到，他的工作不过是机器的一个齿轮，而这架机器的所有各部分都是必须合作起来一道工作的。

最重要的是他理解到"知足"和"忍"的必要性。关于这一点，他自己是这样说的："我逐渐知道了使人赞许的种种困难，妥协精神的必要，以及牺牲不重要的以保存重要的方法。我知道在不能求得任何事物的时候，怎样尽我的能力去求得它。我并不因为不能完全随心所欲而悲愤失意。只要有一点成就就可以使我兴奋鼓舞；即使连这一点也不能达到，我仍保持着极度的恬静。我一生认为这些心得对于个人的快乐极其重要。它同时是任何理论家和实践家达到最大福利所必须具备的条件。"

我想或许正是由于这种品性的养成，遂使小穆勒日后缺乏实践的勇气。

---

① 《马克思恩格斯全集》第 3 卷，第 483 页。
② 《马克思恩格斯全集》第 3 卷，第 483 页。

例如，他对于改善贫苦人民生活状况问题，议论倒也发表了不少，但从未着手实行过！

六、写作与发表文章

小穆勒在其老子教导和自己努力自学过程中，已经读了很多关于哲学、历史、经济学和各种社会科学和自然科学的重要书籍，知识已相当丰富，因而开始写作文章了。他写第一篇文章是在 1822 年夏天，那是一篇辩论文。文章的主旨是批评贵族们认为富人的道德品质比贫民的更为优良的偏见的。这篇辩论性的文章被他老子看见了，看完后，表示很满意。老穆勒因此嘱咐大儿子写一篇演说性的文章。由于小穆勒那时对于希腊文、希腊思想以及雅典雄辩家早有一定程度的认识，因而他同时写了两篇文章：一篇是攻击贝利克在兰斯达莫尼安民族入侵亚得加半岛时不出兵抵抗的；另一篇则是为这种不抵抗的行为辩护的[1]。从此以后，他就经常写这类文章。他自己认为，从中受益匪浅。

后来他又在杂志上发表文章，最早的是在《旅行者》晚报上发表的两封信。这是 1822 年的事情。该杂志当时的主人是托伦斯上校[2]。这是当时自由政治派的最主要的刊物。由于托伦斯在该杂志上发表了批评李嘉图和老穆勒的一些经济观点，小穆勒在其老子鼓励之下，撰写论文予以反驳。这篇反驳的文章也在同一杂志上发表。从此，小穆勒同托伦斯一再写文互相驳辩。

小穆勒还曾用威克理夫（Wickliffe）这个笔名为《晨报》接连写了五封详细论述言论和出版自由问题的信。1823 年 1、2 月间在该报上发表了三封。另外两封始终未见发表。不久，又在该报的社论栏内发表了他写的关于议论下议院辩论的文章。1823 年一年内，他在《晨报》和《旅行晚报》上发表了许多批评国会、行政、法律和法院等缺点的文章以及一些书评和书信。《晨报》是辉格党的机关报，后来成为功利主义者激进派的言论阵地。

小穆勒还曾在边沁自己出钱创办的《韦斯敏斯特评论报》上发表过许多文章。他在《自传》中说：从第二期到第十八期，他写了十二三篇关于历史

---

① 从这件小事上可以看出小穆勒的一种性格——混合性或折中主义的性格。

② 托伦斯上校（Colonel Robert Torrens，1780—1864）——英国资产阶级经济学家，李嘉图学说的庸俗化者。他否认劳动价值论适用于资本主义生产方式的条件。

学和经济学著作的书评，或者专门讨论政治问题，例如谷物条例、狩猎法规、诽谤罪法律。他还曾受边沁的委托，替边沁编辑五大卷《司法证据论》。小穆勒认为做这种工作得到很大的好处。他说："我从这部书直接得到的学识不是小小的收获，它深刻地印在我的心灵里比单纯地从阅读得来的更加清晰。但这种工作所给我的实益，似乎是意想不到的。它使我在作文上得到长足进步。在这种编辑工作后所写的各种文章，很明显地比我以前所写的东西高明得多。"

小穆勒并且认为这种进步在后来为《国会史料与评论》所写的四篇论文表现出来。为该刊物第一期写的是 1825 年国会讨论的主要问题——天主教联合会及其缺点，为该刊物第二期写了关于 1825 年商业衰落和货币问题的辩论文；为第三期写了两篇：其中一篇是讨论琐屑问题，另一篇则是讨论通商的互惠原理的。小穆勒很重视这几篇论文。

他说："这些文章已经达到一种成熟和融会贯通的特质，在我以前所写的任何东西里面，都是不曾有过的。"

七、学习小组活动

小穆勒一方面在东印度公司工作，同时又积极在各种刊物上发表文章，但他对自学却从未放松过。他早已精通希腊文、拉丁文和法文，这时候他又开始学习德文。为此，他和几个朋友成立了一个学习小组。这个小组同时还研究社会科学。他们想研究他们希望精通的八门科学。参加这个小组的人有 12 个以上。其中有过去三个功利主义者成员之一的波莱斯各特（Prescott）。格罗特先生（M. Grote）在他的针线街住宅内让出一间房子作为这个小组开会的场所。他们每星期集会一次。从上午八时半到十时。

他们研究的第一种社会科学就是经济学。而以老穆勒的《经济学纲要》为第一本教科书。研究的方法是这样的；由一个人高声朗诵其中的一章或一小节，然后大家开始讨论。凡有不同意见都可以起来发言。他们还规定，每一论点无论巨细，都可以提出并加以充分讨论，务祈所得的结果使参加的人都满意为止。而且对每一章或每次讨论所提出的一些枝节问题，也要认真思考。必须都解决了之后，才结束讨论。有时一个问题他们要反复讨论好几个星期。开会前他们都用心思考，开会时则积极发言，把上次会议时尚未取得一致意见的问题，也必力求解决。

他们用这种方法读完了老穆勒的《经济学纲要》之后，又用同样方法研读李嘉图的《政治经济学与赋税原理》和贝利①的关于价值论的著作②。这种集体自学的方法，效果是很好的。对经济学认真地反复研讨之后，不仅参加讨论的人对这门科学的理解大有收获，而且在讨论时还提出一些为前人所未考虑过的新见解。小穆勒后来发表的《国际价值学说》就是发端于这种讨论的。为马克思所重视并予以尖锐地批判过的小穆勒的《论利润与利息》这篇著名的论文，曾对李嘉图的利润论提出过修正的意见，也是发端于这个自学小组的讨论。

除经济学之外，他们还用这个办法研读了逻辑学和分析心理学。

小穆勒认为，这种集体讨论式的学习，收获是很大的。他说："我时常想，我开始成为一个独立的和自出心裁的思想家，要从这个讨论的时期算起。同时因为经过这番讨论之后，我得到了，或特别加强了一种心理的习惯，我在思想方面，已经做了的或将来要做的一切事情都要归功于这种习惯。我从来不以半解决的困难认为完全解决了。从来不抛弃一个疑问。必得反复思索，直到完全明白，才算了事。从来不因为问题无关紧要而不求明晰。在一种东西没有完全了解之前，我从来不以为我是完全明白了。"

在 1823—1825 年间，小穆勒还积极参加了公开演讲的活动。这种活动对于他的才能之成长也是很有帮助的。当时欧文③派有一个组织，叫作合作学社，每星期在大理院巷集会公开进行辩论。小穆勒组织了一批人去同欧文主义者辩论。他们这些人都是学习经济学的，所以这实际上是在欧文主义者同经济学人之间的一场很激烈的争论。争论的题目是人口问题。这个论题辩驳了五六个星期。接着又辩论了欧文主义者所提倡的合作制度之作用问题。这次辩论非常激烈，差不多延长了三个月之久。论战尽管非常猛烈，但是他们彼此之间相互对待的态度却都是很客气的。可惜这种论战只举行了大约三四个月。

由于这种辩论对人才的培养大有好处，因此，小穆勒注意到麦克库洛赫（Mac Culloch，1789—1864）的建议，遂组织了一批人于 1825 年 11 月至第

---

① 贝利·塞缪尔（Bailey·Samuel，1791—1870）英国资产阶级经济学家和哲学家。他以庸俗经济学的观点反对李嘉图的劳动价值论；同时也正确地指出李嘉图的经济学观点中的一些矛盾。

② 指贝利的《对价值的本质、尺度和原因的批判研究》，该书主要是评论李嘉图及其信徒们的著作。

③ 罗伯特·欧文（Owen，Robert 1771—858）英国伟大空想社会主义者。

二年 6 月在伦敦互济会公寓每两个星期举行一次辩论会。参加这种辩论会的人更多了，除有一位国会议员之外，剑桥联合会和牛津联合辩论会的所有最著名的演讲人差不多都参加了。这是哲学上的激进派同托利党（Tory 系保守党的前身）的法学家之间的雄辩。可是由于主持人的人选选得不适当，第一期辩论会完全失败了。小穆勒本来不想出风头，可是事实上，他必须负起责任来。从他负责以后，每次辩论他都参加，而且成为主讲人之一。到 1826—1827 年间，事情大有好转，这是因为托利党中两位杰出演说家海沃特（Hayward）和希夷（Shee，即后来的希夷大律师）参加辩论。急进派方面也增加了几位健将：布勒（Buller）、柯克伯恩（Cockbum）以及剑桥边沁学派的第二代人物。小穆勒和两位托利党员又是固定的演说者。当他们的争论为人们所议论时，有些名人也跑去听他们的论战。1828 年和 1829 年间又有一个新的派别参加辩论，这就是柯尔利治派（Coleridgians）。这一派有两位成员莫理斯（Maurice）和斯德林（Sterling）参加辩论。他们成为第二自由派或第二激进派。他们的主张和边沁主义者的完全不同，而且是剧烈反对边沁主义的。这样，他们就成为参加辩论的第三派。

这种辩论是大有好处的。小穆勒曾说："我们的辩论现在已成为能代表新时代最进步的人们当中的思想运动。我们的辩论和普通辩论社的辩论大不相同。因为我们的辩论总是十分激烈的，而且含有丰富的哲理。这种哲理参加辩论的双方都能提示出来。时常经过彼此间精密的辩驳，予以肯定。这种练习当然很有益于我们，但对我个人更为有益。……现在我能使人们静听我的言语。凡遇到融会感情或发挥意念须要着重表现的时候，我常常写成我的演说词，这样就大大地增进了我的表现能力。"

这几年小穆勒在东印度公司的公务是不少的，但是他还为准备和举行辩论而奔忙。此外，他还要为早晨散步时的谈话做准备工作。又要在《韦斯敏斯德评论报》上发表文章，真够他忙的。直至 1828 年春天不再替该报写文章时，才稍为松动了一点。他在该报上最后发表的一篇文章是为法国革命初期的革命党人辩护而驳斥斯各得先生（Seott，Walter）在《拿破仑传》中所阐述的托利党的谬论的。

从上面的说明，似乎可以把小穆勒自学的途径归纳为这样几个方面：

第一，每天早晨在散步时间向他父亲学习。一边散步一边由他父亲口授。散步以后，就写好笔记。第二天早晨把笔记交给老穆勒审阅，然后根据父亲的指示加以修改。这项工作要反复做，一直到老穆勒满意为止；

第二，在报刊上发表文章。这既可以训练思考问题的能力，也是练习和提高写作能力的一个重要步骤；

第三，约十几个朋友组织学习小组，共同学习和讨论，互相启发思考和辩论，以巩固和提高对所学的各门学科的理解能力；

第四，组织并积极参加辩论会，以促进思路的敏捷和演讲的才能和技巧。

可以说，这个从 15 岁开始攻读边沁著作，并以功利主义者自居的少年，其智力的发展，是一帆风顺的，而且在学术界和著作上不断地获得一点名气。

八、小穆勒思想的变化

从 1821 年冬季开始读边沁的著作时起，尤其是从《韦斯敏斯德评论报》创办后，小穆勒就以成为全世界改革者为自己的人生目的，因此，他认为他的这种人生的目的，如果能得到志同道合者的同情，就是人生的乐趣。可是到 1826 年秋季，他的神经变得呆滞不灵！他的思想发生变化了。关于这次思想的变化，他自己是这样说的："处在这种心理状态中，我觉得要问一声自己：'假定你所有的人生目的都实现了，你所盼望的制度和思想上的一切改变了又能够立刻达到，这样对你是不是一种快乐呢？'一种不可遏抑的自觉便明白地回答说'不是！'因此，我的心灵消沉下来。我生活的基础全部倒塌了。"

小穆勒想从阅读他以往爱好过的书籍中求得安慰，但是毫无效果！以前他遇着什么困难，是时常请求父亲帮助的，但是这一次也未见效。"他（指老穆勒——引者）是我希望中最后一个人。处处使我相信。他是完全不懂得我这种苦闷心境的。即使他能了解，他仍不是这种心病的医治者。我所受的教育完全是他的功劳。然而他却没有关心到它会有这样的结果。而且我觉得，使他苦想着他的计划的失败，是毫无用处的，因为失败大概已无可补救。……至于在其他朋友里面，我在当时也没有希望得到一个可以了解我的情况的人。无论如何，我自己很能明白自己的情形，我对它愈是多想便愈觉得没有希望了。"

这种情况说明小穆勒对功利主义的信念发生动摇了。老穆勒对他大儿子教育的实践也将宣告失败了。在功利主义者看来，人们的行为可以分为两类：满意的行为和痛苦的行为。如果前一种行为的总和超过第二种行为的总和，这就是合乎道德的行为。为了判断某种行为究竟是否合乎道德，就必须加以分析，以求得最后的结论。小穆勒以往在学习过程中所接受的正是这种分析方法。这时候，他自己对这种训练是这样评价的："分析的习惯甚至可以加强因果关系的联想和目的与达到目的的手段之间的联想。但是同时却趋向于消除单单属于感情的联想。所以，我想这种习惯对于深思远虑是有帮助的。但是它们永久是感情与德行的蟊贼。最厉害的是它们猛烈地铲除一切联想所产生的愿望和快乐。就是说，按照我所持的学理而言，除纯粹物质的与有机的而外，其余的一切都在要铲除之列。没有一个人像我这样地确信，这完全不能造成满意的人生。这些是人类天性的定律，我觉得，我便是被这些定律引到现在的境地的。"

小穆勒虽然由于思想变化感到苦闷、消沉，致使他的神经变得呆滞不灵，不过在 1826 年至 1827 年冬季期间，由于惯性的作用，同时他又受过一番心理上的训练，虽然思想已发生变化，但他还能继续做日常工作。不但照常办公、阅读、写文章，而且还照旧参加辩论。他参加辩论达 4 年之久，不过到最后几次讲得如何，有什么成就，连他自己也搞不清楚了。

这种情况持续的时间并不太长。他的情绪就发生变化了。用他自己的话来说："半年之后，一线曙光打破了我的阴沉。"这里所说的"曙光"是他阅读马蒙得尔（Marmontel）的"回忆录"时，读到描写其父亲逝世，因而使一家人都沉痛、哀愁的情况，感动了他。这件事对他有两种影响：

第一，人们不应以快乐本身为目的。他说，人们应当"不以快乐而以快乐以外的别种目的作为生活的目标。让你的自觉，你的考查，你的自问，自行消失；如果进行得顺利，你将来不会考虑，不会预先思索，也不会因疑问而丧失快乐。随时随地都可以取得快乐。这种原理现在成为我的人生哲学的基础"。

第二，他认为个人内在的修养也是为人类幸福所必要的，因而他很重视感情的培养。

1829 年，小穆勒退出辩论会。他自己认为，对演说已有充分的训练，应当努力自学，认真研究了。这时候，他的许多旧思想已发生动摇，而新思想又不断地产生，因而在他面前就提出一个新旧思想如何相处的问题。他自己曾说："我觉得，我过去的旧思想，在许多新事物方面逐渐消失着，我从来不让它自行消灭，而是继续不断地把它组成新的东西。在我转变过程中，我无时不因思想的游移不定而感觉不安。当我采纳了任何新观念时，除非把这种新观念与我的旧思想的关系安排妥当，除非确切知道这种观念在改正或废除这些旧思想方面究竟有什么影响，我是不能心安意宁的。"

可见小穆勒一方面是乐意接受新思想，另一方面却又不愿轻易放弃旧思想，而是努力求得新、旧思想之间关系的妥善安排。很可能，他的折中主义就是在这种精神状态下逐步形成并发展起来的。

以前小穆勒总是为边沁的功利主义哲学和老穆勒的理论辩护的。这时候，在《爱丁堡评论报》上发表了马可莱（Lord Macaulay）攻击老穆勒政见的文章。小穆勒看了这篇论文，虽然认为该文在逻辑上是有错误的，但肯定这篇文章指责老穆勒的地方，的确是言之有理的。

但是，老穆勒对马氏批评所持的态度，小穆勒却认为绝对不能满意。他说："这使我想到，在父亲的哲学方法的概念中，真正有几处在根本上比我以前所设想的错误更为严重。"这样一来，老穆勒在其长子头脑中的偶像地位就完全垮了。所以我们绝不能把这对父子等量齐观。

通过阅读卡莱里奇（Caleridg）的诗歌，通过同卡莱里奇的信徒，尤其是史德林先生（Sir Sterling）的友谊，通过诵读歌德的作品，小穆勒受到欧洲大陆上思想的影响。尤其是 19 世纪对 18 世纪的反动的影响，"此时正流注在我的思想上面"。

小穆勒自己认为，使他的思想受影响最有力的是圣西门学派的一些作家。他在 1828 年和 1830 年曾读过他们的著作。小穆勒最注意的是他们关于人类社会进化顺序的看法。他们把人类历史分为有机时期（Organic Periode）和批判时期（Critical Periode）。比方说，希腊、罗马人信奉多神教时是一个有机时期，继起的则是希腊哲学家的批判时期。又如，与基督教同来的是一个有机时期，而批判时期则与宗教改革同来。孔德（Comte，1798—1857）曾经自以为最圣西门的门徒，他将上述观点加以发挥，认为人类历史发展有三个阶段：第一阶段是神学，它的最后形态是封建的罗马正教制度；第二个阶段是形而上学，宗教改革是这个阶段的开始，而法国大革命则是这个阶段的完成；第三个阶段是实证论，这在社会科学上是未来的事情。

孔德不久脱离圣西门学派。小穆勒却同圣西门学派的信徒们仍有来往。其中有一位德什塔尔先生（M. Gustaue d' Eichthal），那时曾在英格兰停留多时。小穆勒因同他交谈而知道他们的进步，认为圣西门主义者对自由主义普通学理的批评，充满着重要的真理。

圣西门学派有这样一个计划：社会上的劳动与资本，应当为社会全体人员的利益所运用。每个人都必须作为思想家、教师、艺术家或生产者负担相应的劳作。一切人都按照其能力来工作，并根据他们的工作情况取得一定的报酬。小穆勒认为，这个计划比欧文学派的计划优越得多。圣西门学派大胆地冲破偏见，讨论了家庭问题，这一点虽为很多人所指责，但特别为小穆勒所推崇。他说："我最钦佩他们的地方就是他们最受人攻击的地方——他们以果断而无偏见的精神去研究家庭问题。这是最重要的问题，比社会制度上其他问题更有根本改革之必要。"

由于阅读了圣西门学派的许多著作，使小穆勒认识到那些认为私有财产和遗产神圣不可侵犯，并把生产和交换的自由看作改善社会的根本决策的旧经济学是没有广大而永久的价值的。

在这种情形下，他同其父亲之间的关系也发生了重大的变化。他说："我现在觉得，我和父亲的思想、感情的旨趣距离得很远了。……关于我们不同意见的问题，我们很少谈论。他晓得他的教育方法所养成的我的自行思考的习惯，有时使我和他的意见大相歧异。并且他逐渐发觉到我并不时常同他谈论我们的意见'怎样'不同。假使我们谈论我们的异点，我恐怕对于我们两人都只有痛苦而毫无益处；除非他提到一些和我反对的意见，使我觉得不说便不坦白的时候，我是从来不对他谈到这些的。"

据小穆勒在《自传》中说："法国 1830 年 7 月革命很合他的心意，激起他的最高热忱，好象使他换了一种新生活。这次革命爆发后，他很快赶到巴黎，同革命党人建立关系。回到英国后，就以作家的身份，热烈参加当时的政治问题之讨论。在《考查报》上发表的关于法国问题的论文，很多是他写的。"

在这几年中，小穆勒除在报刊上发表过许多文章之外，还写了五篇关于经济问题的论文：第一篇题为《论国际贸易》；第二篇的题目是《论消费对生产之影响》；第三篇是《论生产劳动与非生产劳动》；第四篇是《论利润与利息》[①]；第五篇是《政治经济学的定义及其研究方法》。后来，在 19 世纪 30 年代，小穆勒稍加润饰定稿之后，送给一家出版商，该书店老板拒不付印。待小穆勒出名之后，才以《政治经济学中尚未解决的诸问题》的书名于 1844 年出版。

---

① 马克思曾批判这篇论文，并在批判过程中发展了他自己关于平均利润和生产价格学说。参看拙作《学习马克思对约·斯·穆勒的一些经济观点的评论》一文。

九、泰勒夫人

在小穆勒思想变化时期，对他影响最大的要算泰勒夫人（Mrs Taylor）了。1830 年，经人介绍，小穆勒认识了这位夫人。这时候，她 23 岁，而且已经结婚了。小穆勒比她大两岁，但还是一个单身汉。在小穆勒看来，这位夫人，从外貌上看是很美丽的，从内心言，她是富有深邃感情的女子。颇具聪明才智。小穆勒认为，在心灵的特性和品格气质方面，她可以与雪莱相比；而在思想与才智方面，却为雪莱所望尘莫及。她既可以做一个成功的艺术家，又能成为一个伟大的演说家。

不管她住在城里，还是住在乡下，小穆勒常去她家做客。在她的丈夫不在家时，甚至同她一起旅行。一个单身青年同一个有夫之妇来往这样密切，难免会引起一些流言蜚语，但泰勒夫人却泰然处之。这种情况使小穆勒甚为感激。1849 年 7 月泰勒先生（Mr. Taylor）不幸去世。这对泰勒夫人来说，当然是一件悲惨大事。两年之后，这对恋人终于在 1851 年 4 月成为夫妇。所以，对小穆勒来说，却是获得很大幸福的先兆。

这位夫人对小穆勒思想发展的影响是很大的。用小穆勒自己的话来说，是这样的："我从她得到的一种怀疑的心理也未尝不是她在我的智能上所给予的重大贡献。这种怀疑心理，一方面既不阻止我运用思考力以取得任何结论，同时使我在思考没有证实的时候，不以一种信心去坚持或宣布这些结论。并且使我的心灵不但容易接受，而且急于寻求，就是在我最费思索的一些问题上面也是这样。所有比较更清楚的知识和比较更可靠的证据，都是在她参与和帮助之下得到的。据说我的作品，和许多也注意综合的思想家的作品比较起来，有一种更广大的实用性。因此我时常得到别人的过分夸奖。实则我自己只可接受一部分而已。那些具有实用性的作品，并不是一个心灵的作品，而是两个心灵混合的产物。其中的一个对于很远的将来，既有高明坚强的见地，而于判断及认识目前的事物方面却又是着重实用的。"由此可见，小穆勒的作品之所以比较优越，应当归功于泰勒夫人的贡献。因为他的作品往往是他们两人讨论的结果。

这时候，小穆勒已完成了思想变化过程。他说："然而目前的影响只是促成将来发展的许多影响之一。实际上说，就是在这种影响成为我心灵发展的主要原则之后，它并没有转变原有的行程。只不过使我在同一历程上更坚决地又慎重地向前推进而已。我思想上所发生的唯一转变，现在已经结束了。"

由于这种情况，产生了两个结果：第一，小穆勒公开声明他已经不再是一个功利主义者了。用他自己的话来说，就是："我已经不再怀抱着我早年作品中所具有的偏狭的边沁主义了"；第二个结果是：同小穆勒来往的知心朋友越来越少了。而泰勒夫人却是这少数友人中之最重要的一个。

泰勒夫人对小穆勒著作的成就是有贡献的，而贡献最大的则是她对小穆勒的经济学著作——《政治经济学原理》所提出来的增删的修改意见。

十、《政治经济学原理》

小穆勒在撰写《论理学》这部著作时，提出写书的方法。他断言，写书必须一再修改。初稿的着重点在于布局。第一次修改主要是使文气同反复考虑后所得到的成分连成一片。第二次修改则在修辞方面下功夫。

《政治经济学原理》也是用这种方法撰写的，他于1845年秋天，开始撰著《政治经济学原理》，1847年末完成并准备付印。1848年第一版问世了。该书出版后，就经常被人们所引用。小穆勒自己认为，这是由于该书并非只是一种抽象的科学著作，而且还是一种实用的图书。该书中所讨论的经济学问题，并不把它看作一种独立存在的东西，而是把它看作社会哲学的一部分。它和社会哲学的其他部分是密切地关联着的。所以，它的结论，甚至在它自己的特殊范围内的结论，只是在一定条件下才是正确的，而且还要受那些不直接属于它的范围内的因果关系的制约和阻挠。如果同其他重要部分分离开来，它并说不上有一种实际的指导特质。所以，该书全名是《政治经济学原理及其对社会哲学之应用》。

约·斯·穆勒是在熟读亚当·斯密的《国民财富的性质和原因的研究》、李嘉图的《政治经济学与赋税原理》以及在亚当·斯密之后发表的各种经济理论的著作，例如萨伊的、马尔萨斯的、西尼尔之流的许多著作之后，才着手撰写《政治经济学原理》的。他认为亚当·斯密的著作虽极重要，但必须加以修正和补充，而且在斯密之后各位学者所发表的重要作品，也都必须加以研究。他说："一本著作，如其目标及一般概念与亚当·斯密的相似，但适应于现代更推广的知识及更改良的思想，则在本书作者看来，也是现在经济学上一种必要的贡献。《国民财富的性质和原因的研究》在许多方面已经过时。就全体说，又是不完全的。"①

马克思就是根据小穆勒这种自负的话，讽刺他以当代亚当・斯密自居的。

在斯密之后，小穆勒最推崇的是李嘉图。同时，把当时在他看来都很重要的各派经济理论统统吸收起来，以弥补斯密著作"不完全"之缺点。因此，他的这部著作成为到 19 世纪中叶为止的所有资产阶级的各派重要理论之集大成者。因此，这部经济学著作在英国风行了二三十年之久。

这部书的第一版是在法国 1848 年革命之前写成、付印的。它对社会主义的责难，说得非常干脆，全部都是反社会主义的论调。但后来，由于受法国革命的影响，小穆勒花了很多时间研究大陆上第一流社会主义作家的著作。同时又反复考虑了各方面争论的全部问题，结果是把第一版中所刊载的关于社会主义评论删去大半，同时却加进了代表更激进的意见之辩论和思想。因此，他发表了这样的看法："我们②是怀着最大的快乐与兴趣来对待一切社会主义的试验（例如合作社之类），并表示欢迎的。这种种试验，不论其成功或者失败，对于参加试验的人来说，都好象是一种最良好的教育，它训练他们为公众的利益而操劳的能力。或者使他们明白那些能防止有害他们这种工作的弊端。"

小穆勒还期望过这样时代的到来："那时候，社会上的人们不再分为勤劳的和游惰者；那时候，不工作便没有饭吃的规律，不再会专门应用到穷人身上，而是会毫无偏私地应用到一切人们的头上；那时候，劳动产品的分配，不会再象现在这样根据门第的境遇，而是会遵照大众所公认的一种公平原则来分配；并且那时候，人类自行努力取得那不完全属于他们自己而是属于他们及其社会所共有的利益，不再会成为不可能的事了。我们认为，将来的社会问题，就是如何将个人行动的最大自由，同地球上的原料公有权，以及大众人民共同工作上的利益之平等享受权全部结合在一起。"

这样看来，小穆勒岂不是在提倡全体人民都必须工作，而主张"不劳动者不得食"的社会主义分配原则吗？谁如果真的根据这一点，就认为小穆勒是一个乌托邦社会主义者，那恐怕太天真了。小穆勒好像预料到别人会这样看待他，曾经坚决地声明："我是一个民主主义者，但决不是一个社会主义者。"

---

① 《穆勒经济学原理》，郭大力译，世界书局出版，第 2 页。

② 这里说的是"我们"而不是说"我"，这表明这些是小穆勒和泰勒夫人两人共同的意见。

可是有些资产阶级经济学说史的著作家或者说小穆勒晚年变成一个社会主义者，或者说他的思想有社会主义的倾向。

小穆勒认为，他们夫妻两人的思想和言论是完全一致的。他们经常讨论人们的才智和道德问题。而且讨论得很深入。这比为普通读者而写的一般作品中所阐明得更为深入。他们从同样的原理出发，用相同方法取得一样的结论。如果想区分哪些是他的作品，哪些是他夫人的作品，小穆勒认为这是很不容易做到的。这就是说，在他俩结婚前后那几年的著作，事实上是他们两人合作的产物。这最明显地在《政治经济学原理》这部著作上表现出来。这部著作的初版本来没有"劳动阶级之可能的未来"这一章的。这一章是根据他夫人的建议才添上去的。她认为这一章很重要。如果不添上它，这部著作就会大为逊色。小穆勒采纳了她的建议，这才添上去的。而且其中的大部分，例如，关于如何使劳动阶级达到未来幸福的两种理论即"依赖论"和"自立论"的阐述，完全是他夫人的思想的表述。

小穆勒学习、研究和写作《政治经济学原理》的师承是他的老子和大卫·李嘉图。李嘉图的《政治经济学与赋税原理》是以财富的分配为研究对象的。老穆勒的《政治经济学纲要》虽然分为生产、分配、交换和消费四部分说明经济理论上的问题，但并未说明生产规律和分配规律的区别。强调这种区别的最早著作，就是小穆勒的这部两卷集的《政治经济学原理》。小穆勒自己曾指出，他的这种见解，虽然也是因受圣西门学派理想的启发而产生的，但使这种见解成为一种原理，给该书以无限生命的却是他夫人的指示，小穆勒在总结他夫人对他著作上的帮助时，曾经这样说："凡是属于抽象的和纯粹科学的大概都是我自己的，凡是属于人类事务方面的则取自她。凡是关于把哲学应用到人类社会和进步的急需方面，我是她的学生；在坚决的推理和谨慎的判断方面，我也是如此。在预料一种未来事情的程序方面，她是远比我更有胆识，更有远见的。在我的作品中，尤其是在《政治经济学原理》里边，那些预想为社会主义者所赞成而为经济学家所反对的将来可能情形部分，假使没有她，将永付缺如！即使有所暗示，恐怕也不会这样果断，而又这样宽博。她的实用的才干以及她对于实际阻碍几乎毫无差错地估量，遏住了我的心灵中所有的全属幻想的一切倾向。她的心灵把一切观念装到一种具体的形式里，而造成这些观念将如何实行工作的一个概念；并且她对于人类的感情与行为的知识是这样少有错误。所以，任何不可实行的建议中的弱点是少有不被她发觉出来的。"

这位如此能干的夫人，在同小穆勒结婚后，只共同生活了 7 年半时间，她便离开人世了！这使小穆勒非常悲伤！小穆勒回忆他俩结婚之后的情形时说："……在往日固有的思想感情、和写作方面的结合之外，更加上了一种我们全部生活的结合。有七年半时间，这个幸福是我的。只有七年半哦！我不能用言语形容这在过去是一种什么损失！在现在又是一种什么损失，我一点也不能形容。但是，因为我晓得这或许也是她所盼望的：我竭力度过我的余年，并且尽我的衰颓的精力来完成她的遗志。"这位夫人是在同小穆勒一起到蒙脱比利的途中，突然患肺充血而死亡的。小穆勒在她的墓地附近购买了一所茅屋，每年有大部分时间同她的女儿①一块儿住在那里。

十一、政治活动

小穆勒是很注意北美内战的。在 19 世纪 50 年代，他已留心关于美洲奴隶制度的挣扎。他认为这是由于奴隶主企图扩大奴隶制度的一种侵略图谋。倘若奴隶主的扩张企图获得成功，那就是一种恶势力的胜利。它会鼓舞文明世界上一切文化的敌人，破坏这个伟大的民主共和国享受已久的好声名。这种情况应当尽可能阻止其发生。他断言：只要北美能充分发动其振奋精神，就一定能获得内战的胜利。他又观察到，在北美内战时，英国的中上层阶级，甚至连自由党人都热烈附和南部奴隶主运动。他说："英国没有卷到这普遍的狂热的漩涡的，恐怕只有劳动阶级、几个文人和科学家而已。我以前不曾这样深切地感觉到过，我们的权势阶级心理上所有的永久改良是何等浅薄。"

由此看来，小穆勒是赞同奴隶解放的。1862 年，他写了一篇文章，题目是《美洲的战争》。他在这篇文章中指出：英国统治阶级在美国内战时所抱的对美国人民不友好的态度，激起了美国人民永久的怨恨。这种情况对英国是很不利的。幸亏有几位著名的作家和演说家，当美国人处于最大困难的时候，曾经坚决地袒护过美国人，才缓和了一部分激愤的感情，使不列颠不致遭到美国人的仇视。

小穆勒曾当选过一次国会议员。在竞选过程值得一提的是这样两件事情：

---

① 之所以说"她的女儿"，是因为她是泰勒夫人同前夫所生的女儿，名叫"海伦泰勒"。小穆勒的《自传》就是由她最后校订的。

第一件是他主张妇女应当同男子一样，在国会议员选举时，也拥有选举权和被选举权。把这种意见向英国选举人公开提出来，这还是第一次，所以很引起大众，特别是妇女们的注意和欢迎。在他当选之后，便引起了轰轰烈烈的妇女选举权运动。

第二件事是在选举过程中发生的。在资本主义国家，选举运动是一场唇枪舌剑的很激烈的斗争，候选人难免要受到对手方面的攻击。小穆勒曾经写过一本名为《议会革新论》的小册子。他在这本书里曾说："劳动阶级，虽然和其他国家的劳动阶级不同，羞于说谎，然而大概都是说谎的人。"攻击他的人把这段文字印成小传单，在举行选举时向选举人公开散发。并在一个大多数是劳动阶级的大会上交给他。问他是否写过而且在书里刊印了这段话？小穆勒立即承认："是的。""是的"这两字刚刚说出口，热烈的欢呼声就轰动了竞选大会。这真可说是一件奇闻。小穆勒自己是这样评论这件奇闻的："我所注意到的那些熟悉劳动阶级的人们的经验，从来没有比这件事更加希奇的。因此知道，最能得到工人同情的，唯有一种真诚的坦白无私；唯有坦白才可以克服他们极强烈反对的心意。否则，任何特质都不能补救。这件事发生后，第一个发言的工人说，劳动阶级并不是不愿有人指出他们的过失。他们须要朋友，不须要谄媚者。凡有人把他们急切地认为需要矫正的事件告诉他们，他们便觉得有无限的感激。对于这一点这次的会议是铭感不忘的。"

以上从小穆勒的学习内容、学习方法及思想形成和变化几个方面，概述了他的生平，从中我们可以看到他的确是一位不偏不倚地、公正无私地探讨科学真理的学者，而绝非统治阶级豢养的文丐。

我是这样自学的[*]

　　我是汉人，于 1904 年 4 月出生于浙江省义乌县碧楼村一个佃农家里。从小体弱多病，整日不能离开母亲，偶然看不见她，即赶快寻找。

　　我母亲是文盲。但她教我数数目，并教我一斤就是十六两，同时还教我斤求两、两求斤的方法。不过当时她自己并不知道这就是算术上的乘法和除法。此外，她还教我子鼠，丑牛、寅虎……十二生肖和地支。

　　那时候，我们义乌县，小学校分为高等和初等两级。我没有上初等小学，而是进本村的私塾。由于幼小时常害病——主要是伤寒和眼病——断断续续在私塾念了六七年书。

　　我们私塾换了好几次老师，给我印象最深的是牛老师。他是一个老童生，因未中秀才而不满前清的科举制度，也看不起秀才们，认为他们并没有什么高明的才学。

　　牛老师教书很特别。当然课本是以《四书》《五经》为主。他教《大学》和《中庸》时，只教我们读、背和默写。教《论语》也如此。教《孟子》时就不同了，不但要我们会读、背和默写，还得讲解其中的意义。此外还教《古文观止》和《东莱博议》。当时凡学过的，我差不多都会背诵，可是后来全忘了。直至现在只记得这样几句话："人一能之己百之，人十能之己千之；虽愚必明，虽柔必强。"我所以能记住这几句话，是因为我不但体弱多病，而且很笨，因此，把这几句话当作治笨的良方。

　　牛老师不但教我们国文，还教我们算术。这是在私塾中其他老师都不曾教过的。他不但教我们加、减、乘、除（这时候，我才明白以往母亲已经教过我乘除法了），还教我们开平方和立方的方法。我喜欢数学的习惯就是这样逐渐培养起来的。

---

　　[*] 本文选自《中国当代社会科学家》第 3 辑，书目文献出版社 1983 年版。

牛老师真特别，不但教我们国文和算术，还教我们唱歌。那时候我正在学吹笛子，他教歌时，常叫我吹笛子伴奏。歌词后来都忘记了，只有以"南园春半踏青时"起句的，印象特别深。

牛老师平时是很严的。不过，我们请假去看戏，他没有不批准的。他只嘱咐我们看戏后回来时，必需把戏台上的对联告诉他（如果去赶庙会，戏台很多对联必须抄回来）。我告诉他的不知有多少，但至今尚能记得的只有这一幅："天下事无非是戏，世间人何必认真。"

牛老师很关心我们的学习。当我们还在跟他攻读时，他就同一个朋友——在离我们村子十里路的江湾镇办完全小学的王星斋老师商议，虚报几个高小的学生名额。自1920年春节后，我们二三位同学就到那个完全小学高小部去学习了。我就用牛老师预报的"季外方"这个名字入学。我原来的奶名叫青弟，族名叫流泉。

我在江湾镇上高小，不但做学生，同时还开始当先生了。原因是这样的：有一位在初小任课的先生是义乌县城里人，他常要回城里去，但又不能缺课，因此就叫我在他离校时，代他上课。我表示不知道怎样教。他说没有什么难的，课文是容易的，只要了解一些儿童心理就可以了。他给我一本关于儿童心理小册子预先看看。后来在他离校时，就代他上课。好在我自己需要学的算术和国文都早已学过，已全会了，只在英文上要多花一点时间，所以看儿童心理学和代课，也并不怎样忙。

1921年暑假我考上了中学。

这时候，我家一共七口人：父、母、兄、嫂、两个侄女和我自己，但只有一亩己田，其余都是佃地主的田耕种的。所以，父亲和哥哥供我上中学是很不容易的。入学时决心好好学点东西，以期不致使父、兄失望。但开学后，逐渐在自己的脑海里发生一个很不容易解决的问题：国文、英文，算术三门主课，其中大部分都已经学会或学过了，只英文还可以努力学习。如果学不到多少东西，必将使父、兄失望，也要浪费自己的宝贵光阴。退学回家种田吧，又似乎轻易丢掉学习机会，也未免太可惜！究竟怎么办好呢？

苦恼了一些时候，向高年级同学打听：算术以后学什么？国文最好看些什么书？之后，遂下决心，不要在课堂上做蚂蚁爬以浪费时间，自己努力往前进修吧。当算术老师在讲台上讲课时，我却在自学代数。这种情况是很容易为讲课老师所发现的，其实我也无意掩瞒。老师看到这种情形，就点我的名（当我未曾听见时，同座的同学提醒我），我马上站起来，并说，没有听清楚，恳请老师再说一次。原来是叫我前去演算的。每次我都毫不费力地在黑板上演对了。后来，老师到我的座位，拿起我正在看的代数。下课后，他叫我跟他去，并问我为什么要这样，我把真实原因告诉他，他考虑了一下，然后对我说："照你的情况，可以不必来上课；但不上课是不允许的！你现在这样搞给左、右和后面的同学会造成不好的影响。以后来上课时，你坐到最后一排去吧！"我当然恭敬执行，并且对于国文课也照此办理。

我在中学时，花在英文学习上的时间不少，因此同教英文的老师也比较接近。在中学里最后教我们英文的老师姓陆费，名执，字叔辰。他的大哥陆费逵（伯鸿）当时是上海中华书局总经理，因此陆费叔辰老师常给中华书局编中学用英文课本。他在编课本时，于每课课文后，举出单字，常叫我替他查字典标出重音符号和字义，因此较熟悉。

我在中学念书，使父兄的负担实在太重，于心不忍。念完3年之后，快放暑假时，我把困难的情况，详尽地禀告陆费老师。他当时不仅是英文教员，而且还是我们中学部的主任。他答应替我想办法解决。后来他告诉我，下学年回校时，可以半工半读，第四学年我就是用这个办法渡过困难的。所谓半工半读只是每日下午上完第二节课以后，从下午三时起到六时止，去图书室管理图书的出纳，当同学们来借书时，找出书籍并加以登记。

同学们很少有人去借课外的书，因此我的工作并不忙。我有足够的时间去查阅那么多的书，真使我大开眼界。好像刘姥姥初进大观园那样，觉得什么都新奇。比方说，我学习的第一本是《三字经》，其开头两句就是："人之初，性本善"，那是根据孟子性善的学说编的，我一直很相信它。可是，这时候却接触到性恶的学说，荀子认为正是由于性本恶，才需要教育使之改为善。我当时以为这也很有道理。其实性善说和性恶说都是不全面的，可以说都对又都不对。在先秦诸子中，我不但读了《荀子》《墨子》《管子》等书，还时常背诵老子的《道德经》。说起来也真可笑，后来我的第二个侄女银华去世了，我刚好在家，埋葬她的那天晚上，我在菜油灯暗淡的微光下，诵读《道德经》。母亲问我读什么书时，我说：给银华送行，在念经呢。那时候，我们家乡做白事都请道士举行，所以我给第二个侄女送行念念《道德经》是毫不奇怪的。

如上所述，我对于先秦诸子很惊奇，但对于秦汉后的文章，尤其是唐宋觉得并没有什么，因为以前在《古文观止》里已经读过不少了。可是我以前只知道诗，牛老师还教我们读过《唐诗三百首》；但不知道除诗以外还有词。欧阳修这个名字是很熟悉的，因为我早已熟读过他的《醉翁亭记》《秋声赋》

等文章。这时候却发现他的诗词作品，因而才知道牛老师教我们唱的以"南园春半踏青时"为起句的那首歌词原来就是欧阳修填的词调《阮朗归》。

当时我看书既无目的，更没有计划，随兴之所至而乱看。清初顾炎武，19世纪中叶林则徐、魏源，当代的梁任公、胡适、陈独秀等的作品都看。对我最有影响的是"师夷之长以制夷"这句话和关于"赛"先生的讨论。当时我不知"赛"先生是何许人，查字典和一些工具书都查不到这个怪人。后来忽然想到，英文"科学"一词的第一个音节不就是"赛"吗？"赛"先生很可能就是指科学而言的。但自己不敢肯定，遂去请教陆费先生。他说"是的"，才解决了这个可笑的问题。

"师夷之长"，究竟长什么？——船坚炮利，无论制造坚船或利炮，都离不开力学、物理学、造船术等等科学的应用。而最基本的科学则是数学。这样我对自己，爱好数学就找到理论根据了，并逐步形成了"科学救国"的思想。因此认为陈独秀他们宣扬科学的重要性是很有道理的。当时我认为我国所以不但穷而且弱是同科学太落后有密切关系的。只有科学水平提高了，才能百废俱兴；也只有科学水平赶上先进的资本主义国家，才能以高水平的科学制造出坚船和利炮以制夷。数学是一切科学的基础，这样我就更加自觉地学习了。

自学代数、平面几何和三角都还顺利。当学习立体几何时就发生困难了。原因是目力太差，图画不好，因而影响证明。有好几次，白天实在证明不了，影响夜间的睡眠，心想：反正一时也睡不着，何妨闭着两眼默想图形求证呢？这样有些比较困难的立体几何的题，有不少是躺在床上证明了的。从此以后，逐渐养成一种习惯：凡是白天不能及时解决的学习中所发生的问题，都于夜间躺在床上闭目静思以求得解决。

中学终于毕业了，我不敢做上大学的梦。毕业后，由陆费叔辰老师介绍我到上海中华书局工作。我的工作任务是到该局数学部编写中华书局出版的中学用的数学课本中习题详解。这项工作跟我重视数学的"科学救国"的思想是一致的。但是由于国事的变化，我自己的思想也跟着起了变化。结果仅在中华书局工作一年多一点时间，于第二年即1926年秋冬之际离开上海，奔赴浙江前线去，参加第一次大革命了。

1927年4月12日，蒋介石叛变革命，屠杀共产党和广大革命群众。我在上海浦东区做了短期地下工人运动之后不久，党派我去苏联学习。我们到达莫斯科时已是漫天皆白、大雪纷飞的冬季。我被分配到东方大学学习。我中途插进去那个班已开学二三个月了。学习的课程有：政治经济学，苏维埃建设、国际工人运动史、经济地理等，而最重要的是俄文。我感到最困难的恰恰就是这门课，因为其他课程由于班长秦龙（也可能是陈龙）的热心帮助，给我借来同学笔记可以补上，而俄文则不能。担任俄文课的是一位年轻女教师，她既没有教我发音，更没有补授同班同学已经学过的课程，只教我随班跟着学。我既不会发音，更不知道所学的是什么内容，只是盲目地跟着念。后来我不得不请求班里俄文学得比较好的同学给我补课、辅导。这样过了相当长的时间，才跟上了。至于其他课程，我对政治经济学比较感兴趣。除俄文外，其他课程都是由苏联教员讲授，中国翻译先生口译，学生们记笔记，既无课本也没有讲义。因而进度是很慢的。后来，我对政治经济学这门课的口译先生说："先生，我们学习的进度太慢了！请你介绍一本中文的《政治经济学》让我自己攻读，可以吗？"过几天，他就借给我一本考茨基著的《马克思经济学说》供我阅读。

1928年暑假后，凡是在东方大学学习的中国学生全部并入中山大学。中大同东大有两点显著的区别：一、东大除中国学生外，还有日本、印度、波斯（即现在的伊朗）等等东方各国的学生，而中大的学生则全是中国人；二、在东大学习的全是党员，而中大是在国共合作时创办的，所以除共产党员以外，还有国民党派去的人员在那里学习。

并入中大后，重新分班。凡是俄文学得最好的编在第一班。我因俄文发音都不很准确所以编在第八班。

在中大又学习了一年。借助字典，我可以阅读用俄文写的政治经济学了。当时在苏联最有名的教科书是拉比杜斯和奥斯特罗维强诺夫合著的《政治经济学》。该书在很短的时期内已出五版。我就买了这本书学习政治经济学。这本书比考茨基著的《马克思经济学说》完整些。因为后者是在《资本论》第二卷出版以前写的，所以只论述了《资本论》第一卷的内容，而前者则扼要地阐明了《资本论》全三卷的内容。

莫斯科书店常到中大来摆书摊卖书。1929年暑假后，有一天我在书摊上看到一本《经济思想史》，署名鲁平著的。看目录得知书内阐述许多包括马克思以前的经济学家的学说，遂买了一本，希望通过阅读此书以增加一些必要的知识。中大没有开设经济学说史这门课，有的同学建议我把它译出来让大家看看。我觉得也好，通过这项工作，一方面训练阅读俄文的能力，另一方面还可以扩大有关经济理论方面的知识。可是，学校既没有开这门课，担任政治经济学的老师，又是一下课就走，我认识的同学中也没有一个懂这门科学的内容的，因此翻译起来真是困难重重。在万不得已时，我只好去请教图书馆里管理图书出纳的老太婆。这位老太婆很好可惜我忘掉她的名字了！也许因为借、还书的人不多，太清闲，所以我去请教时，她很表欢迎。

这本书，在莫斯科时只译出一小部分，大部分是在1930年秋末回国后，暂住北平时译的。那时我在北平呆了三四个月。书译完后，于1931年3月初经友人介绍我到长春私立自强中学教书去了。

我在长春（半年）、北平华北大学高中部和民国大学高中部（一年），汉中陕西省立第五中学（二年）一共教了三年半中学。教的课程是国文、历史、地理和数学（主要是代数和平面几何）。

我爱人孙亦民同志是北平女子师范大学攻读教育专业的大学生和研究生。1931年初，当我决定去中学教书时，她把自己学习过的心理学和教育学让我阅读。因此，我学到一点当教员的人应当知道的知识。

1934年暑假，从汉中回北平后，我去看望莫斯科中山大学的一位同学章友江同志。友江同志在北平清华毕业后，就去美国留学，他是从美国直接去莫斯科的。他为人很热忱，对同学和同志们都挺好。谈话之间，他劝我不要再去中学教书了，在北平设法去各大学兼课吧！我说，我自己连正规大学的门都没有进去过，怎么能去大学任课呢？他说，在大学任课没有什么了不起的，有些在大学任教的人前一天看了一本外文书，第二天就在课堂上讲述，现学现卖，弄得还挺不错呢！你已译了鲁平的《经济思想史》，又有拉奥二氏合著的《政治经济学》最新原文本，就根据这两本书的内容去讲，不是还比先一天知道的现学现卖的先生们知道得比较早、也比较多一些吗？怕什么！我被说动了，遂即告诉他："纵有此心，也无从进大学的门哦！"他告诉我："这不用发愁，我设法替你介绍。"真的，这年暑假后，他介绍我去中国大学经济系、朝阳学院和东北大学（该校于"九一八"事变后迁北平上课）任教了。同时，我又把拉奥二氏合著的《政治经济学》最新版——第七版译成中文，由几个穷学生凑一、二百元钱当印刷费自行出版，并拟订一个出版机构名为"寒微社"，社址设在前门外虎坊桥一一四号——其实这地方是越中先贤祠，我爱人等浙江、绍兴的学生住在这里的。第二年（一九三五年）友江同志又介绍我认识北平大学女子文理学院经济系主任董洗凡先生，因而又在这个学院任课。那时在各校兼课，薪水按上课时数计，上一小时给一小时工资，如不上课（不管是请假或放假）即无工资。1936年暑假，北平大学女子文理学院聘我为专任副教授，我才有固定的收入。同时，我辞去中国大学和东北大学的兼课，只在朝阳学院兼任经济学说史课程。我在北平各大学担任过三门课：政治经济学、经济学说史和货币银行。最后这门课是以苏联布列盖尔所著的《货币流通与信用》为主要教材并参考一些中文的《货币银行》书籍。

友江同志对我的帮助是非常大的。要不是他的劝说和介绍，我自己连做梦也没有想到大学里去任教。我虽然在大学里授课了，但仍然不断地通过阅读与钻研，逐步掌握并扩大课程的内容。比方说经济思想史或经济学说史这门课吧，起初，我是以鲁平著的《经济思想史》的中译本（即我自己翻译的那本书，已由北平大学法学院陈启修等教授自己出钱开办的好望书店出版了，译者署名是"陶达"）为教本。这本书的内容从古代一直讲到约翰·斯徒亚特·穆勒。内容比较扼要，稍觉太简单。1936 年我买到卢森贝著的《经济学说史》俄文原版三卷本。这部书分量大，内容比较丰富，可惜只讲到蒲鲁东就结束了。当时我想：搞经济学说史这样的学科，不能只根据一二家之言，也不能限一国的著作，应当努力吸收其他国家有关这方面的知识。因此，我尽可能自学英国、美国、日本的学者有关这方面著作的中译本。我参考得最多的是英国英格兰姆和日本河上肇以及波多野鼎的著作。虽然观点是根据《剩余价值学说史》所阐述的，但内容却因而比较充实了。

这一步基本做到了。但我想，这些东西都是第二手的，不是从原著来的，因此，我又努力攻读以往经济学家的原著。我读第一本原著是严复先生译的亚当·斯密著的《原富》。严老先生真有意思：首先，他名义上是全译的，可是被省略的地方非常多！其次，《原富》不完全是译文，他自己根据我国的情况所发表的议论倒很不少——从这方面看可以说是一种创作。这两方面我都没有什么异议；觉得可惜的只是在严先生以前，我国文学界不是早已通行白话文了么，比严先生早得多的曹雪芹所著的《红楼梦》就是明证。假使严先生肯用白话文翻译，则使后学者定可获得更多的教益。实在说《原富》这部中译本，现在的年轻教师（更不用说大学生了）有许多字都不见得能认识呢！

由于我学习了其他国家的一些经济学说史和各派经济学家著作的中译本，我把这门课程的范围逐步扩大了。在蒲鲁东以后，我一直讲到英国马歇尔的经济学说。这是我从"七七"事变以后在西安临时大学，西北联合大学和西北大学（这些是同一个学校前后使用的三个不同的校名；前两个名称只各用一年，从 1939 年暑假后起就一直用最后那个校名了，不过校址早已从城固迁到西安了）任教时逐步扩充的。1946 年暑假我被西北大学当时的校长刘季洪解聘，去山西大学（在太原）任教。1947年，山西大学校长徐云生先生有一天对我说，学校准备出学报，要我写一篇文章。我答应了。考虑了几天，终于写了一篇评论马歇尔经济学说的文章，并在山大学报上发表。

山西大学于1948年暑假后迁北平上课，我也随同来北平。可是太原解放后，山大迁回太原时我就离开该校，在北平中国人民银行总行工作了几个月，于这年8月下旬来天津南开大学讲课。

初来南大时还好，因为只担任两门课，我尚有一些时间可以自学和工作——主要是阅读和从俄文笔译有关货币流通和信用方面的著作，起初为出版总署，后来为人民大学货币流通与信用教研室。

高等院校调整以后，就没有多少学习和研究的时间了。因为几次恳辞，均未获准以致不得不兼系务工作，同时又和其他两位同事合开一门新课——《资本论》。校内外的一些具体职务既需要时间，而会议也实在太多，所以在20世纪50年代，我只写了一本小册子：《资本再生产与经济危机》。

1960年，我经历了这样一件教育上史无前例的事件：这年春季，我系的实际领导者组织还未学过经济学说史这门课的学生以及几位担任其他课程的教师审查我同两位同事合编的《经济学说史》讲稿。花了不少时间，审查结果认为我们这门课应当大刀阔斧砍掉极大部分，即将非无产阶级著作家的东西全部删去，以后只讲马、恩、列、斯部分。当然，我是不同意这样搞的，但是根据当时上级的领导和下层倡议的声势，实非执行不可！因此我们就这样做了：后来课已上完，快放暑假了，有一天那位领导同志对我说：最近首都学部委员开扩大会议，我们系陶继侃同志去出席了。老陶最近回来，带回一项任务，两条意见。任务是要我系编选一部《资产阶级庸俗政治经济学选辑》；两条意见是：《经济学说史》课程，凡是砍掉的要全部补授；以后如果没有完善的教材，就先用苏联卢森贝著的《政治经济学史》一卷本——这就是我在20世纪30年代当主要教材的卢森贝著《政治经济学史》三卷本的缩编，再加上有关马恩经济学说的第六编——并说，我们应当执行。我立即表示：好吧，《选辑》由我来搞，不过光我一个人搞不出来，请你组织几位适当的人员来帮着共同搞吧。以后采用卢森贝著的一卷本当然可以，不过该书只讲到蒲鲁东和马恩为止，他们以后的怎么办？他说，你们以前怎样搞的？我告诉他：马恩以后还讲列斯，蒲鲁东以后还讲不少庸俗经济学家的学说一直讲到英国的马歇尔。最后他决定，课还是要补的。这样，在那年三伏天，我给这班同学补课，眼看他们要记笔记，无法扇扇，只能用手帕擦汗，真是于心不忍！我只得埋怨自己为什么不坚持自己的意见，害得他们如此吃苦头！

《资产阶级庸俗政治经济学选辑》编完以后，我只写过两本小册子：《重农主义》和《英国古典政治经济学》。本来还打算写点别的什么的，可是姚文元的《评新编历史剧〈海瑞罢官〉》和聂元梓的《这是为什么？》这两颗招妖弹先后一放，就天下大乱，什么也做不成了。我的学习也被迫暂停，而忙于挨批斗了！

不但我自己常在大小会上挨斗，连我爱人孙亦民同志也因我的关系和她自己在南大的社会工作并且又是天津市政协常委而遭到迫害。连请假去医院看病，有时都不准。因而于 1970 年 11 月 19 日，被迫含冤去世。我个人又不能料理自己的日常生活，曾请求退休，未获批准，遂于 1972 年 10 月间去北京小女季梅那里休养。身虽在北京，心却老悬着，担心不知哪一天要我回校批斗。粉碎"四人帮"后，大为高兴，但内心还不踏实。直至党中央宣布"文化大革命"结束了，才想到不会再被批斗，该回校做点力所能及的工作了，因而向系总支提出回校的要求，并请求设法把我大女儿季云从外地调回天津工作，以便照顾我的生活。系领导极力设法，终于 1979 年末调成了。我因而得于这年最后一天即 12 月 31 日回校。

回校后，我主要还是自学：第一，学习德语——我们系一直到现在还没有人能运用德文的资料，我想将来终会有的，我应当为他们准备一些德文的资料。第二，学习《国外经济学讲座》——这套《讲座》第一册共十五讲已经出版。我把每讲都细读了，很受教益；但也必须"开动机器"认真思考的。比方说第十四讲"人力资本（Human capital）"理论，就是很复杂的；从理论上说，"人力资本"这个概念就是从根本上否定马克思经济学说的武器。但从实践上看，对我国培养各种专业人才和训练各方面的科技和熟练人员似乎又不无可资参考之处。第三，我花时间最多的是研究里昂节夫的投入产出分析法。我所得出的初步不成熟的结论是：这种方法对于像我国这样大而且极其复杂的社会主义经济建设并不适用，其原因不在于计算繁杂——这是可以利用电子计算机解决的；也不是根据的数据不可靠，像 1958 年那样是可以经过教育并采取经济和法律的手段逐渐改正的；根本的原因在于它是以"均衡论"为理论根据的。无论从英国产业革命的史实看，还是从理论上看，一国尤其像我国这样的大国，只能在不断发现矛盾、分析矛盾从而解决矛盾的运动中前进。大家知道，英国产业革命过程最突出的是纺织业部门，即在于纺纱和织布不断发生矛盾和解决矛盾的过程中前进。这段历史很值得我们借鉴。听说有的省份已在设法试办。但愿我这个初步结论是不正确的并预祝他们试验成功。

今后怎么办？想再写两本书：关于约翰·斯徒亚特·穆勒和凯恩斯的。我这四五十年搞政治经济学和经济学说史有这样肤浅的体会：马克思的《资本论》之所以要解剖英国这只"麻雀"来阐述资本主义生产方式发生、发展及其必然要进坟墓的过程，固然有种种客观原因；但英国的资本主义发生、发展最典型这一点，也是一个重要原因。同样的，我体会到经济学说史的发生、发展过程，也以英国的最为典型。请看：亚当·斯密、李嘉图、约翰·穆勒、马歇尔和凯恩斯五个发展阶段分得清清楚楚。关于一、二和第四阶段我已分别写过一点东西了，尚缺第三和最末这两阶段未曾动笔。并且如上所述，我于1947年以前就把这门课讲到马歇尔了。可是事搁30多年，现在这门课还只讲到马歇尔！岂非怪事！我有责任把有关凯恩斯的书写出来使这门课下延到这里。我应当于此后余生完成这项工作，然后才能开步走到马克思那里去报到。

总之，我这一生全是在自学中走过来的。从不自觉到自觉，后来又和工作结合起来，自学的兴趣更浓了。我觉得自学不仅可以增加知识从而提高工作质量，而且还可以陶冶性情、消除或减少不愉快的烦恼而增加乐观的情绪。我爱人孙亦民同志，她的健康原来比我的好，她在空前浩劫中所遭受的迫害也跟我的差不多，但她终于在10年多以前先我走了！情绪的不同可能也是一个原因吧！

学习孔子的教育思想*

孔子（公元前 551—前 479 年）是我国古代的伟大思想家、教育家、儒家学派的创始人。

我幼读孔孟之书，受益匪浅。我是一个很笨的人，之所以能做出一点事情，很受"人一能之，己百之；人十能之，己千之；虽愚必明，虽柔必强"思想之益。当然，我绝非一个儒家学派的学者，因与孔孟思想并存的还有老庄哲学思想，对我的影响也相当深，此外我也读过一些佛经。儒、道、佛三教各有优缺点，本文不能笼统评说，而仅就儒家学派孔子本人的教育思想稍述拙见，而所依据的资料也只以《论语》中"子曰"为限，不及其他。

《论语》共十卷，计分二十篇，每篇又含若干章。我们就从第一卷第一篇第一章开始。

（一）孔子重视复习，提倡研讨

在"学而第一"篇第一章中有这样的话："子曰学而时习之，不亦说乎！有朋自远方来，不亦乐乎！人不知，而不愠，不亦君子乎！"这里开宗明义，说的是：学习不能自满，应当勤于复习，所谓熟能生巧是也。瓦特发明蒸汽机开关，就是经过反复试验，应归功于熟能生巧之工。另外，一个人勤于自学，也不能封闭自己，应经常和朋友切磋讨论，以期学习的深化。最后则说，一个人即使学了一些本事，切不可抱"怀才不遇""大材小用"等等不满情绪。

这里有三个问题。一是"学而时习之"和"不亦说乎"之间究竟有什么关系。"学而时习"是学过的东西要经常温习的意思。经常温习怎么使人"说"即"悦"或愉快呢？原来"学而时习之"时有了新的体会，所以能使人"悦"。我在教授《资本论》时曾有这样一个体会：马克思在《资本论》第一卷"第

---

* 本文是根据作者在辞世前身体极度病弱情况下与疾病作斗争写成的《试论孔子的教育思想》两个文稿（其中有一稿收笔于 1987 年 8 月 18 日），合并摘编而成。

二版跋"中指出，"叙述方法必须与研究方法不同"（《马恩全集》第 23 卷，1972 年版，第 23 页），但其间又有密切的关系，如果不注意这种关系，只从叙述的文字看，就成为"先验"的即唯心主义的东西了。我反复读"学而时习"这句话，后来获得这样的新意：即马克思之所以从商品分析开始写作《资本论》，这并非他研究经济理论的开始，而是在此以前研究资本主义经济关系的结果，因而才成为进一步研究的起点。在不断温习中有了这种新收获，内心非常愉快，可谓"悦"也。我从 1934 年起，在各大学教经济思想史这门课，最初是以苏联鲁平所著由我自己翻译的《经济思想史》当作课本的，后来不断充实内容，也就不断得到乐趣。再以后在全课内容完全打通之后，我又进一步想：如果这门课每年所讲内容完全一样，那就不如在讲课时录音，以后就可不必亲自来授课，打开录音机让学生听就行了。但又想，如果这样做，则"学而时习之"便得不到"说"了。想不断获得"不亦说乎"，就得不断在"学而时习之"时，充实一些新的内容。因此，我每次讲课（不论讲"经济学说史"，还是讲"政治经济学"）总有一些新内容充实进去。这一切都是学习孔子说的"学而时习之，不亦说乎"的体会和实践的成果。

二是"有朋自远方来"同"不亦乐乎"之间的关系。这种关系在孔子所处的时代是很明显的。因为有朋友自远方来，可以互相研讨，以期共同对学业有所长进，所以其"乐"是很明显的。我们现在所处的时代大大不同了，在各校、系凡所担任课程相同或相近的教师组成教研室（组），定期讨论一些问题，以促其教学之改进。而且，各地还有各种学会，集各校同行在一起，举行讨论各种学术问题的年会，相互交流成果，以提高学术水平，其"乐"远比"有朋自远方来"所得大得多。

三是"人不知，而不愠"同"不亦君子乎"之间的关系。在 2500 多年前，这种关系很明显。新中国建立后，也还有人深感"怀才不遇""大材小用"等而发怨言，即人不知而生"愠"，因而不能成为"君子"了。现在情况好了，凡有一技之长者无不可以找到适当工作，只要你有真才实学或某种特长，即便"人不知"，还可"毛遂自荐"，以施展才华。今天的问题，不在于做"君子"，而在于作"贡献"，即如何把你的才能贡献给祖国的建设事业。

（二）孔子注重品德教育

第一篇第 14 章中孔子说："君子食无求饱，居无求安；敏于事而慎于言；就有道而正焉，可谓好学也已"。这里，孔子提出以下几项"君子"行为准则：

①生活要俭朴，不饿肚子，不睡地上便可以了；②做事要勤快、努力、不拖拉；③说话要慎重、负责任，少说多做；④多向"有道"人士请教。

第一篇第 8 章中说"……主忠信，毋友不如己者；过则勿惮改"。所谓"主忠信"，着重于教育人们要言必信，相互对待忠厚诚实，不弄虚作假。我认为，这一点在我国社会主义建设中，处理人与人之间、单位与单位之间的关系时，尤为重要，同诚实待我的国际友人之间交往，也应特别注意信义。"毋友不如己者"，则教导人们不可乱交朋友，要交比己高明之友。我自己一生主张两条：①子女应比父母高明，②学生应比老师高明。我教过的中学生和大学生有几千人，其中不少都比我更高明，为党的事业，为祖国和人民作出了很大贡献，这真使我高兴。"过则勿惮改"，就是说，有过失则勇于改正。金无足赤、人无完人。人们犯错误是难免的，问题在于如何对待错误。知错便改，这对于我来说，成问题的不在于"改"，而在于"知"，不知则难以改正，所以需有人常帮助、指出。

第二篇第22章说："人而无信，不知其可也。大车无輗，小车无軏，其何以行之哉？"这里也是讲信义的重要性。与人交往，必守信用，在国际交往中更应如此；不管什么人，不管做什么事，"信"都是极其重要的。

第二篇第4章说："吾十有五而志于学，三十而立，四十而不惑，五十而知天命，六十而耳顺，七十而从心所欲，不逾矩。"这里，孔子总结了他自己学习和成长的过程及其达到的境界。这"从心所欲，不逾矩"的修养程度是极高的。

第六篇第23早说："知者乐水，仁者乐山。知者动，仁者静。知者乐，仁者寿。"这里指出了"知"与"仁"的不同之处，很值得我们玩味。

（三）孔子教育人们要学人之长，避人之短

第四篇第17章说："见贤思齐焉，见不贤而内自省也。"这是教导人们，严于律己。见好人好事应学习，力求自己也能做到；而看到有毛病的人的坏习气，应当自我反省，看自己是否也有那种坏毛病，如有，赶快改正。

第七篇第22章说："三人行，必有我师焉。择其善者而从之，其不善者而改之。"这里的"师"包括正（善）和反（不善）两方面的"师"。凡是正面的"师"，其优于自己之处，则努力向其学习；对反面的"师"，则应躬身反省，认真检查自己，如有同样"不善"的情况，则应努力加以改正或克服。这种学习方法颇具现实意义，仍适用于今天。

（四）孔子反对"巧言令色"、不懂装懂

第一篇第 3 章说："巧言令色，鲜矣仁。"这句话颇具现实意义。"巧言令色"，就是说话天花乱坠，毫不负责地推测别人的意向而说些逢迎拍马的话，或者报喜不报忧，假造成绩，欺骗他人，以图窃取不义之利。

第二篇第 17 章说："知之为知之，不知为不知，是知也。"这是孔子教导他的学生由（子路）的话。是说学生在受教育、求知识过程中，应当实实在在，千万不可不懂装懂，强"不知"为"知"。

（五）孔子主张启民，而非愚民

第八篇第九章有这样的话："民可使由之，不可使知之。"这里关键是如何解读"可"字。我认为，这里的"可"，不能解释为"可以"，而应解释为"认可"。这句话的本意应做如下解释："民可，使由之；不可，使知之。"就是说；某项工作，人民都同意了，认可了，那就让他们从事办理吧；万一人民不同意，不认可，而该项工作又实在是于社会有利而必须兴办的，那就对人民进行说服教育，使之知道这项工作的有利性和重要性。因而这里，孔子是主张启民，而非主张愚民。

（六）孔子的教育方法

言教。第九篇第 11 章，颜回说："夫子循循然善诱人，博我以文，约我以礼，欲罢不能，既竭吾才。"孔子的教育方法是耐心诱导，讲清道理，使之心服口服，不能不从。

身教。第十三篇第 6 章孔子说："其身正，不令而行。其身不正，虽令不从。"这里，孔子主张"以身作则"，这种作风在今天尤为重要。

孔子认为学习需抓紧时间，持之以恒。第九篇第 17 章说，子在川上曰："逝者如斯夫，不舍昼夜。"这是孔子教导人们：光阴易逝，犹如流水，应爱惜，要努力抓紧时间学习和工作。

孔子也考虑到社会环境对人的成长的影响。第十七篇第 2 章，孔子说："性相近也，习相远也。"这里的"习"首先是指学习，学习什么，怎样学习，对人的品性有很大影响。其次"习"也指习俗，即社会环境，包括人与人的关系。说明孔子没有忽视社会环境对一个人品性的影响，即一般所说："近朱者赤，近墨者黑"——从这句话也可以认为，孔子是个具有一定唯物主义思

想的教育家。

（七）孔子鼓励勤奋，批评懒惰

第六篇第 3 章说，哀公问："弟子孰为好学？"孔子对曰："有颜回者好学，不迁怒，不贰过，不幸短命死矣。"这是说颜回好学，有修养。第 11 章孔子又说："贤哉，回也！一箪食，一瓢饮，在陋巷，人不堪其忧，回也不改其乐。"这是说颜回安贫，不图享受，受到孔子的赞赏。

第五篇第 10 章说，宰予昼寝。子曰："朽木不可雕也，粪土之墙不可朽也"。大概由于在孔子时代，尚无午睡习惯，所以孔子批评宰予的"昼寝"，把他同朽木、粪土相提并论，认为要不得。

第十七篇第 22 章，孔子说："饱食终日，无所用心，难矣哉！"这里孔子在批评那些光吃饭、睡觉和造粪的懒汉，认为难以教养。

（八）孔子的"六言六蔽"

第十七篇第 8 章，孔子说："好仁不好学，其蔽也愚；好知不好学，其蔽也荡；好信不好学，其蔽也贼；好直不好学，其蔽也绞；好勇不好学，其蔽也乱；好刚不好学，其蔽也狂。"这里说明，所列举的六种人都有学习的必要性。

（九）孔子的"九思"

第十六篇第 10 章中，孔子说："君子有九思：视思明，听思聪，色思温，貌思恭，言思忠，事思敬，疑思问，忿思难，见得思义。"依我看，除"忿思难"这一条外，其他八思都是正确的。唯"忿思难"这一条应改为"忿思静"，即勿激动，或改为忿而哈哈大笑，就更好了。

（十）孔子的仁者"五行"

第十七篇第 6 章，孔子说，"能行五者于天下，为仁矣"，即"恭、宽、信、敏、惠。恭则不侮；宽则得众，信则人任焉，敏则有功，惠则足以使人"。这里教育人们如何待人接物。即使在今天，建设社会主义中国，对于各级领导干部还是有参考价值的。

后语，想说明三个问题。

（1）我写这篇文字的目的有两个。第一为了纪念孔子这个伟大教育家，以增强爱国心。孔子是全世界最早的伟大的思想家和教育家。这充分说明：炎黄的后裔本来是很优秀的，后来由于各朝封建统治者的专横和压制，致使中华民族本来很优秀的人民不能发挥其优点和特长，因而趋于落后——这完全是不良政治的结果，并非我们人民品质不如人。纪念孔子的伟大功勋可以促使我们增强民族自尊心的信心。第二实践"古为今用"这条格言。本文所摘引的孔子关于教育方面的思想，虽距今已有2500多年之久，但其中仍有许多颇具现实意义，即使在今天，对我国国内各项建设和对外开放都具有参考价值。

（2）是想说明我写这篇文字运用的立场和观点。我既非儒家学派的成员，也非道家和佛学的信徒。那么，我是用什么立场和观点来写这篇文字的呢？在我自己主观上，我是一个马克思主义者，深信全世界所有国家和民族最后都要实现共产主义，虽然时间有先后，所采取的办法也有各种不同形式。同时，我又坚信人生是斗争的，写这篇文字是我对自己进行斗争的一种形式和产物。由于近年一身都是病，实在已无生趣，是马克思的"人生就是斗争"的学说使我活下来的。我现在每天都在进行自我斗争。人活在这个地球上，不能光吃饭、睡觉和造粪，应当做一点于社会、于人民有益的事情。我就是本着前面所说的两个目的写这篇文字，我认为那两个目的对于祖国和人民，对于建设社会主义都是有利的。

（3）是想提一个建议：重编《论语》。《论语》这部书是许多记录孔子言行的汇编，而这许多记录又是许多人分别写成汇集起来的。全书分为十卷二十篇，每篇又分为若干章。其缺点是：①没有分卷、分篇的原则；②很明显的错误也未加改正；③不少内容甚至文字都一再重复——我想这是没有主编人负责的结果。因此我建议：第一，以内容来分卷。例如关于教育思想可以并为一卷；关于孔子的政治活动和言论可以另列一卷；孔子和其著名弟子之间的言行可以列为第三卷（一般人说，孔子有弟子三千，其著名者七十二人，但在《论语》中提到还不到其半数）；孔子对别人（例如伯夷、叔齐、管仲等）的评论可以列为第四卷；孔子哲学的中心问题是关于"仁"的学说，这可以列为第五卷。这样，原书十卷就可以改为五卷本了。第二，原书二十篇，也应根据内容重新改编。关于每篇中所列章，则可以全部取消。因为原书中每章只说一个问题，实在不宜说是"章"。

讲演和谈话

《资本论》过时了吗？ *

整整 100 年前，即在 1883 年 3 月 14 日下午 2 时左右，马克思逝世了。在这位史无前例的最伟大人物离开人世一百周年之际，我们来纪念他，可纪念的方面是很多的，应向他学习的方面也极广泛，究竟学习什么呢？

有人认为《资本论》过时了。那么就乘此盛会，同大家谈谈学习《资本论》吧。

对待《资本论》多有以下的两种态度。

一种态度（包括我自己）把《资本论》作为"艺术整体"（这是马克思自己对恩格斯所说的关于《资本论》第一卷的话）。

回忆 50 多年前，在 20 世纪 30 年代初，我自己初次阅读《资本论》俄译本时，得知商品是构成资本主义经济的细胞，就赞赏不已！当时心中默想：我自己同商品打交道已有几十年了，我所吃的、穿的、用的……无一不是作为商品购买来的，为什么我从来不知道，连做梦都没有想到过，马克思却一开始就指出来了？他真是了不起的，不是人人都能学到的天才哦！这样一想时，马克思就逐渐离开我了。

随着学习的进展，越来越觉得《资本论》，尤其是第一卷，辩证逻辑不但越来越严密简直觉得越来越神奇了。大家看！劳动产品转化为商品，商品又一分为二，产生普通商品和一般等价物——货币；更使人惊奇的是，货币变为新娘子了，因为货币会生小货币了，也就是说货币变为资本了。这样的艺术整体，真使我赞叹不已。

可是也就因此，马克思离我愈来愈远，从人间飞到天上去了。也就是说，马克思本来是一个人，我却把他看成为神了！

不得了！不得了！马克思本来不是神，是我把他送上天的，理应把他从

---

* 本文是 1983 年 3 月作者在南开大学经济学系纪念马克思逝世 100 周年大会上的讲话稿。写于 1983 年 3 月 13 日，收入本书时，稍有文字删节，并加了标题。

天上请回来！如何请法？这个办法叫作"为什么？"。

首先，为什么马克思在《资本论》里从商品开始分析，他如何知道，是天生的先知，还是研究的结果？

为了解决这个为什么，我只能查考这位伟大人物的简历了。马克思是于1841年大学毕业，取得博士学位的。他在大学注册学习的是法律，但他专深研究的却是哲学和历史。在 1842—1843 年间，马克思当《莱茵报》的主编时，"第一次遇到对所谓物质利益发表意见的难事"，"最后，关于自由贸易和保护关税的辩论，是促使我去研究经济问题的最初动因"（《政治经济学批判》序言），可见《资本论》虽从商品开始分析，但这却是他以往研究的结果。这样一来，马克思就开始从天上回来了。

其次，我又自问：马克思为什么写得这样好呢？是一下笔就写得这样科学而美丽呢？还是经过刻苦钻研、反复修改才写得这样完美呢？

为了解决这个"为什么"，一定得查考一些文献。

我查了。20 世纪 40 年代的《哲学与经济学手稿》姑且不谈，光从《政治经济学批判》发表的前后算起，马克思曾经作了多次努力：

一、1857—1858 年手稿；

二、1861—1863 年手稿；

三、1863—1865 年手稿；

四、《资本论》第一卷于 1867 年付印前的定稿；

五、接受恩格斯的建议，做了重要修改。例如把第一版的第一章修改、扩充为第二版的第一篇；

六、《资本论》第一卷法文译文，是由马克思亲自校对的。在校对过程中，他写信给恩格斯诉苦说：要知道这样费工夫，还不如我自己翻译了——所以费事，并非译得不好，而是马克思自己在校对时又加以修改，增加了一些新内容——所以有人说，法文本《资本论》第一卷，有独立的科学价值。

可见马克思并不是神，而是人。他的杰作"艺术整体"并非天才的一挥而就，而是经过艰难刻苦、反复磨炼的结晶——当我这样深思时，他老人家就完全回到地球上来了。

我看四卷《资本论》可以分为三部分：一、第一卷，这是最完善的部分，阅读时是体会不出作者工作的艰苦性的；二、第二及第三卷，由恩格斯编，只要稍加注意编者序，就可以稍稍感觉到作者的刻苦精神了；三、第四卷，不管是考茨基编的《剩余价值学说史》还是苏联科学院编的《剩余价值理论》，则很明显地可以看出作者写作的刻苦精神了。

以上是说明对《资本论》抱第一种态度，即把它作为艺术整体而赏鉴的人，怎样把马克思捧上天去，以及如何把马克思从天上请回来的办法。

另一种态度，则认为《资本论》过时了。

人们只告诉我有这样的一种见解，但没有告诉我，持这种见解的人为什么说《资本论》过时了。本来，我既不明白它的理由，当然就没有议论它的权利。不过，我想它的理由可能是：一、《资本论》的著作，离今天已经一百几十年了；二、《资本论》是以资本主义经济为研究对象，可是现在在资本主义有许多经济现象，例如"滞胀并发"症，都是《资本论》未曾提到的，因而也就过时了。其实要我看，《资本论》是否过时，有一个客观标准可以测定。《资本论》是解剖资本主义经济的，只要资本主义经济还存在，《资本论》永远不会过时。其实即使资本主义全都进入坟墓了，世间人在建设社会主义和共产主义时，也还可以应用《资本论》所提出来的原理的——例如关于社会再生产的原理。

以上是讲对《资本论》的两种态度，现在简述一下《资本论》作者——马克思是什么人？

马克思是犹太人——完全正确。

马克思是德国人——对，但其实又是不对的。

这里所谓"对"是因为马克思出生于德国，他的父母都是德国人，但是由于普鲁士反动当局对他的迫害，不但在德国本国遭迫害，他去法国、比利时，都仍遭受普鲁士反动当局的迫害，因此，马克思于 1845 年愤然宣布放弃德国国籍，因此，他成为地球人，用他自己的话说，就是"世界公民"。

马克思之所以遭受迫害，是由于他发表革命的言论和进行革命的活动；他毅然宣布放弃德国国籍，是由于决心继续进行革命理论的传播和革命行动。所以，还是恩格斯说得透彻，他说：马克思首先是一个革命家。一旦发生革命行动，他就会放下笔杆，去进行革命的实际斗争。

学习和研究《资本论》应注意的几点：

第一，要真正学懂并且掌握《资本论》的全部理论内容。这是必须要努力做到的。

第二，要深深体会马克思的科学态度和钻研的刻苦精神。只有这样，才不致把马克思推到天上去变成神，始终认识到马克思也是一个人。"马克思人也，我也人也，有为者亦若是。"这样就可以树立起灵活地运用和创造性地发展马克思经济理论的雄心壮志。

第三，运用《资本论》所阐述的原理，来解释资本主义经济的一些新而重要的现象，如上面所说"滞胀并发"以及解决在祖国经济建设中所发生的新问题，从而发展马克思的经济理论。

现在的条件比马克思当时好得多了。希望大家多多努力，树立起雄心壮志之后，一定可以取得伟大的成就。

第四，马克思既然也是一个人，凡人做事写文章，难免有失误的地方。上海复旦大学经济系主任曾于 1980 年发表过一篇文章，指出《资本论》中误算以及如何改进等，可惜这位作者只谈及前三卷，其实第四卷的误算也不少，还有文字上翻译错的。请你们去看看《马恩全集》第二十六卷 III，即《剩余价值理论》或《资本论》第四卷第三册 209 页第二段和 251 页最后一段，文字上翻译错得就不少。

第五，研究马克思著作时，发现计算或翻译错误之处，最好能弄清楚是谁弄错的。现举一例："理论一经掌握群众，也会变成物质力量"，这种说法完全是唯心主义的。它是唯意志论的一种表现，马克思会说这样的话吗？再请看，这句话，俄文是怎样译的：Теория становится материальной силой, как только она овлацевает массами.

这是一句完全唯物主义的话，这才是马克思说的。再看看德文原文是怎样说的：Die Theorie Wird Zur Materiellen Gewalt Sobald Sie, Die Massen Ergreift.

原来原文是一句唯物主义的话。

这说明是我们中国人把马克思的一句唯物主义的话译成唯心主义的话了！

这就是说，我们研究马克思主义著作时，如果发现有计算或翻译错误了，最好能查明怎样弄错的。把我们中国人自己弄错的，而硬记在马克思的账上，可千万不应该哦。

最后第六，千万一刻也不要忘记马克思写作《资本论》的目的。恩格斯说：马克思首先是一个革命家。经济系有个研究生在一篇短文中说：《资本论》"主要是为无产阶级革命而写作的。"但愿我们大家都为全世界无产阶级革命而学习《资本论》全四卷，并用马克思经济学说的原理来解释资本主义经济的新现象（例如"滞胀并发"）和解决祖国社会主义建设中所发生的新问题，从而发展马克思主义的经济理论。

在天津市外国经济学说研究会
一次年会上的书面发言

这篇文字，针对约·斯·穆勒及其《政治经济学原理》，主要讲五个问题。

第一个问题是：约·斯·穆勒关于生产和分配之关系。对此，马克思已做了全面的批判，而且批判得很正确。为什么还重新提出来再度议论呢？这是因为时代不同了，研究的目的也随之而大异。简单地说，我们将这个问题再次提出，是为向国外引进先进高效率的设备而探求理论根据。

谁都知道，生产资料本身既无历史性，也无社会性，更没有阶级性。我们如果运用马克思的抽象分析法，舍去生产资料的社会形式，它本身是一种与人类生产相始终的东西。生产资料所以会变成生产资本，是由于它被资本家所占有，从而变成剥削工具，并非它本身具有剥削性。

现在我们为了加速四化建设的进展，从国外引进高效率的先进设备。如果因此就认为是引进资本主义的生产方式，那是极其荒谬的。只有张春桥之流才可能得出这样荒谬的结论!!

其实在这一节里，我所要指明的只是这样二点：第一点是，我们学习马克思著作时，切忌"好读书，不求甚解"的所谓名士风气；第二点是，想在这里提倡一下王安石勇于独立思考、敢于发表不同流俗的创见的精神。

第二个问题是：说明约·斯·穆勒是怎样评论共产主义的。对此，一般经济学说史的著作是很少涉及的。但由此可说明小穆勒终究不同于当时一般资产阶级经济学家对共产主义仇视的态度，而是实事求是地加以评论。对一个资产阶级经济学家来说，这是很特殊的。而且他还预言：在共产主义制度下，人们自觉性会提高，会自觉地节制生育。看看小穆勒的言论，再想想我国现在在党的英明领导之下，全国城乡对汉族控制人口的做法——一对夫妇只生一胎，这不能说小穆勒有什么了不起的预见，但可以说他的逻辑推理是很科学的。

至于他指出实现共产主义还没有充分准备，尤其劳动人民还没有准备，以及在共产主义制度下人们能否自由发展，舆论会不会成为压制人们自由的凶器，这也不能说他在反对共产主义，毋宁说，他在担心共产主义怎样才能更好地实行。看看小穆勒对共产主义的评论，再回忆一下"十年浩劫"时的凶暴情况，真使人会感到他的某些顾虑，果然不幸而言中了！

在这一节里，我指出，在像我们这样一个人口众多，情况又极复杂的全国上下一心奔向社会主义和共产主义的大国，如果全体党员都能按党章言、行，全国人民都能根据宪法行事，即所谓全体党员在党章前面，人人平等；全国人民在宪法前面人人平等。也就是说全国的事务——无论对人、对事还是对其他一切，都能在党的领导之下，严格实行真正的法治，则"十年浩劫"的惨祸，就可不致重演！

第三个问题是：说明小穆勒的确是一个名实相符的热爱真理的科学家，经济学家。在这里含有对卢森贝批判的意思。

从四个方面说明这个问题。

第一，在父子关系方面——小穆勒是由他父亲一手培养出来的，当然对其父是很尊敬的。但在他自己的思想变化过程中，一旦发现他父亲的错误，他就持批判的态度。发现老穆勒错误的严重性时，他往往默不作声。但一旦老穆勒发表同他相反的观点，他就会毫不客气地提出自己的见解。用他自己的话来说，"不这样做，就成为一个不诚实"的人了！这种精神无以名之，姑且名之曰："我爱吾父，但我更爱真理。"

第二，在师生关系方面——小穆勒还有一个老师边沁，他是老穆勒的朋友，小穆勒也曾向他学了社会学。由于热衷于边沁的学说，并曾组织几个人每天学习一段时间，他并以功利主义者自居——据小穆勒在《自传》中所说，"功利主义"这个词还是由他首先提出的呢！可是好景不长，在他思想发生变化之后，不但小组自学不再举行，并且他还公开宣布，他自己不再是一个功利主义者了。这就是说：小穆勒是很爱他的老师的，但他更爱真理。

从这两件事可以看出，小穆勒是一个爱护真理的真正科学家、经济学家，并非被"豢养的文丐""辩护士"。

第三，马克思曾讽刺地指责小穆勒以当代的亚当·斯密自居。其实在小穆勒看来，亚当·斯密的理论，有些已经过时而且也不全面，因此，他不是盲目崇拜亚当·斯密，而是尽力使其学说更趋于完善，并且使之更符合于实际情况。这里只是以工资为例来说明这个问题。其实这种情况是相当多的，例如第一篇里关于分工，第五篇中关于财政问题，都足以说明这个问题。这就是说，小穆勒在经济科学方面虽无特殊创造性的贡献，但终究不失为一个能独立思想有独立见解的真正科学家、经济学家。

第四，大家知道，马克思把资产阶级经济学家分为古典派和庸俗派这种观点，一直到考茨基编的《剩余价值学说史》问世之后才为世人所知。这就是说，小穆勒是不知道有这种分类的。同时，大家也知道，马尔萨斯是英国庸俗经济学家的著名人物，而且是以他的《人口原理》而出名的。

就在人口理论这个问题上，小穆勒一方面很推崇马尔萨斯，另一方面却给马尔萨斯的人口理论以毁灭性的批驳——据马尔萨斯的理论，人口所以过剩是由于人口按几何级数每 25 年增加一倍，而生活资料（其实主要是动植物）则每经 25 年是按算术级数增加的。可是小穆勒却根据他所掌握的资料，很明白地说，动植物都是按几何级数增加的。

这也是说明他并不盲从而具有独立见解的一个实例。

第四个问题是以价值论为例说明小穆勒的缺点。

小穆勒的这部著作，矛盾是不少的！在价值论方面，他的第一个缺点就是混同了价值和交换价值，而且把交换价值当作价值，因此，得出一切商品的价值不能同时都提高也不能同时都降低的谬论。大家知道，假定诸种商品相互交换的比例不变，但它们的价值同时提高（如果劳动生产率同时成比例地下降）或同时都降低（假定其劳动生产率同时成比例地提高）都是极可能的。

在价值论方面，小穆勒既具有劳动价值论的观点，又主张生产费论和供求论。谁都知道，生产费论是一个没有出路的循环论，而供求关系却只能说明：供求的变化会影响价格的波动，但不能说明在供求平衡时，价值和价格究竟是怎样决定的。

在小穆勒看来，供求规律是应用非常广泛的经济规律，而且在这个问题上也还有他自己的特殊见解。一般供求论者都把供与求看作自变数，由供、求的变化去说明价格的波动。小穆勒则不但把供、求看作自变数，同时又把它们看作因变数。就是说，在他看来，供、求本身也会由于价格的变化而发生相应的变化。我看这种说法更符合客观的实际情况。小穆勒因此，把供求律叫作交换方程式。

在价值论方面，小穆勒虽然有不少缺点，但同时也是有贡献的。他的贡献是提出：有共同生产费的诸商品（例如稻谷和稻草、稻米和稻壳，即米和糠）如何分摊共同生产费的相应部分。

这个问题用另一种说法是这样的：稻草和稻谷、稻米和糠是在同一生产过程由同一劳动生产出来的，生产它们的社会必要的抽象劳动量是可以设想，甚至可以计算出来的。但这种共同劳动如何分摊于稻谷和稻草、稻米和糠呢？——这是一个很实际的问题，但一向尚未为人们所注意，例如在 20 世纪 30 年代在苏联被广泛采用的拉、奥二氏合著的《政治经济学》以及在 20 世纪 50 年代应用更广泛的苏联科学院所著的《政治经济学教科书》都没有谈过这个问题。我也不知道当代的经济学专家们或价值论的专家们，有谁提出并解释了这个问题！

可是小穆勒在一百几十年前提出并解决了这个问题了。他是用交换方程式来解决的。报载深圳特区，已由计划价格逐步转化为自由价格了。看来小穆勒的这个贡献不但在理论上值得重视，并且还有实用价值呢！

最后，第五个问题是我个人的一种建议，而且也涉及个人的新发现。

在这里指出小穆勒特别重视劳动者自行组织起来的合作社，认为这是改善劳动者困难处境的最好途径。这是他的著作第四篇第七章中所阐述的。

此外，在其著作第五篇中关于股份公司法也有一些值得我们注意的观点。他在那里指出，绝对地分为工资支付者和工资领受者的这种产业制度不应也不能永久继续下去了！这可以看作他对资本主义制度前途的一种看法。这里，他甚至发表了"不劳动者不得食"的观点，这是很值得我们注意的。

但在这里主要的是我个人对我们经济学专家们尤其是《资本论》专家们的一个建议：

我根据马克思在《政治经济学批判》《序言》中所说的"我考察资产阶级经济制度是按照以下的次序：资本、土地所有制、雇佣劳动；国家、对外贸易、世界市场"来推断：马克思关于经济理论的创作恐怕尚未完成！他只阐述了前面三条，后面三条尚无遗著发现。另一方面，小穆勒的五篇本《政治经济学原理》，却把马克思在《序言》中所指出的六个方面都讲到了。因而，建议专家们最好能根据马克思的原理，继承并完成马克思自己来不及着手的后面三个方面的理论，即把关于国家、对外贸易和世界市场补写出来，从而对马克思主义经济理论的发展作出特殊贡献；而且从实践上来说，对于金融系和世界经济专业，因此而获得较深厚的理论基础，则造福不浅了。

至于我个人的新发现，不过是指，资产阶级古典经济学和庸俗经济学的同一性。可能会有人指责我同马克思唱反调：马克思把资产阶级经济学分为古典的和庸俗的；而我刚好相反，硬把它们拼凑在一起了！其实我这个发现还是受马克思的启发而产生的。马克思曾说，小穆勒于 1848 年出版《政治经济学原理》表明资产阶级经济学的破产。请大家注意，马克思这里所说的破产既不是单指古典派的，也不是单指庸俗派的，而是泛指资产阶级的，也就是说，把古典和庸俗二派都包括在内了。试问，如果它们没有同一性，马克思怎么会糊里糊涂地把它们纠合在一起呢？！除掉它们都是从生产出发这一点之外，还有什么别的共同性呢？因而，我把它们称为"生产经济学"，以之同 19 世纪 70 年代开始到 80 年代成为很时髦的经济学（恩格斯语）即在英国从杰文斯创始边际效用论，也可以说是消费经济学相对立而言。

总之，在这篇文章里，多是我个人的见解。除掉所谓"生产经济学"这点而外，在第一个问题中，小穆勒把生产规律和分配规律分开的说法，曾被马克思全面批判过，但我认为小穆勒这个观点可以作为我们引进先进设备的理论根据。这一点，也是从来没有其他人讲过的。

因为是个人的观点，不一定对，因此，请大家予以批评、指正。

1986—1988 年间与一个学生的几次谈话[*]

（一）1986 年 4 月 16 日谈话

1. "滞胀"是对资本主义制度的沉重打击，也是对凯恩斯主义的沉重打击。凯恩斯主义失败了。现在出现了"分享资本主义"理论，使凯恩斯理论显得逊色。

2. "分享资本主义"不是什么新东西，在约翰·穆勒的书里就提出来了。穆勒说，可以让工人除获得工资外，还分享一部分利润，激发工人的积极性，把企业的发展同工人自己的利益联系起来。

3. 现在的"分享资本主义"超越了约·穆勒的思想，工人不但能分到红利，而且还参加管理。这种"分享"会不会引起资本主义在社会性质上的局部变化？

4. 邓小平这个人很了不起，提出"一国两制"，解决了港澳问题。这种办法的影响会逐渐扩大，台湾问题也可以这样解决；这种办法还可以越出中国走向世界，使资本主义国家的问题、资本主义和社会主义国家间的问题得到解决。

5. 马克思有一句话，说英国工人资产阶级化了。对这句话，多少年来没人注意。马克思、恩格斯都曾认为，英国可以和平走上社会主义，后来列宁否定了马克思、恩格斯的意见，因为英国增加了大量军队、警察，加强了镇压的机器。列宁否定马克思、恩格斯的意见是对的，但是，列宁的否定是否永远有效？到现在是否还有效？值得研究。

6. 最近出版的由南开大学魏埙教授主编的《政治经济学垄断资本主义部分》一书，谈帝国主义的垂死性时，只谈帝国主义的基本矛盾。这个矛盾当

---

[*] 本文根据当时谈话记录整理。

然存在，但是工人都按兵不动，该书也承认这一点。这样，帝国主义怎么死？它自己死吗？分享资本主义的出现和发展，是否会引起资本主义在社会性质上的一些变化？当然是一点一点地变，不是一下子变过去。是否可以不动干戈而改变资本主义制度？这是现代资本主义发展提出的新问题。

7. 货币学说史可以从休谟开始，他有货币数量论，后来又有货币名目论。

8. 现在在经济学界有影响的人物，提倡研究现象。例如，不要研究价值，而只研究价格，这是"现象学派"。马克思早就批判过了。

（二）1986 年 6 月 2 日谈话

1. 1979 年南开大学魏埙教授等三人写过一篇文章，把社会生产分为三个部类，增加一个军工生产。我很感兴趣。马克思在《资本论》第二卷中，是把社会生产分为两大部类，那是因为，马克思研究社会资本再生产是为了说明资本主义经济危机，而研究资本主义经济危机是为了说明无产阶级革命、资本主义社会灭亡的必然性。马克思的两大部类就是这么提出来的。可是魏埙他们的文章没有了下文，只是一时有所灵感，没有把研究持续下去。搞科研最重要的一条是坚持连贯性。

2. 《马克思恩格斯全集》中有不少文字的翻译错误，还有数字计算的错误。例如，在《黑格尔法哲学批判导言》中有这样一句话："理论一经掌握群众，也会变成物质力量。"这句话是错的，是唯心主义的。马克思是彻底的唯物主义者，怎么会说出这种唯心主义的话呢？我查了德文版、俄文版，原来这句话用的都是第五格，应译为"理论一旦被群众掌握，就会变成物质力量"。这句话是唯物主义的，是对的。看来这是中文翻译错了。上海复旦大学经济系系主任张薰华同志专门写过《资本论》中数字计算的错误问题的文章。《资本论》是马克思、恩格斯在世时亲自出版的，其中还有数字计算错误，后来出版的"手稿"，不但恩格斯没有看过，就是马克思写完后也没有再看过，现在编辑出版，里面当然会有这样那样的错误。这需要有人下苦功夫去发现计算或翻译错误，说明为什么错，是马克思的笔误，是编者的错误，还是译者的错误？这个工作很重要，完全是为人民服务，无名无利，但需要人来搞。《资本论》学科组在教学、科研过程中可否搞一搞？搞这个工作需懂德文、英文、俄文，起码会其中一种，发现疑点，就去查外文版。

3. 关于资产阶级经济学说，也有许多题目需要研究，从中发现对我国四个现代化有用的东西。古为今用，洋为中用，就是个很大的题目。

4. 政治经济学社会主义部分中，也有不少问题需要研究。如苏联经济学界认为社会主义社会没有竞争，只有竞赛，可是我国现在主张竞争，实际经济过程中也存在竞争。这个问题怎样认识，需要研究。

总之，科研要选好一个方面，坚持连贯性，不要今天搞这个，明天搞那个。这样，哪方面也搞不好。

（三）1986 年 6 月 12 日谈话

请你到南开大学书店同他们联系一下，把我所缺的《马克思恩格斯全集》第 40 卷以后的各卷配齐。第 40 卷之后，多是手稿，马克思写完后，再没有看过，难免比其他各卷有更多的计算或翻译错误。我要把它们找出来。这一工作是为人民服务，也是个费力不讨好的工作，别人没人愿意做。

在我的最后几年里，我打算再做两件事：一件是研究"分享资本主义"，一件就是校正《马克思恩格斯全集》第 40 卷以后各卷中的计算或翻译错误。

（四）1986 年 11 月 22 日谈话

邓小平提出"一国两制"，很英明。这一政策具有世界意义，不仅适用于中国，而且也适用于世界各国。现在，资本主义国家有的企业实行"分享经济"，工人不但分得利润，而且参加管理。这是不是在资本主义制度内部成长起来了社会主义因素？是不是"一国两制"？

实行这种"分享经济"制度，虽未从宏观上引起整个资本主义演变为社会主义，但从微观上来说，个别实行分享制的企业，是不是具有了社会主义因素？量变会引起质变，资本主义制度内，个别企业在一定程度上发生了质变。待整个资本主义制度内实行了分享制度，也就使整个资本主义在一定程度发生了质变。资本主义可否通过分享制度产生社会主义因素，形成"一国两制"？

这样的观点可能引起社会震惊。中国的学者、政治家们可能说我是赫鲁晓夫的阴魂重现。让他们说我去吧。

我想在有生之年做三件事：一是研究"分享经济"，提出一种见解。由你和薛敬孝及其研究生参加。我牵头，充当将来挨批评的角色。这是一个长期的工作，现在只是做些搜集资料的工作。不管我是否到马克思那里报到，这个头我还是要牵的。

二是校正马克思手稿中的计算或翻译错误。这也是一项艰巨的、细致的、费力气的工作，但也是一项为人民服务的工作，为后代学习研究马克思主义提供方便。这项工作也希望有人合作。

三是写一部关于中国十年"文化大革命"的书，叫做《中国文化大革命初探》，总结"文革"的沉痛教训。这项工作，有人合作更好，没人合作我就自己写。可能完不成，如果完不成，也留下遗稿。

（五）1987 年 4 月 2 日谈话

西德、日本、美国，这三个国家，企业发展的新情况是：工人在企业中有股份，参与利润的分享。工人股东化，这不是新东西，这是在 160 多年前，约翰·穆勒就已经提出来的。现在的新情况是：工人对企业经营进行监督、参加管理、参加决策。这是过去没有的现象，也没有人提出过。工人情况发生了变化，工人参与分享利润、参加企业管理、决策，这是现代资本主义中的社会主义因素。我们应按照马克思的原则和方法，用实际材料说明这一观点，用事实来证明。搜集实际材料的对象主要是日本、西德和美国。这一观点的理论根据，一是邓小平的"一国两制"理论。邓小平这一理论具有国际意义。根据"一国两制"理论，香港问题解决了，澳门问题基本解决了，台湾问题也有了希望。中国有"一国两制"，外国就没有"一国两制"吗？资本主义国家就不会产生社会主义因素吗？日本有工人参加管理的企业，西德也有，其他资本主义国家就不会发生吗？二是马克思的英国可以通过和平道路实现社会主义革命的观点。马克思是根据英国当时的实际情况提出这一观点的；后来列宁否定马克思这一观点，也是根据英国已经变化了的实际情况。列宁通过武装斗争取得了十月革命的胜利。十月革命到今天，已过去好几十年，国际实际情况又有了很大变化。难道只有武装斗争这一条道路吗？和平道路没有可能了吗？我认为"不见得"。

我们如果发表了这种观的文章，会震惊世界。过去没人提出过这种观点，没有人根据今天的实际情况来研究今天共产主义运动的道路问题。国外、国内会有人反对我们，校内一些人也会反对。他们会说这是赫鲁晓夫的阴魂不散，是赫鲁晓夫的"和平过渡"论。其实，我们的观点同赫鲁晓夫根本不同，赫鲁晓夫是主张通过议会斗争即议会道路实现社会主义，我们是从经济基础着眼，资本主义经济中产生了社会主义因素，由经济因素的变革引至社会制度的变革。

搜集资料工作主要依靠你们。苏联对资本主义经济中的新现象有什么反应，也应注意搜集。

（六）1987 年 11 月 10 日谈话

1. 党的十三大的召开和胜利闭幕，非常高兴。党的十三大提出了社会主义初级阶段理论，提出了社会主义初级阶段的基本路线、发展战略、经济、政治改革等问题。我们系是搞政治经济学理论的，应很好研究十三大文件和提出的理论和实际问题。我建议，系里组织一定数量教师，进行研究，写出一系列文章，宣传十三大的理论、路线和精神。如果系里组织人写文章，我报名参加。不然，我自己也要写。

2. 今年在曲阜召开纪念孔子的学术会议，很好。孔子是伟大的教育家。我写了一篇《试论孔子的教育思想》的文稿。孔子的生平年代比古希腊的苏格拉底还早 80 多年，孔子是世界上第一位思想家。中国文化发展比希腊早，应该成立孔子研究会。我也想研究孔子，可惜精力达不到了。五四运动时，有个"打倒孔家店"的口号，其实人们说的孔子思想中为反动阶级服务的一些东西，有许多是后来别人加到孔子思想中去的，不是孔子自己原有的。

3. 应该写一部关于《社会主义初级阶段的政治经济学》教科书，就像资本主义政治经济学有自由资本主义政治经济学、垄断资本主义政治经济学一样。

季陶达　1988 年 12 月

附　录

勤奋一生，贡献卓著[*]

——纪念季陶达教授百年诞辰

季陶达教授是我国著名经济学家，生于 1904 年 4 月 22 日，今年是他百年诞辰。我们是他的学生，在他百年诞辰之际，十分怀念同他共同生活的年月，忆起他的教诲和业绩，更添崇敬之情。

一、生平业绩

季陶达教授是浙江义乌人，早年参加中国第一次大革命，后任杭州总工会秘书等职。1927 年革命失败后，他被党派往苏联，先后在东方大学、中山大学学习。1930 年回国后，先在长春、北平、汉中各地中学任教，从 1934 年起，在北平、陕西、山西多所大学从事政治经济学、经济学说史、货币银行学等学科的教学工作。中华人民共和国成立后，于 1949 年 8 月调来南开大学，先是参与京津政治经济学教学委员会工作，1951 年 9 月起任政治经济学系系主任，1958 年，南开大学经济研究所重建后，又兼任经济研究所所长。他还担任过民盟南开大学主委、民盟天津市委员会常委、天津市经济学团体联合会主席，以及河北省和天津市人大代表、政协委员等社会职务。由于他年长资深、德高望重，被广为尊称"季老"。季老一生从事政治经济学和经济学说史教学和研究工作，著述颇丰，在经济学界享有盛名，是中华人民共和国最早的经济学说史学科创建者和学术带头人之一。20 世纪 80 年代初，国家授予他全国"著名经济学家"称号。

季陶达教授在长期教学、研究工作中，撰写、翻译出版了不少政治经济

---

[*] 该文为 2004 年季陶达先生百年诞辰之际的纪念文章。作者为鲁明学、纪明山、冀有江。

学和经济学说史方面的著作和论文。早在 20 世纪 30 年代，他就翻译出版了苏联经济学者鲁平的《经济思想史》和当时苏联最通行的拉彼图斯、奥斯特罗维季扬诺夫合著的《政治经济学》第七、八版，用于他当时的教学中。20世纪 40 年代，他在担任货币银行学教学中又翻译出版了 10 多种货币流通与信用方面的书。1947 年，应山西大学学报创刊之约，撰写发表了《马歇尔均衡价格论之研究》。50 年代，在政治经济学和《资本论》教学中，他精心研究马克思的原著，写了《社会资本再生产与经济危机》一书，并发表了《赫尔岑与奥加略夫的经济思想》的论文。60 年代，季陶达教授结合经济学说史教学，撰写出版了《英国古典政治经济学》《重农主义》两部专著，主编了《资产阶级庸俗政治经济学选辑》，还发表了《马克思完成了政治经济学的革命》《评萨伊"政治经济学概论"》《评庞巴维克"资本实证论"》等许多有价值的学术论文。

"文化大革命"中，季陶达教授受到严重冲击，被打成反动学术权威而被批斗和劳动改造，身心受到很大摧残，其夫人也在"文革"中悲愤而死。改革开放后，季陶达教授重新焕发了学术青春，发表了多篇论文。他不顾晚年听力、视力的严重障碍，翻译了俄国车尔尼雪夫斯基的《穆勒政治经济学概述》，于 1984 年作为汉译世界学术名著由商务印书馆出版。接着他又广泛搜集资料，特别是潜心研究了约·斯·穆勒的经济学原著和马克思在《资本论》中对穆勒的评述，撰写了专著《约·斯·穆勒及其〈政治经济学原理〉》一书，几经周折，于 1989 年 9 月在他辞世前两个月由南开大学出版社出版。晚年，季老还准备研究凯恩斯经济学说、分享经济理论，并试图组织人力编写南开大学自己的经济学说史教科书，均因年高体衰，力不从心而未果，于 1989 年11 月 17 日辞世。

二、字术贡献

季陶达教授在学术研究中一贯坚持运用辩证唯物主义和历史唯物主义的立场、观点、方法，唯实求真。他治学态度严谨，力求占有第一手材料，并对全部现有材料进行深入细致的研究，特别是在经济学说史的研究中，对不同学派代表人物的不同理论的评说，从不人云亦云，坚持认真研读原著，并参照相关著作进行历史的阶级的具体分析，提出自己的观点，做出了重要的学术贡献。

1. 季陶达教授在长期从事经济学说史教学、科研工作中，形成了关于资产阶级经济学历史发展阶段划分的独到见解。马克思解剖资本主义生产方式产生发展的规律时以英国为典型。季老认为，资产阶级经济学说的产生发展也有它自己的规律和典型，而这个典型也是在英倒，英国资产阶级经济学说的发展已经历了五个阶段，这五个阶段的代表人物分别是亚当·斯密、大卫·李嘉图、约翰·穆勒、马歇尔和凯恩斯。具体来说便是：从威廉·配第到亚当·斯密，资产阶级经济学说建立起来，为第一阶段；李嘉图把资产阶级古典经济学发展到顶峰，是第二阶段；随着英法两国资产阶级夺得政权，社会阶级关系发生了变化，从而导致了资产阶级经济学的破产，是第三阶段，作为这一阶段标志的是 1848 年约翰·穆勒《政治经济学原理》的出版；随着资本主义向帝国主义过渡，出现了马歇尔的均衡价格论，资产阶级经济学发展到了第四阶段；到 20 世纪 30 年代，由于第一次世界大战和资本主义世界经济大危机的爆发，资本主义社会的经济政治条件发生了重大变化，英国日益衰落，它的经济学说进入以凯恩斯为代表的第五阶段。这五个阶段的划分，描述了以英国为典型的资产阶级经济学发展演变的基本历史过程和基本发展趋势。凯恩斯之后，英国资产阶级经济学也开始衰落，淹没在欧美各国的新经济学说的发展之中。季陶达教授特别强调约翰·穆勒和凯恩斯在资产阶级经济学说发展过程中的重要性。他认为，苏联学者卢森贝忽视约翰·穆勒在经济学说史中的特殊地位，以其没有创见为由，在其著作《政治经济学史》中予以略去，是不妥当的。他还指出，凯恩斯对资产阶级经济学的发展影响很大，在所有资产阶级经济学说中，唯有凯恩斯的学说被称作"主义"，当代资产阶级经济学各种流派，不论是赞成还是反对凯恩斯，都是从凯恩斯出发的。季陶达教授早在 20 世纪 80 年代初就提出，经济学说史应该延伸至凯恩斯。他指出，凯恩斯去世 30 多年后，他的学说已同资本主义现实发生矛盾，不再完全适合资产阶级的需要，因而出现了许多资产阶级经济学新流派，所以不应再把凯恩斯学说算作现代资产阶级经济学的范围，而应把它归到经济学说史的范围中去，经济学说史的下限应延伸到凯恩斯。这在当时可以看作是一种创新性的正确的学术观点。

2. 季陶达教授在 20 世纪 60 年代初发表的两部专著：《英国古典政治经济学》和《重农主义》，在中国学术界属于最早系统阐释资产阶级古典经济学的著作。前一书虽名为《英国古典政治经济学》，但书中也简要介绍了法国古典经济学代表魁奈、杜尔阁的学说，以之作为影响斯密学说形成的因素。该书运用唯物史观和马克思主义政治经济学基本原理，对英国古典政治经济学的产生、发展、基本内容、科学贡献、历史局限，它的破产和被庸俗经济学代替的历史必然性，以及它对马克思政治经济学产生和形成的意义等，做了全面分析，清楚地表明了英国古典政治经济学为何以及如何成为马克思主义三个来源之一。他以"马克思完成了政治经济学中的伟大革命"的论证结束全书，指出"马克思是英国古典政治经济学家事业的继承者。但是，马克思并不是简单地继承了古典政治经济学，而是通过细致而精密的科学分析，把政治经济学改造成为无产阶级的科学"（《英国古典政治经济学》，生活·读书·新知三联书店1960年版，第226—227页）。后一书不但对重农主义的主要代表魁奈、杜尔阁的学说的内容、贡献和局限进行了系统化概括和阐释，而且还对重农主义的几位先驱者和重农学派的几个主要成员的经济思想、突出的观点做了论述。该书对魁奈"经济表"之谜做出了清晰易读之说明。马克思曾指出："经济表"是个"天才的创作"，但它却"留下了一个谜，对于这个谜，以前的政治经济学批评家和历史家绞尽脑汁而毫无结果。"（《马恩选集》第3卷，第1版，第283—284页）魁奈"经济表"是用五条"粗线"来表示一国总产品如何在三个阶级之间进行流通和实现社会资本再生产的，原表是同时将实物流通和货币流通综合在同一个"图式"中的，且未标明流通的实物名称，所以难以看懂。季陶达教授在书中把魁奈经济表的实物流通和货币流通分成两个图式，分别用三个大圆圈框定魁奈的三个阶级，即生产阶级、不生产阶级和土地所有者阶级，用五条弧线代替魁奈的五条直线沟通三个圆圈（即三个阶级），在实物流通图式中每条弧线上都标明了实物名称和流向；在货币流通图式中也标明了货币流向，并把第2、3、4、5弧线连接贯通，再用两条平行虚直线，作为货币的第6次流动，表明了货币如何由土地所有者阶级出发，最后又回到了土地所有者阶级。季陶达教授通过研究魁奈原著和马克思对魁奈的评说，用这样的巧妙办法解读了魁奈经济表之谜，可以说是一大学术贡献。他对重农主义的阐释评说，表明法国重农主义学说也是马克思经济学说的重要思想来源，特别是魁奈经济表对马克思社会资本再生产学说的形成具有重要意义。

3. 季陶达教授所选编的《资产阶级庸俗政治经济学选辑》（以下简称《选辑》），是当时高等教育部全国文科教材会议下达的任务。该书共选辑了马尔萨斯、萨伊至马歇尔、克拉克这14位资产阶级经济学家的16部著作，约40

万字，节选了资产阶级庸俗经济学的主要代表人物的主要著作的主要观点，全面系统，重点突出，简要精练。书中通过"著作者简介""选辑者按"，对这些经济学家及其著作的基本内容进行了简明扼要、实事求是的介评分析，并在"选辑者前言"中将资产阶级庸俗经济学的产生、发展和演变作了系统分析和论述。当时，这部"选辑"同王亚南主编的《资产阶级古典政治经济学选辑》一起，形成全部资产阶级经济学说史著作的缩编本，广受经济学界好评，具有重要学术价值。另外，季陶达教授所发表的《马歇尔均衡价格论之研究》，以及他为萨伊《政治经济学概论》、庞巴维克《资本实证论》所写的"中译本序言"，也对这些经济学家的学说作出了科学而中肯的评价分析。

4. 季陶达教授的晚年著作《约·斯·穆勒及其〈政治经济学原理〉》，全面介绍了这部资产阶级经济学第一次大综合的代表作的基本内容、理论特征，特别是将其对经济学的贡献做了详尽挖掘和总结，对约·斯·穆勒在西方经济学说史上的地位及其学说的性质提出了独创性见解。他仔细研究了马克思对约·斯·穆勒的全部论述和评价，指出马克思"肯定了约·斯·穆勒是同庸俗经济学家不一样的，而是以经济学教授的资格和声望自负的人们的代表"（《约·斯·穆勒及其〈政治经济学原理〉》前言，第6页）。他说，约·斯·穆勒对亚当·斯密学说多有继承，也有不少批评和补充，对李嘉图的理论颇为尊重，"他主要是继承古典派的经济理论"（同上），但也兼收融合了一些庸俗经济学家的观点，这些庸俗的东西正如斯密、李嘉图理论中也含有庸俗成分一样，在其整个理论中只占次要地位。季陶达教授与苏联、中国已有的经济学说史著作将约·穆勒归为庸俗经济学家的一般定论相反，而把约·穆勒归属于后期资产阶级古典经济学家。这样，在经济学说史学科中就把古典经济学划分成了前期古典经济学和后期古典经济学两部分，只不过后期古典经济学（还应包括乔治·拉姆赛、理查·琼斯等人）在资本主义经济生活中已不能起到支配作用了。

三、推动教学和学科发展

1949 年前，季陶达教授在旧大学任教 15 年，他不顾反动当局的歧视和迫害，一直坚持讲授马克思主义政治经济学，深受爱国正义的师生好评。学校当局制止他、警告他，他毫不畏怯，还写文章、做学术报告，抨击资本帝国主义国家间的布雷顿森林会议和"货币战争"以及蒋介石发行"金元券"的骗局,积极支持学生运动,因此而被解聘。1949 年初,高校缺少熟悉马克思主义的教授,将季陶达教授调来南开大学任教。他到南开后便担任了由 23 人组成的京津政治经济学教学委员会委员,对该委员会的工作起了积极的推动作用。他承担了政治经济学、《资本论》、新民主主义论等马克思主义课程,使南开大学在 1949 年后成为全国最早开设马克思主义政治经济学的高校之一。不久又担任了政治经济学系系主任(至"文革"止)。在此期间,他一直为宣传和捍卫马克思主义政治经济学的纯洁性而不懈努力,对南开大学政治经济学系的教学和学科建设做出了重要贡献。

季陶达教授一贯主张把重点大学办成教学和科研两个中心。他担任系主任后,不但重视教学工作,也很重视教师的科研工作。他认为教师搞科研的重要目的之一是为教学服务,促进学科发展,提高教学质量。他自己的科研工作就是从教学需要出发,为配合教学而进行的。他所撰写出版的《英国古典政治经济学》《重农主义》两书,在 20 世纪 60 年代,实际上成了南开政治经济学系经济学说史课的基本教材,也为其他高校广泛采用。他主编的《资产阶级庸俗政治经济学选辑》被高教部列为全国高校经济学说史课教学的基本参考书。他为萨伊《政治经济学概论》和庞巴维克《资本实证论》写的"中译本序言",也成了经济学说史课的重要参考材料。那时,高校多数课程,包括经济学说史在内,没有教材,教师上课,需写出系统的讲稿,而南开经济学说史课任课教师讲课主要依据季陶达教授的上述著作。季陶达教授的著作对经济学说史教学和学科发展起了重要作用。

季陶达教授一直在为编写南开自己的经济学说史教科书而努力。早在1958—1960 年间,在他主持下,连同本系两位教师,已编写了四册共 80 万字的经济学说史讲义,还另选编了约 20 万字的教学参考资料。这套讲义不仅包括西方的经济学发展史,也包括马恩列斯等无产阶级革命导师的经济学说的发展史,首创全国最早的内容完整的经济学说史讲义。这些讲义和参考资料不仅供本校教学使用,还与其他高等院校进行广泛交流,为他们在经济学说史的教学和研究中提供参考。他本想将讲义进一步整理出版,但因各种原因未能实现。

季陶达教授作为系主任,对本系其他课程的教学科研工作也经常关心和过问,对《资本论》、政治经济学,特别是其社会主义部分的研究方向和课题,提出了许多宝贵意见。他认为,应该从实际情况出发,对我国社会主义经济和世界资本主义经济发展中出现的新情况、新问题进行实事求是的研究，做出马克思主义的说明和回答。他还提出，要关注对资产阶级经济学的新的发展和演变的考察和分析，使理论研究很好地为我国社会主义现代化建设服务。他自己就曾认真研究现代西方经济学说，认为不能照搬，但有些东西可以借鉴和参考。

四、培养出大批优秀人才

季陶达教授从事教育事业近 60 年之久，可以说是桃李满天下。1949 年初，为加速当时奇缺的政治经济学师资培养，季陶达教授以个人名义向校务委员会提出，将经济系改为政治经济学系，后获校和教育部批准，使南开大学成为我国培养理论教育和研究人才的重要基地之一。他培养出的学生大多从事教育和理论研究工作，也有一些分布于其他部门和领域。其中不少人已成为业务和领导骨干，在不同岗位上作出了重要贡献。

季老特别重视对青年教师的培养，对他们的教学、科研要求严格，并给予多方面指导帮助。现在南开经济学院中 80 岁以下，60 岁以上的教师、科研人员（现大多已退休）中，许多人都是季老的学生，有的还多年担任经济学院及其各系、所领导职务。分配到外地工作的不少也都作出了重要贡献。20 世纪 60 年代中期，季陶达教授还承担了为外省节高校培养经济学说史方面进修教师的任务，先后有辽宁大学经济系、东北林业学院、甘肃师范大学等院校选派教师来南开大学进修。季老像培养研究生一样指导他们的学习，为他们安排课程、指定研读书目，阶导其科研论文写作，这些进修教师于 1966 年"文革"之前都先后完成进修学业，返校工作。季老更加关注他所从事的经济学说史课程年轻教师的成长，经他多年精心地传、帮、带，这些人都陆续成为经济学说史学科中有所成就的教学和研究工作者。

季陶达教授一向主张学校教育要按照青年智力发展规律办事，实行启发式教学，鼓励学生独立思考，着重培养学生观察问题、分析和解决问题的能力。他常通过辅导、课堂讨论、检查学生笔记和考卷以及个别谈话等各种方式，了解学生的学习能力和水平。他提倡"因材施教"，多次主办"因材施教"班，来培养优秀人才。他重视对学生的政治思想教育，要求学生德、智、体全面发展，通过言传身教，以自己的实际行动为青年树立了学习的榜样。

　　季陶达教授不仅具体规划和指导本系的教学、科研、师资培养，还根据党的教育方针，经常认真考虑全校以至全国教育事业进一步发展和完善的方法、途径，提出过许多良好可行的意见和建议。1980年，我国改革开放伊始，他便经过认真思虑，写了《改革高等院校教学制度的意见和建议》，发表于1980年12月2日《人民日报》，受到广泛关注，对当时我国高等院校教学改革具有较大影响。文章开门见山，指出"目前，我国高等院校实行的教学制度，有些方面很不利于迅速培养人才"，因此，他提出五点建议："第一，废弃学年制，认真实行学分制"，使部分学习能力强的学生缩短在校时间，"这样既可以加快培养人才，也可以提高人才的质量"；"第二，让学生选修外系的课程"，以补充相关边缘课程知识，加固专业基础，提高专业水平；"第三，允许入学后的学生在一定期间内可以转专业、转系甚至转校"，以适应学生入学后的志趣变化，利于他们的未来发展；"第四，认真贯彻因材施教的教育办法"，满足部分学习能力强的学生的求知欲望；"第五，建立高等教育自学考试制度"，拓宽人才培养途径。很明显，季陶达教授当时提出的这些建议，具有科学的前瞻性和远见卓识，在其后我国高等教育发展中大都逐步被付诸实行，并取得了良好效果。无疑，他的这些建议对我国高等教育事业的发展和人才培养具有重大意义。

　　季陶达教授坚定的马克思主义立场，忠诚党的教育事业的精神，科学严谨的治学态度，教书育人的良好方法，积极进取、不断创新的品性，及其对经济学发展的突出贡献，为他自己树立起一座辉煌的纪念碑，也为我们留下了一份宝贵的精神遗产，值得我们永远怀念、景仰和学习。

季陶达教授部分著作目录

一、专著和编著

1.《货币学原理》，西北大学出版社 1941 年 7 月出版。

2.《社会资本再生产与经济危机》，天津人民出版社 1950 年出版。

3.《英国古典政治经济学》，生活·读书·新知三联书店 1960 年 9 月出版，人民出版社 1978 年再版。

4. 主编《资产阶级庸俗政治经济学选辑》，商务印书馆 1963 年 9 月出版，1978 年重印。

5.《重农主义》，商务印书馆 1963 年 12 月出版。

6.《约·斯·穆勒及其〈政治经济学原理〉》，南开大学出版社 1989 年 9 月出版。

7. 主编《经济学说史讲义》（80 万字），1958—1960 年（与纪明山、王赣愚合编）。

二、译著

1. 苏联鲁平著《经济思想史》（30 万字），北平好望书店 1931 年出版。

2. 苏联拉彼图斯、奥斯特罗维季扬诺夫合著《政治经济学》，第七、八版（各 35 万字），北平寒微社 1934、1935 年先后出版。

3.《苏联银行国有史论》（8 万字），北京出版总署 1950 年出版。

4. 布勒格尔著《资本主义的货币流通与信用》（20 万字），北京出版总署 1950 年出版。

5.《关于货币与信用方面的著作和资料》（100 万字），中国人民大学货币流通与信用教研室 1950 年代约译。

6. 苏联车尔尼雪夫斯基著《穆勒政治经济学概述》（30 万字），商务印书馆 1984 年出版（与季云合译）。

三、论文

1.《关于世界经济危机——特别是美国经济危机》，1930 年末北平一小报发表。

2.《货币战争——评"布里敦森林会议"》，1945 年西安《工商日报》发表。

3.《马歇尔均衡价格论之研究》，1947 年《山西大学学报》发表。

4.《评蒋管区货币危机及金元券发行》，1948 年北平《中建》杂志发表。

5.《关于斯大林〈苏联社会主义经济问题〉中几个问题的解释》，1953 年 3 月发表。

6.《赫尔岑与奥加略夫的经济思想》，北京《新建设》1955 年 6 月号发表。

7.《1895 年恩格斯逝世后马克思主义的发展》，1958 年《人民日报》发表、《新华月报》转载。

8.《萨伊〈政治经济学概论〉"中译本序言"》，1963 年 5 月。

9.《庞巴维克〈资本实证论〉"中译本序言"》，1964 年 5 月。

10.《〈工资、价格和利润〉介绍》，《南开大学学报》1965 年第 2 期发表。

11.《马克思主义的共同创造者——纪念恩格斯诞辰 160 周年》，《南开学报》1980 年第 6 期。

12.《崇高的自我牺牲精神》，《天津日报》1980 年 11 月 25 日发表。

13.《改革高等院校教学制度的几点建议》，《人民时报》1980 年 12 月 2 日发表。

14.《关于车尔尼雪夫斯基的"出色的说明"——对〈资本论〉第二版跋中一段话的理解》，《南开学报》1982 年第 4 期发表。

15.《我是这样自学的》，《中国当代社会科学家》第 3 辑，书目文献出版社 1983 年 3 月。

16.《学习马克思对约·斯·穆勒的一些经济观点的评论》，商务印书馆 1983 年 9 月《马克思主义来源研究论丛》第 4 辑发表。

17.《关于约·斯·穆勒及其〈政治经济学原理〉》，《南开学报》1986 年第 2 期发表。

18.《凯恩斯是一个什么人？》，《南开经济研究》1986 年第 4 期发表。

19.《对新版〈红楼梦〉的两条建议》，《红楼梦学刊》1986 年 4 期发表。

20.《约翰·穆勒在经济学说史上的地位》，商务印书馆 1987 年 7 月《马克思主义来源研究论丛》第 8 辑发表。

21.《怎么办？——从学习〈资本论〉所想起的》，《群言》1987 年第 9 期发表。

22.《修正马克思、恩格斯著作中的错误——从〈资本论〉第四卷中的失误谈起》，《南开经济研究》，1987 年第 1 期发表。

23.《萨伊的〈政治经济学概论〉概述》，商务印书馆 1988 年 9 月《汉译世界学术名著评论集》第 1 集，第 389—407 页。